山西古村镇系列丛书

山西省住房和城乡建设厅组织编写

薛林平　罗腾杰
雷雪璨　李　杨
　　　于丽萍　著

汾城古镇

中国建筑工业出版社

图书在版编目(CIP)数据

汾城古镇/薛林平等著. —北京：中国建筑工业出版社，2014.8
（山西古村镇系列丛书）
ISBN 978-7-112-16954-2

Ⅰ.①汾… Ⅱ.①薛… Ⅲ.①乡镇-古建筑-介绍-襄汾县 Ⅳ.①K928.71

中国版本图书馆CIP数据核字（2014）第120892号

责任编辑：费海玲
责任校对：陈晶晶　关　健

山西古村镇系列丛书
山西省住房和城乡建设厅组织编写

汾城古镇

薛林平　罗腾杰　雷雪璨　于丽萍　李　杨　著

*

中国建筑工业出版社出版、发行（北京西郊百万庄）
各地新华书店、建筑书店经销
北京方舟正佳图文设计有限公司制版
北京盛通印刷股份有限公司印刷

*

开本：787×960毫米　1/16　印张：$17\frac{1}{4}$　字数：335千字
2014年8月第一版　2014年8月第一次印刷
定价：65.00元
ISBN 978-7-112-16954-2
　　　（25638）

版权所有　翻印必究
如有印装质量问题，可寄本社退换
（邮政编码 100037）

《山西古村镇系列丛书》

主　编：李栋梁　李锦生　翟顺河
副主编：于丽萍　张　海　薛林平　郭　创

《汾城古镇》

著　者：薛林平　罗腾杰　雷雪璨
　　　　于丽萍　李　杨

丛书总序

我曾多次到过山西，这里丰富的历史遗存和深厚的人文底蕴，令人赞叹，给人的印象非常深刻。山西省建设厅张海同志请我为《山西古村镇系列丛书》作个序，在这里我就历史文化遗产和古村镇保护等有关问题谈一些粗浅的想法。

国际经济社会发展的经验证明，一个国家城镇化水平达到30％以后，城镇化进程不断加快，随之出现城市建设的高潮；人均生产总值达到1000～3000美元时，进入经济发展的黄金期，也是多种矛盾的爆发期，这个时期不仅可能引发各种社会矛盾，还会出现许多问题。我国城镇化水平2003年就已经超过了40％，人均生产总值2006年已经超过了2000美元，国民经济快速发展，城镇化进程不断加速；在城市建设日新月异的发展中，中央又审时度势提出了"两个趋势"的科学判断，作出了加强小城镇和新农村建设的决策。过去，我国城市的大批建筑遗存，正是在大搞城市建设中遭到毁灭性破坏。现在，我国农村许多建筑遗产，能否在小城镇和新农村建设中有效保护，正面临着严峻考验。处理好小城镇和新农村建设与古村镇保护的关系，保护祖先留下的非常宝贵、不可再生的文化遗产，是历史赋予我们义不容辞的责任。

对于建筑历史文化遗产的保护，人们的观念不断创新、思路逐步调整、方法正在改进，从注重官府建筑、宗教建筑的保护，向关注平民建筑保护的转变；从注重单体建筑的保护，向关注连同建筑周边环境保护的转变；尤其是近年来，特别关注古村镇的保护。因为，古村镇是区域文化的"细胞"，是一个各种历史文化的综合载体，不仅拥有表现地域、历史和民族风情的民居建筑、街区格局、历史环境、传统风貌等物质文化遗产，还附着居住者的衣食起居、劳动生产、宗教礼仪、民间艺术等非物质文化遗产。我国现存有大量的古村镇，其历史文化价值和社会经济价值都是巨大的，按照英格兰的统计方法，古村镇的价值应占到GDP的30％以上。然而，认识到这一点的人并不多，甚至有人认为古村镇、古建筑是社会发展的绊脚石，这种观点对于文化的传承和社会的进步都是极为不利的。在快速推进的城乡建设浪潮中，我们所面临的最大问题就是，大批历史古迹被毁坏，大批古村镇被过度改造，使中华民族的历史文化遗产严重损坏。在这个时候提出古村镇的保护，实际上是一项带有抢救性的工作。

2008年1月1日开始实施的《城乡规划法》，突出强调了保护历史文化遗产的重要性；2008年4月又颁布了《历史文化名城名镇名村保护条例》。历史文化名城保护工作已开展近30年，历史文化名镇名村保护工作也已启动，现在大家基本达成共识，保护有价值的古村镇，其实就是"保护文化遗产，弘扬优秀的传统文化……保持民族性，体现时代性"。但是，当前全国历史文化村镇保护的形势仍然不容乐观，保护工作极不平衡，一些地方还未认识到整体保护历史文化村镇的重要性，忽视了周边环境风貌和尚未列入文物保护单位的优秀民居的保护，制定和完善保护历史文化村镇规划的任务还十分艰巨；一些地区片面追求经济效益，对历史文化村镇进行无限度、无规划的盲目开发；一些地方擅自改变国有文物保护单位的管理体制，交给企业经营管理。

作为华夏文明的发祥地之一，山西有着丰厚的文化积淀和历史遗存，不仅有数量众多的古建筑，还保存有大量的古村镇。由于山西历史悠久、民族聚居、文化融合、地形差异等多因素影响，再加之较为发达的古代经济，建造了大量反映农耕文明时代、各具特色的古村镇。这些古村镇，一是分布在山西中部汾河流域，以平遥古城为中心，以晋商经济为支撑，体现晋商文化特色；二是分布在晋城境内沁河流域，以阳城县的皇城、润城为中心，以冶炼工业及商贸流通为支撑，体现晋东南文化特色；三是分布在吕梁山区黄河沿岸，以临县碛口古镇为中心，以古代商贸流通、商品集散为支撑，体现晋西北黄土高原文化；四是沿山西省内外长城，在重要边关隘口，以留存的防御性村堡，体现边塞风情和边关文化，在山西统称为"三河一关"古村镇。这些朴实生动和极富文化内涵的古村镇，是人类生存聚落的延续，是中国传统建筑的精髓；保存有完整的古街区、大量的古建筑，体现着先人在村镇选址、街区规划、院落布局、建筑构造、装饰技巧等方面的高超水平；真实地反映了农耕文明时代的乡村经济和社会生活，凝聚了劳动人民的智慧，沉淀了中华民族的优秀文化，传承了丰富的历史信息；具有浓郁的地方特色和很高的研究价值，是人类共同的文化遗产和宝贵财富。

山西省建设厅一直对古村镇及其文化遗产的保护非常重视，从2005年开始，对全省的古村镇进行了系统普查，根据普查的初步成果，编辑出版了《山西古村镇》一书；同年，主办了"中国古村镇保护与发展碛口国际研讨会"，并通过了《碛口宣言》。报请省政府下发了《关于历史文化名镇名村保护工作的意见》，并分两批公布了71个"山西省历史文化名镇名村"，其中18处已经成为"中国历史文化名镇名村"。为大部分古村镇制定了科学的保护规划，开展了多层次的保护工作，逐步形成了科学、合理、有效的保护机制。为了不断提高人们的保护意识，他们又组织编写了《山西古村镇系列丛书》，本系列丛书撷取山西有代表性的古村镇，翔实地介绍了其历史文化、选址格局、建筑特色、非物质文化遗产，内容较为丰富。为了完成书稿的写作，课题组多次到现场调查，在村落中居住生活了相当一段时间，积累了大量第一手资料。通过细致的测绘图纸和生动的实物照片，可以看到他们极大的工作热情和辛勤劳动。这套丛书不仅是对古村镇保护工作的反映，更有助于不断增强全社会的文化遗产保护意识。让我们以此为契机，妥善处理保护与发展的关系，做到科学保护、有效传承、永续利用历史文化遗产，不断开创历史文化名镇名村保护工作的新局面。

是为序。

住房和城乡建设部　副部长

目　录

丛书总序

第一章　汾城古镇的历史文化 ·· 1
　一、概述 ··· 2
　二、历史沿革 ··· 2
　三、古镇商业 ··· 8
　　1. 商业建筑 ··· 8
　　2. 著名商号 ··· 9
　　3. 商号没落 ·· 10
　四、名人及家族 ·· 11
　　1. 李牧 ·· 11
　　2. 唐鄂公——门神 ·· 12
　　3. 王通 ·· 13
　　4. 杨天民 ·· 15
　　5. 王氏家族 ·· 15
　　6. 刘氏家族 ·· 18
　　7. 郑氏家族 ·· 18
　五、非物质文化遗产 ·· 19
　　1. 跑鼓车 ·· 20
　　2. 抬阁 ·· 21
　　3. 汾城臊子面 ·· 22
　　4. 汾城米醋 ·· 23

第二章　汾城古镇的空间格局 ··· 25
　一、选址 ·· 26
　　1. 概况 ·· 26
　　2. 风水 ·· 26
　　3. 水源 ·· 29

二、格局 31
1. 总体布局 31
2. 城墙与城门 33
3. 空间肌理 38

三、街巷布局 40
1. 道路分级 40
2. 道路交叉点 42
3. 街道的尺度——宽高比 43
4. 街道的界面变化 44
5. 底界面 45

四、公共空间 46
1. 公共空间的总体关系 46
2. 城镇层面的公共空间节点实例 48
3. 识别性建筑——拱门与牌坊 51

第三章 汾城古镇的居住建筑 53
一、居住建筑概述 54
1. 院落布局 56
2. 庭院空间 57
3. 入口空间 58
4. 营造技术 59
5. 立面特色 61
6. 形制发展 62

二、王氏民居 62
1. 王氏民居概述 62
2. 王氏民居北院 63
3. 王氏知府宅第 67
4. 王体复院 70

三、郑氏民居 · 77
1. 郑氏民居概述 · 77
2. 书房院 · 78
3. 郑氏民居由义院 · 79
4. 郑氏民居敦朴古风院 · 81

第四章 汾城古镇的公共建筑 · 85
一、概述 · 86
1. 公共建筑规划特色 · 90
2. 公共建筑单体特色 · 92
二、庙宇建筑 · 93
1. 城隍庙 · 93
2. 文庙 · 111
3. 社稷庙 · 125
4. 关帝庙 · 134
三、其他公共建筑 · 137
1. 鼓楼 · 137
2. 魁星楼 · 141
3. 县署 · 143
4. 洪济桥 · 146
5. 试院 · 147
6. 学前塔 · 149

第五章 汾城古镇的商业建筑 · 151
一、商业建筑概述 · 152
二、鼓楼北街商铺 · 153
1. 概述 · 153
2. 鼓楼北街一号商铺 · 153
3. 鼓楼北街世德堂 · 156
三、当铺院 · 156
四、供销合作社 · 159

第六章　汾城古镇的装饰艺术 ··· 161
　　一、屋顶装饰 ··· 162
　　　　1. 正脊 ··· 162
　　　　2. 螭吻 ··· 164
　　二、柱础 ··· 164
　　　　1. 城隍庙柱础 ··· 165
　　　　2. 文庙柱础 ··· 167
　　　　3. 社稷庙柱础 ··· 167
　　　　4. 民居柱础 ··· 168
　　三、门枕石 ··· 170
　　四、影壁 ··· 171
　　五、石雕 ··· 178
　　　　1. 台基 ··· 178
　　　　2. 石栏板、栏杆 ··· 178
　　　　3. 石阶 ··· 180
　　　　4. 石柱石墩 ··· 181
　　　　5. 其他 ··· 182
　　六、木雕 ··· 183
　　　　1. 垂柱 ··· 183
　　　　2. 花板 ··· 183
　　　　3. 雀替 ··· 194
　　七、铺首 ··· 194
　　八、匾额 ··· 195
　　九、门扇格扇 ··· 199

附录 ··· 201
　　附录1　历史建筑测绘图选录 ··································· 201
　　附录2　石刻碑文 ··· 230
　　附录3　人物传记 ··· 250
　　附录4　口述历史 ··· 259

后记 ··· 264

[第一章]

汾城古镇的 历史文化
LISHI WENHUA

汾城古镇

山西古村镇系列丛书

一、概述

汾城镇位于山西省临汾市襄汾县西南部，吕梁山脉姑射山东麓，镇区距襄汾县城18公里（图1-1）。镇境西与乡宁县毗邻，东与本县西贾乡接壤，北与本县古城镇、景毛乡相连，南与新绛县及本县赵康镇交界。全镇总面积127平方公里，现辖1个居民委员会、39个行政村、51个自然村。镇区呈矩形，东西宽332米，南北长655米，占地22公顷，镇内建筑遗存非常丰富（图1-2），建筑群的年代跨度从金代直至新中国成立初期。2004年5月，汾城镇被评为山西省首批省级历史文化名镇。2007年，汾城镇被评选为中国历史文化名镇。

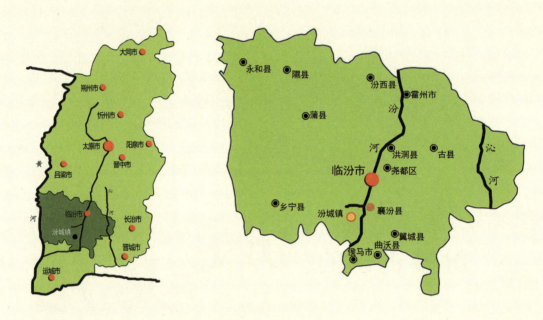

图1-1 区位图
（左：汾城镇在山西省的位置；右：汾城镇在临汾市的位置）

二、历史沿革

所谓汾城，临汾城也，旧称"太平县"，旧址在今襄汾县南端与新绛县交界处的晋城村（图1-3、图1-4），其悠久的历史可以追溯至夏商周之前的唐虞。据光绪版《太平县志·舆地》记载："今之郡县，视古封建，其为画疆而理一也。太平地本唐封，实维大夏；尧都近壤，晋国遗墟。姑射、汾水，环绕左右。其间冈峦起伏，川原夷旷，物类繁滋，民生攸懒。登高而赋，慨然见圣天子因利而利之意焉。"由此可知，汾城古镇的选址，一为此地原与尧都相接壤，是华夏文明早期发展的核心区域。二为此地周边山环水抱，而地势平坦，交通便利，为造城之佳地。三是此地气候适宜，物类繁滋，土地平坦肥沃，西北部的山川阻挡了冬季的寒气，为农耕提供了优良的环境。

在雍正版《太平县志》中，县令刘崇元所题之序中记载（图1-5）："太平，古帝尧畿辅地也。虞、夏、商、周以来，皆隶冀州。春秋时晋献公徙都于此，故晋名焉。厥后，魏与韩、赵三分晋地，其地遂属魏。秦汉以还，历魏晋、历后魏、历隋、唐、宋、元，凡数十百年，或属河东，或属绛郡，或属平阳，其属屡改。厥名临汾、厥名泰平、厥名泰平，其名屡易。"此外，光绪版《太平县志》对此亦有记载，可知太平县从唐虞时期到西汉，均属冀州，其中西周时期为古晋国，战国时期为魏国城邑。在《史记·秦本纪》中记载的："（秦昭襄王五十年）益发卒军汾城旁"即指此地。

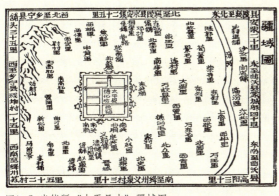

图1-3 光绪版《太平县志》疆域图

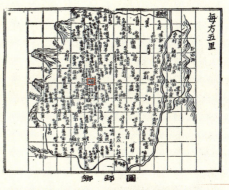

图1-4 光绪版《太平县志》乡邮图

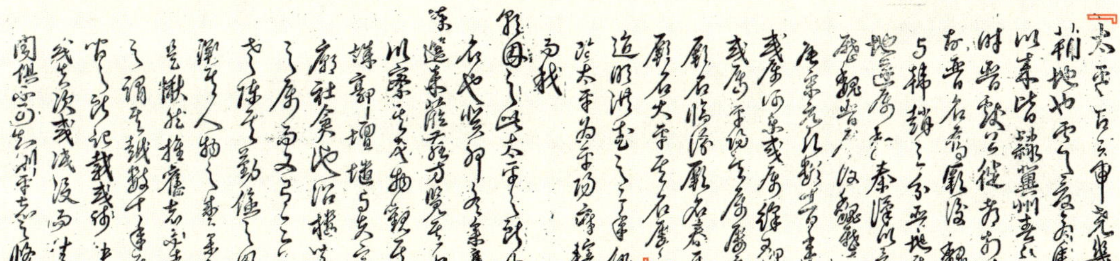

图1-5 雍正《太平县志》县令刘崇元所题之序

|山|西|古|村|镇|系|列|丛|书|

图1-2 遗产资源分布图

直至汉代，才有临汾一称，光绪版《太平县志·沿革》中记载的："一为临汾故城，汉初置临汾县于古晋城。历来汉魏晋十六国俱名临汾。至元魏始改为泰平。又改南泰平，又改正平，皆未久即废。惟北周易泰为太。历隋唐五代宋金元名俱称太平。是今之临汾为古平阳，古之临汾在今太平，不必疑。[1]"其县域包括今新绛县和襄汾县南部。北魏太平真君七年（446年），分临汾县为南泰平、西泰平，南泰平又改为正平，但都于太和十八年（494年）废弃。在北周时期，因为周太祖名字叫"宇文泰"，为避"泰"字讳，遂改"泰平县"为"太平县"，此后历代都无更改，一直沿用。在隋大业十年（614年），移县治于关东（今北古县村），先后属平阳郡和绛郡。

据光绪版《太平县志》："县城，其始唐鄂公敬德堡也。贞观七年，徙县于此"。另有"泰平之名昉于元魏。以泰易太起于后周。唐贞观七年始移治鄂公堡焉[2]"的记载，都证实了在唐贞观七年（633年），太平县城由今之北古县迁移到尉迟公的封地——鄂公堡（俗称敬德堡，即今汾城镇所在地）。此后，虽然太平县的地域一直在细微地调整，但其名以及所在地，均未有改变。

到了五代、宋，太平县均属绛州。宋时将乡宁南部划入太平县。金时属绛州，乡宁南部又从太平县分出。元代时先属绛州，后属晋宁路。明属平阳府。清代先属平阳府，继属绛州，后又属平阳府（表1-1）。

直至1914年1月，山西省在全面调整省内区划地名期间，鉴于当时全国已有3个太平县，所以决定启用太平县境内的古地名"汾城"，将太平县改名为汾城县。1954年，襄陵县与汾城县合并为襄汾县，并移县治于史村镇（今新城镇），而原来的太平县就成为今日之汾城镇。

太平古县历代沿革地　　　　　　　　　　　　　　　　　　　表1-1

朝代	年代	隶属地区
唐	—	冀州之城尧都平阳，邑在平阳南
虞	—	属冀州，舜都蒲坂，邑在蒲东北
夏	约前2100～前1600年	属冀州，禹都安邑，邑在安邑北。禹封彭祖之孙元哲于韦，是谓豕韦

---

1 襄汾县志编纂委员会翻印.襄陵县新志、太平县志合刊[M].第三集.1986:33.
2 襄汾县志编纂委员会翻印.襄陵县新志、太平县志合刊[M].第三集.1986:26.

续表

朝代	年代	隶属地区
商	前1600～前1046年	属冀州，为豕韦氏国，商末都耿国，迁于唐
周	前11世纪中期～前771年	属冀州，成王九年，封叔虞于唐都。冀子燮父改晋，穆候始迁绛（今新绛县），邑在晋四绛北
东周	前770～前256年	属冀州，为晋聚邑。献公八年使士芿城聚命曰绛。九年使城绛深其宫始都之。景公十五年迁于新田，遂为故绛都，即今所云晋城。在县南二十五里。魏赵韩分晋。地属魏
秦	前221～前207年	故绛都，始皇分天下为三十六郡
汉	前202～公元9年	于故绛置临汾县，属河东郡
东汉	25～220年	临汾县。属河东郡
魏	220～266年	临汾县析河东，分置平阳郡隶司州
晋	265～420年	临汾县。属平阳郡隶司州
十六国	304～439年	临汾县。刘渊陷平阳，邑入汉。石勒陷平阳，邑入赵。冉闵灭赵，邑入魏。慕容恪灭魏，邑入前燕。符坚灭前燕，邑入前秦。慕容冲灭前秦，邑入西燕，慕容垂灭西燕，邑入后燕
元魏	386～534年	临汾县。拓跋珪灭后燕，邑属魏。太平真君四年置东雍州于临汾故城，置泰平关于京安镇。七年置泰平县于关南，析临汾县地为南泰平、西泰平，西泰平属龙门郡，南泰平改为正平，属正平郡。太和十八年复置临汾县，罢东雍州改置平阳郡。隶晋州，邑属之
北齐	550～577年	泰平县。省临汾入焉。属平阳郡隶晋州
北周	557～581年	泰平县。避太祖宇文泰讳，易为太平，改东雍州为绛州。徙治闻喜龙头城，邑属平阳郡隶晋州
隋	581～619年	太平县。开皇间改平阳郡为冀州。县属之。又改平阳郡为平河郡。大业初置临汾郡，义宁二年复改平阳郡。改绛州为绛郡，县移于太平关东割属绛郡
唐	618～907年	太平县。属绛郡，隶河东道。贞观七年移县敬德堡
五代	907～979年	太平县。属绛州。唐天祐四年入后梁，梁贞明六年入后唐，唐清泰三年入后晋，晋开运四年入后汉，汉乾祐三年入后周
宋	960～1279年	太平县。属绛州，隶河东道
金	1115～1234年	太平县。属绛州，隶河东南路。兴定三年勒和以所部归蒙古。遂分汾水为界，南属金，北属蒙古
元	1271～1368年	太平县。属绛州，大德九年以地震罢绛州为邑。属平阳路改易晋宁路
明	1368～1644年	太平县。属平阳府，隶山西布政司，属河东道
清	1636～1912年	太平县。属平阳府。雍正二年改绛州，七年仍属平阳府，隶山西布政司

三、古镇商业

1. 商业建筑

自古以来,太平古镇便为县治所,是其周边村落商品交换集散之地,故其商业十分繁荣。鼓楼南街与鼓楼北街两侧,各类店铺林立,自县内延续到县外,长达数千米。据光绪版《太平县志·建置·市集》记载:"县城通集:每月初四、初十、十六、二十二、二十八。凡无集。"可知至光绪年间,汾城镇每月有市集5市,并对市集有管理政策:"古者日中为市,聚货致民,交易而退,各得其所,法至善也。自牙侩周利,每私垄断,以为民蠹。是当惩以司市之法,俾知所警焉"。如今,市集的数量有所增加,设为每逢阴历一、四、七日,一月9市。每逢市集日,在鼓楼大街两侧均设立摊点,附近各村村民皆来赶集(图1-6~图1-9)。

街道两侧皆为东西朝向的商铺院落,临街一面为商铺,背街一面为生产、居住的院落。临街一侧多为二层建筑,一层为商铺,二层居住,这与汾城其他居住建筑完全不同。这种"前店后宅"、"下商上寝"式的建筑布局,也是太平县城内建筑受商业影响而形成的一大特色。

图1-6 集市街景一

图1-7 集市街景二

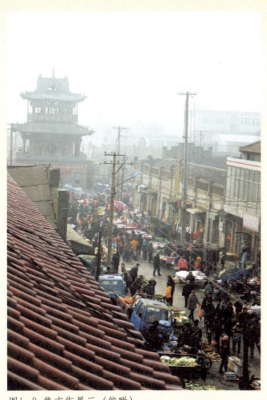

图1-8 集市街景三（俯瞰）

图1-9 集市街景四

2. 著名商号

太平商人过去被称为"平商"或"太平帮"，他们和其他晋中商人一起，都是晋商的组成部分。汾城著名商号的代表有四家：师庄尉家、北柴王家、南高刘家以及南赵杨家。

师庄尉家从商，曾在雍正年间，聘郑板桥为家塾教师，并资助郑板桥应考科举，直至乾隆丙辰中第进士，留下"布衣暖，菜根香，诗书滋味长"的石刻墨宝。

北柴王家为盐商，乾隆年间最盛。乾隆六下江南，王家做过"承办接驾差务"，并受过乾隆皇帝的封爵，和曹寅的差事相仿。结交非富即贵，是权相和珅的座上客。

汾城镇南五里的南高村刘家，商号遍及全国，有100多家，从糕点、杂货、木器、粉坊到钱庄、当铺、洋货、盐店，无所不有。刘笃敬是商业会首，是当年的风云人物。他曾以山西商会会长的身份，领导了争夺山西矿权的争矿运动；兴办了山西第一座发电厂——太原电灯

公司及附属面粉厂；当过同蒲铁路太原榆次段总办；兴办了闻名三晋的南高私立高级小学。

南赵杨家扬名于抵制洋货的事业中。民国10年（1921年），杨家商业会首杨世堂，目睹洋商廉价收购大量西北皮、毛、棉、麦以及金、银、鹿茸、麝香、红花等土产和贵重药材，从而获取大量利润。杨世堂决意挽回权利，抵制洋货，立志要和洋商竞争。他便抽出资金，派出经营能手，在津、沪、宁派驻庄号，以电讯与兰州、西宁通市，并与洋行代办协议挂钩，由洋行将巨款存入世字号，再由世字号以行市价格收货订货，收购牛皮、羊皮、羊肠、棉花、金银和药材，打包运往天津、上海等地，每宗可赚三五万到十余万银圆。如此既可减少洋商低价套购西北特产的损失，世字号由此也获得利润，成为西北商界巨魁。

3. 商号没落

据2011年《襄汾县志》记载[1]，"新中国成立前，襄陵、汾城商号千余家"。直到民国25年（1936年），太平县内所存有记载的著名商号仍有18家，其中京货商号有"荣兴昌、德盛昌、福源通、翌德永、广顺长、新盛泰"六家，杂货商号有"同盛合、永义和、恒兴正、福兴成、魁盛和、洪昌永"六家，酒店有"太平楼、同会园、三义园"三家，盐店"德裕号"一家，粮店"恒盛合"与"同聚会"两家。但抗日战争期间，商号被毁无数。

这些老字号商号早已消融在了历史中，到如今，只剩下当年的建筑，作为一种独特的建筑形态，伫立在汾城的街头（图1-10、图1-11）。这些商业建筑，极大地丰富了县城的街道景观，营建出了一个充满生活气息的汾城。

图1-10 鼓楼南街现状

图1-11 鼓楼北街老商铺

---

1 襄汾县志[M].方志出版社，北京：2011：364.

四、名人及家族

汾城镇曾是晋商尉、王、刘、杨四大商业家族的发源地和重要基地，是晋商文化的重要组成部分。尉家、王家曾是晋商巨贾，刘笃敬在汾城有故居，杨世堂曾在汾城开设药铺、古城粮店，郑家则是汾城的名门望族。此外，汾城在历史上还有李牧、尉迟恭、王通等历史名流（图1-12～图1-14）。

图1-12 新中国成立初期汾城人物照片之一

图1-13 新中国成立初期汾城人物照片之二

图1-14 新中国成立初期汾城人物照片之三

1. 李牧

李牧（图1-15），孝村人（今汾城镇孝村），战国时期赵国名将，深谙韬略，文武兼备，甚得赵王器重，将士拥戴，长期戍守雁、代一带边疆，曾多次以奇兵出击，打败劲敌东胡、林胡和匈奴，使北方外族10余年不敢入侵，为稳定边陲立下汗马功劳。赵王迁三年（公元前223年），秦军大举进攻赵国，李牧与赵将赵葱、颜聚，采用分进合击战术大败秦军，粉碎了秦国吞并赵国的计划，巩固了西疆防务。因战功卓著，获封武安君，职司赵国大将军。

图1-15 李牧像
（资料来源：《中国历代名人画像谱》）

赵王迁七年（公元前229年），秦国又派大将王翦等率兵30万，再次攻打赵国。李牧率兵反攻秦军，屯军连营数里，军威大震，使秦军不敢靠近。秦王嬴政派奸细王敖买通赵国太傅郭开，实施反间计，造谣诬陷李牧造反叛国。赵王迁中计，派司马尚为钦差，撤除李牧大将军职务。李牧愤然向司马尚表白："两军对垒，国家安危系于一将，虽有君命，吾不敢从"。但终惨死于奸臣之手。次年秦军再次攻伐赵国，夺取赵都邯郸。六年后，秦兵破代，赵国遂亡。赵国人民思念李牧，愤然叹曰："前秦之不能并赵者，以牧在耳；今李牧亡，赵迁随亡。"

李牧死后，其子李荣负父骸归葬。筑庐舍于墓旁，守孝护墓。乡人以李牧之忠，李荣之孝，遂改李牧故里为忠孝村，后称孝村。

李牧之墓在今汾城镇孝村东北。民国14年（1925年），汾城县长纪泽蒲重修墓碑。抗日战争中，墓碑庙宇均被日军拆毁。1956年重新修建李牧及子李荣墓碑。

2. 唐鄂公——门神

光绪版《太平县志·沿革》中记载："县城，其始唐鄂公敬德堡也。"这里的"唐鄂公"指的便是唐初大将尉迟恭（图1-16）。在中国传统文化中，他与秦叔宝（秦琼）一同被作为"门神"的原型（图1-17）。而古太平县曾经是尉迟敬德的食邑，建有"敬德

图1-16 尉迟恭画像
（资料来源：《中国历代名人画像谱》）

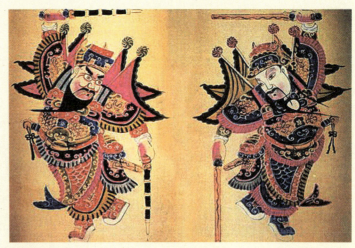

图1-17 门神图
（资料来源：网络）

堡"，也是尉迟敬德"帅府"所在地。

尉迟敬德，生于北周静帝大定五年（585年），卒于唐高宗显庆三年（658年），名恭，以字行，唐朔州善阳（今山西朔州）人，唐初著名大将。

尉迟敬德初仕隋，为朝散大夫；入唐后，为右武侯大将军。据《旧唐书·卷七十二》记载："贞观元年，拜右武侯大将军，赐爵吴国公，与长孙无忌、房玄龄、杜如晦四人并食实封千三百户。""三年，出为襄州都督。八年，累迁同州刺史。""十一年，封建功臣为代袭刺史，册拜敬德宣州刺史，改封鄂国公。"可知贞观元年（627年），尉迟恭官拜右武侯大将军，赐爵吴国公。当突厥犯境，李世民令尉迟恭前去迎敌，他率轻骑直入敌阵，杀其大将，突厥败走。贞观十一年（637年），李世民大封功臣，以尉迟恭为宣州刺史，改封鄂国公。贞观十三年（639年），李世民得天下后，重用尉迟恭，欲将公主嫁于他，尉迟恭叩首："臣妻虽鄙陋，相与共贫贱久矣。臣虽不学，闻古人富不易妻，此非臣所愿也。"贞观十七年（643年），为了褒彰功臣，李世民命人将长孙无忌、魏征、尉迟恭等24名功臣像画在凌烟阁上。他常去观赏，以表对功臣的赞赏和纪念。

后来李世民患病，每夜梦鬼。因为尉迟恭有勇有德，所以派他夜里守宫门，得以安然入睡。演变到今天，人们都爱将尉迟恭像贴在门上镇鬼，这便是门神的由来。

尉迟恭晚年闲居，学延年术，修饰池台，谢绝宾客。唐高宗显庆三年（658年）二月去世，享年74岁，李治亲为他"举哀"，在京五品以上官员前去哀悼。正如《旧唐书·卷七十二》记载："其年薨，年七十四。高宗为之举哀，废朝三日，令京官五品以上及朝集使赴宅哭，册赠司徒、并州都督，谥曰忠武，赐东园秘器，陪葬于昭陵。"

3. 王通

王通（图1—18），字仲淹，隋唐名哲，万王村人（太平县万王村）。父王隆在隋开皇初年担任国子博士，出京任昌乐令，后任猗氏、铜川令，任职期满退居万王村故里。隋开皇四年（584年），王通出生于王族世家，自幼聪慧过人，熟读经书，博学广识，学识超人。10岁时即晓治乱兴邦之道。开皇十八年，开始跟东海李育学书艺，跟会稽夏典学写诗，向河东关子明学礼仪，跟北平霍汲学音乐，跟本家叔父仲华学易理，苦心学习6年。

隋仁寿三年（603年），王通已弱冠之年，满怀济世之志，西游长安。文帝杨坚慕名召见。王通当殿呈上《太平十二策》，谈古论今，畅述治国安邦之策。文帝大喜说："上天把你赐给我啊!"随即把十二策交给公卿大臣议论。群臣因嫉妒他的才华而不高兴。王通恐遭嫉恨,在殿柱上写下《东征之歌》,歌词说:"怀古人之心兮,将兴太平之基。时异事变矣,志乖愿违",写完逃归故里,隐于龙门崖。后文帝四次征召,皆避而不应。大业元年(605年),炀帝杨广即位,听说王通有奇才,再次宣召他进京做官。王通又推托不出,但恐其加害,便往返于龙门、集贤(稷山)、通化(万荣)一带游学授业。经9年耕耘,撰集《续六经》,门下弟子有千余人,其中出类拔萃的学生,都是当时匡时济世之才,后多成为唐初名臣。大业十年、十一年,杨广又征召他做高官,王通均辞而不受。大

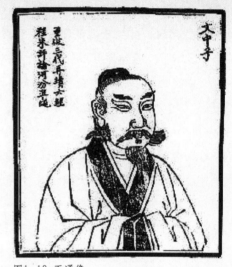

图1-18 王通像
(资料来源:网络)

业十三年(617年)杨广被杀于江都时,王通病重,召弟子薛收嘱咐说:"我的病不会好了!"病重7天后逝世。几百个门人计议,私谥他为文中子,安葬在万王村郊。

王通作为一代名哲,治学范围广而深,续诗书,正礼乐,修元经,赞易道。他的著作有:《续书》120篇、《续诗》360篇、《礼论》25篇、《乐论》20篇、《赞易》70篇、《元经》31篇,合称《王氏六经》,共计110卷,可惜年久失散。另有流传世间的《中说》一书,是王通伦理思想的核心。他一生主张王道仁政,其核心即"执中之道",致公无私,以天下为心,达到政和、法缓、狱简,并提出"通其变,天下无弊法"的法治观念,针对魏晋至隋三教倾轧形成"政出多门"的时弊,提倡儒、释、道三家相融合一的理论,形成中国哲学史上上承孔孟、下启韩愈的理学理论体系,是中国历史上卓越的思想家。

王通墓位于万王村东坡上,占地十余亩,系陵园格局。坟头朝北,最上边是文中子的大墓,下边9个是杰出弟子的墓。墓地西边有文中子祠,主体建筑为大殿3间,正中塑文中子像,旁有读书洞,是太平八景之一的"文洞墨香"。墓、祠、洞相互掩映,颇为壮观。元至顺四年(1333年),知县邢信臣督工重修,更具规模。惜于抗日战争胜利前夕毁于战争。另在太平县西门外白牛溪畔建有文中子祠(明嘉靖重修),崖高洞幽,溪水回绕,密林掩映,风光宜人,是太平八景中的"龙门崖崿"。崖势如削,截然独高,上有深洞,是文中子当时授业讲学的地方。清康熙五十六年(1717年),在崖崿之上建百余间堂殿

庐舍，匾额上写着"龙门书院"，后屡经修葺扩建，惜毁于战火，现遗迹犹存。自隋至明清，历代文人墨客、达官显贵，谒拜祠、墓、洞、院者极多，历代志书又极多记述，志、序、碑、文，皆承典继籍。

王通的后人，世代居住在万王村，子孙繁衍，后继有人，名士辈出。

4.杨天民

杨天民，字正甫，山西太平人。万历十七年（1589年）中进士，授山东朝城知县，后调为诸城县知县。在任期间，政绩卓著。诸城临海，海盗与不法贾贩勾结扰民。他上任之后，设计方法捕其凶首，巧妙地平息了纷乱，维护了治安。他很注意备荒节粮，加强储备。不久，诸城就可以和较富庶的青州比高低了。遇灾荒，他便开仓赈济。

后召选为礼科给事中。正逢编国史，他便和御史牛应元联合大胆上书，要求恢复"建文"帝号。这在当时是个忌讳的问题，想不到居然照准。他接着大胆上书《论顺天乡闱之弊》和《奏矿税病民》等，都得到了好评。当时，文选司有个姓梅的郎中，是个贪墨，借关系将要提升为太常寺少卿。杨天民大胆上书揭露。结果，梅被弹劾罢官。从此，朝野视之为正直之人，升为礼科。万历二十九年（1601年），他上本请万历帝选立太子，早定国本。他连上十三本，惹怒万历皇帝，将他贬为贵州永从县典吏。虽然万历帝迫于众议，最终还是立了太子，但对杨天民仍然不理不问。杨天民在烦恼之中病死。直到天启年间，新皇帝追赠他为光禄寺少卿。《明史》中载有他的事迹。

5.王氏家族

汾城王氏家族显赫于明清两代。从始祖王翰臣至第七代王应时，家业走向兴盛。王应时有四个儿子：王体复、王体恒、王体豫、王体益。王体复有侄孙王而毅、王而谦，均留名于史册。

王体复，王应时的大儿子，字阳父，号述斋，于明隆庆二年（1568年）中戊辰科进士，授官工部都水司主事。父亲怕他少年居官，傲满招损，特书"勤、敬"二字诫勉。莅任后奉命疏浚天津河、白沙河，工竣刻制沿河各闸详图，得使后人有所遵循，人皆称之。后转任陕西兵备副使，倡议开渠引泾河水灌田。经详为规划，亲为督率，渠成，可灌田数

万亩，民赖以富裕。迨后，西部边陲报警，民不得安，王体复不顾个人安危，单骑直入敌营，宣扬明朝威德，晓以仁义，敌寇慑服，边境安定，人民乐业。以功擢升河南按察使后，执法如山，铁面无情，一时强宗豪宦，大为敛迹，不敢冒犯。继升陕西左布政使。崇尚节俭，民困解，陋习革，新风树，万民称颂。不久内调顺天府尹。顺天为京师所在，皇亲国戚借势占田者有之，强行索要茔地者亦有之。体复不畏权势，秉公执法，坚决抵制，严肃处理，使正气大张，邪气遏止。旋擢升都察院右副都御史，巡抚贵州，兼督理湖北、川东地方军务。总兵侯之肯邀功妄戮，体复予以弹劾抵罪。后因受排挤辞官归里。其设丽泽社，教授子侄及邑中士子，数十年中太平登甲第者多出其门。讲学之余，多方搜集地方史志资料，在嘉靖《太平县志》的基础上，细心整理，纂修万历《太平县志》。万历四十三年（1615年），朝廷又召体复为户部右侍郎，不就，未逾月病卒，老死于家中，终年74岁（表1-2）。赠如职，谕祭葬。其诗文，著有《姑射山人吟稿》、《居乡篇》、《居官篇》、《评诗集》、《南征记》、《玩学集》等梓行。

王体复功绩　　　　　　　　　　　　　　　表1-2

时间(明)	功绩
隆庆二年（1568年）	中戊辰科进士
隆庆三年（1569年）	授为户部都水司主事，主持了崇德殿和隆道、英明、澄辉三阁的修缮工程
隆庆六年（1572年）	主持了昭陵碑亭工程，升为营缮司员外郎
万历元年（1573年）	署都水司郎中，主持了白沙河的疏浚排淤工程
万历三年（1575年）	署都水司的司篆，主持修葺胡良、拒马河二桥
万历四年（1576年）	正式任水司郎中，管理太仓、光禄两个供应库以及御马、京场两仓
万历七年（1579年）	升任陕西按察使副使，管理军务和通讯
万历九年（1581年）	改任陕西苑马寺卿
万历十一年（1583年）	升户部陕西司右参政，分守关西道
万历十四年（1586年）	任河南右布政使管按察司事
万历十六年（1588年）	主持修建潞王府，同年任陕西布政司左布政使
万历十九年（1591年）	任顺天府尹
万历二十年（1592年）	任都察院右副都御使，巡抚贵州，兼理湖北、川东地方军务
万历二十二年（1594年）	回到太平老家，为其父母亲分别操办90和70大寿
万历四十三年（1615年）	朝廷又召起复，不就，老死于家中，终年74岁

王体恒，王应时的二儿子，王体复的弟弟，于万历七年（1579年）中举，授为河北隆平县知县，致仕回家后，留心经史，教授诸子侄，终年80岁。

王体豫，王应时的三儿子，于万历四十三年（1615年）中举，被授为山西寿阳县教谕，后升任陕西石泉县知县。

王体益，王应时的小儿子，以"明经"被选，因被选时年龄已经很大，不愿出仕，终年80岁。

王椿，王体复之子，在王体复死后，其被荫袭为银台（通政司）幕，后任太仆寺丞，升为户部主事，调到刑部广东司又任为广西柳州知府，后致仕归里，回到太平老家，终年76岁。

王标，王椿的弟弟，虽然只是廪膳生员，但爱种药著书，有《牖干十书》问世。

王宏茂，王体复之子，在清代康熙年间成了拔贡。

王念维，王体复裔孙，在道光年间被授为布政使经历加二级、奉直大夫。

王而毅，王体复的侄孙，于崇祯十五年（1642年）中举，李自成农民起义军进入太平后，曾委以官职，但他不接受，独自逃到了姑射山中，独坐小室，搜研古书，著有《经史大义遵法》一书，终年60余岁。

王而谦，王而毅之弟，于清顺治五年（1648年）中举人。

这个出了一个进士、四个举人、一个户部右侍郎、一个知府、三个知县的王氏家族，不愧为汾城的大家族。经历了历朝的风雨之后，这些人已经隐在历史中，而王氏后人，至今仍然生活在祖辈自明代留给他们的宅院中，延续这个家族的兴盛。

在汾城民居中，现存王氏民居院落共三座。其中一座为王体复院，位于文庙南侧，另两座南北布局，位于城隍庙西侧（图1-19）。

图1-19 王椿院内景

6. 刘氏家族

刘氏家族各辈在清为官者不下20人,家私颇富,财源甚广,开设有当铺、商号等,拥有两百万余亩土地,素有"刘百万"之称。

刘笃敬为刘家的代表人物,字缉臣,号筱渠,前清举人,太平县南高村人,出生于1848年,1867年中丁卯科优贡,1875年在太原乡试中乙亥科举人。1920年病逝,终年73岁。其父刘向经,字训奇,清候补道。刘笃敬自幼爱读书,考中本县秀才,后赴太原乡试中举人,曾三次进京会试,皆名落孙山。在京期间,其与"戊戌六君子"之一的杨深秀交往甚深,两人志趣相投,探讨变法新思想,并被杨深秀推荐任刑部主事。1900年回到山西,又被巡抚胡聘之派到日本考察工商业,以及近代工业,从而走上了实业家的道路。

刘笃敬的事业涉及纺织、电力、矿业、面粉、铁路建设、教育事业等。他凭自己雄厚的财力,创办山西电灯公司,成为山西电力工业创始人。同时,他还创办了一些采矿企业。1911年,刘笃敬接替渠本翘担任了山西保晋矿务公司总经理,山西商会会长。他是一位贡献卓越的爱国的资本家。

中年后,刘笃敬喜收藏古书、古玩、字画、金石碑帖。在南高村有藏书楼一座,内藏图书、钟鼎彝器、名人字画,藏品颇为丰富。至其晚年,刘笃敬全身而退,回乡投身教育事业,兴办了闻名三晋的南高私立高级小学,聘请名师,广纳学生,先后培养学生达400多人,曾受到山西省教育厅"嘉惠儒材"嘉奖。

7. 郑氏家族

郑氏家族是清代太平城内的望族之一。郑家祖居城东5里的西村,明末迁居于太平城内。其宅基位于城之东南隅,成片而建。因家族庞大,郑氏民居分为四宅、六宅、八宅,相对独立。而如今仅存三座院落,两座偏院以及当时的书房院。其后裔于20世纪90年代自费办起一个民俗文化展览馆供人参观。

郑氏家族中,最为显赫者是郑明良。其有二子,唤曰郑铨和郑博,一个是贡生,一个是监生,可谓郑门书香之继续。

郑明良,山西太平人,清顺治五年(1648年)中戊子科举人,顺治九年(1652年)

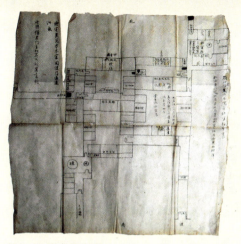
图1-20 郑家旧地图

图1-21 郑氏民居之一（大门）

中壬辰科进士，分配到江苏华亭县（今上海松江）当知县。郑明良体形魁梧，心地善良，为人笃诚，谈吐高雅。在华亭当知县期间，做了不少好事，尤以减轻农民负担为德政。华亭人在给他立的德政碑中，评价他："宏才卓识，精心敏手，未调欲变之琴，先悬不疲之镜。其平也，武侯之秤无私，其勤也，陶公之阴必惜，果达，持南山之判，自百而千；和恺，敷黍谷之吹，差咫与尺。尤足伟者，甫下车，即有编金徭役之举，不动声色，迎刃而解"。江苏布政使参政张振劳在"平役惠政碑"中称赞郑明良说："利兴蠹剔，其感服吏民必者，事不胜数。窃意，古者渡虎驯雉，麦穗两歧，蝗不为灾，皆彤史文言。今公入境，风雨和，年谷丰，鲜水旱灾异之告，则天人感应之理，匪诬也"。从这些赞语中，可以看出，郑明良为官清政，能力非凡，是一任好官。

然而郑家的兴盛毁于乱世。在抗日战争中，郑家基业付之一炬（图1-20）。因三座院落被用作马棚，才幸免于难。现存三座院落中，有两座仍为郑氏后人居住（图1-21）。

五、非物质文化遗产

千百年来，襄陵县和太平县沃野连属，经济富庶，人们安居乐业，素以"金襄陵，银太平"并称于世。经济富庶，带动文化繁荣，故汾城镇留存有丰富的非物质文化遗产。

1. 跑鼓车

跑鼓车（图1-22、图1-23），发源于汾城镇尉村一带，是为纪念唐代名将尉迟恭而举行的民俗文化活动，至今已延续2700多年。其集军事祈福和休闲健身为一体，融鼓乐表演与体育竞技为一体，将鼓与车、韵律与运动完美结合，体现了汾城文化的独特与厚重。这种群雄博弈的古老文化，血脉传承，久盛不衰，被誉为"活态传承标本"。2011年，尉村跑鼓车被收入《第三批国家级非物质文化遗产名录》。

尉村史称"鄂公堡"。公元前718年，因曲沃庄伯公进攻晋都，晋鄂公逃至"鄂邑"。为防御敌人追剿，晋鄂公在今尉村北部筑城堡，故名"鄂公堡"。此后，鄂公堡的驻军成为尉村最早的村民。至唐代，尉迟恭被封为"鄂国公"，在

图1-22 汾城跑鼓车一
（资料来源：汾城镇镇政府）

图1-23 汾城跑鼓车二
（资料来源：汾城镇镇政府）

此采取兵农合一政策，屯兵屯田，演练军队，逐渐形成了跑鼓车这项传统民俗活动。清道光年间，尉村尚武之风极盛。在赛车时，村民曾一鼓作气将鼓车拉到河南洛阳白马寺，成为历史美谈。

尉村鼓车分五院鼓，明清时期已有分制，分别为后院鼓、西北院鼓、东院鼓、南院鼓和庙巷鼓，分属村内五大家族。竞赛时，由一人撑辕，两人抱辕，两壮汉立于车上击鼓鸣锣，数十人甚至上百人拉车。五院分别在村子的五个方向，定点、定时、以炮为令，各院鼓车绕村奔跑，相互狂奔追逐，直到一辆追上另一辆，将绳系到前边的鼓车尾部才算分出胜负，方可暂歇。

自2008年开始，尉村在每年农历三月十六举办"尉村鼓车文化节"。尉村跑鼓车以历史悠久、淳朴原生、粗犷豪放、惊险刺激、团队协作的民俗风格，成为我国民俗文化中独特的历史文化遗产。

2. 抬阁

抬阁是汾城民间社火的一种形式，于每年春节、元宵节举行（图1-24）。

抬阁是在一张支架或方桌上做出内支架，将儿童载于其上，穿红挂绿，演绎出各种戏曲或民俗故事的场景，再由数人抬起，跟随锣鼓行进表演。如果不"抬"，而将支架固定在青壮年身上，则叫"背阁"。

汾城镇内抬阁的技艺，以中黄村最高。中黄村的抬阁制作巧妙，以创新取胜，曾在表演传统剧目《白娘子》时，以青锋剑尖部顶起"许仙"，一摇一摆，表演自如。在扮杂技时，曾用一把雨伞支起一位骑车旋转的小演员，并且舒展大方，毫无惧色，可谓一绝。

图1-24 汾城抬阁
（资料来源：汾城镇镇政府）

抬阁的要义,在于支架的设计。其演员以家族区分,支架制作过程都在家族内秘密进行。该传统做法的目的是尽心竭力确保儿童安全。在抬阁表演中,往往是不满10岁的儿童扮演角色,父辈们抬杠,爷爷辈则紧随抬阁,扶护儿童。故此,抬阁从制作技巧上,传承了历代能工巧匠的聪明才智;在表演形式上,体现了传统人伦文化的温馨,不愧为传统文化的杰出代表。

3.汾城臊子面

都说"民以食为天",汾城的传统饮食文化,自然也有独特之处。油汾饭、臊子面、泡油糕(图1-25)、火烧、薯饼(图1-26)、菜盒、车轮子以及羊肉锅子等,皆为汾城名吃。其中最佳代表,当属臊子面(图1-27)。

汾城独到的臊子面,与现今流传甚广的山西哨子面不同。臊子者,肉丁肉末也,有写"嫂子面"、"哨子面"之类者,皆为传讹之词。汾城臊子面与众不同之处,在于面的和、擀、切、煮,臊子的形、色、味、汤,都有它独到的做法。如今,在婚庆酒席之上,仍作为必不可少的传统食品之一。

臊子面制作工序较为复杂,一般用碱化好的水和面,后拿一米来长的擀面杖,将面擀成面皮,而后层层叠起,左手压面,右手握着一把宽半尺、长近两尺的切面刀切面。煮好的面用小面碗盛上,翻扣在箅子上。

图1-25 汾城泡油糕

图1-26 汾城薯饼

臊子是面的核心，一般情况下，臊子应提前做好。汾城臊子面的臊子中有肉丁、胡萝卜丁、白萝卜丁、油炸的虎皮豆腐丁、白豆腐丁以及切成菱形或丝条的海带，臊子大小都小于一厘米见方，炒好后，装在容器里。将鸡蛋煎摊成薄如纸的鸡蛋饼，切成菱形状，再加香菜或青菜，作臊子的码。将调制的汤添上鸡汤煮沸，再把面放入其中，用沸汤煮，再将面筚出，如此三番，汤味进入面里，这时再加上臊子，添上码，浇上汤，便可以食用。更正宗的还要加一小碟蒜薹、韭花、咸菜，以调口味。

图1-27 汾城臊子面

4.汾城米醋

汾城地处山西，土壤为碱性，故长久以来人们都爱吃酸性的醋。汾城的米醋也因其取材以及制法的独特，享有盛名。

南方制醋多用大米，北方制醋多用高粱，而汾城制醋多用当地的小米。传统北方的制醋方法多为固态酿醋法：以高粱为主要原料，利用大曲中分泌的酶，进行低温发酵。再将成熟醋醅的一

图1-28 醋厂醋缸

半置于熏醅缸内，用文火加热，保持在35℃左右。完成熏醅后，再加入另一半从成熟的醋醅中淋出的醋液，淋出新醋。最后，将新醋陈酿，终而制成色泽黑褐、酸味醇厚的陈酿食醋。

汾城的制醋方法为液态酿醋法。将小米蒸熟后，与大麦的芽一起置于酒坛（图1-28）之中，以火加热，保持85℃左右，得到甜液，即为麦芽糖。再将其装入发酵所用的缸中，加入醋曲（图1-29），并用泥封住缸口，保持在35℃左右，存放100多天。待醋醪成熟后，经压榨、澄清、消毒灭菌，即得色泽鲜艳、气味清香的成品（图1-30）。

如此而成的米醋，其酸性较强。据说若将当地的米醋倒于泥地中，将能产生大量的气泡。在汾城，仍然有"三盛合"、"高丽明"等几家醋厂，延续着古法制醋的工艺。

图1-29 醋厂醋曲

图1-30 醋厂清醋

【第二章】

汾城古镇的 空间格局
KONGJIAN GEJU

山｜西｜古｜村｜镇｜系｜列｜丛｜书

一、选址

1. 概况

汾城镇地属汾河流域，位于姑射山与汾河水之间的汾河西岸平川上（图2-1、图2-2），海拔500～600米。光绪版《太平县志》有云："姑射峙于西，崇山屏于东，汾河贯于中，河山险固，地饶民丰。"这明确地阐述出汾城镇选址的特点：两山夹一水。古镇境内地貌较为平整，地势起伏不大。该地区属温带大陆性气候，春季气候适宜，夏季炎热多雨，容易发生洪涝灾害，冬季寒冷干燥。汾城镇是在古太平县基础上发展而来。

2. 风水

风水理论对城镇选址的要求是山环水抱，地势平坦，山可以"藏风聚气"，水可以"载气纳气"，因此，古代建城一般都选择依山靠水之地，汾城古镇也不例外。

汾城镇处于环山傍水的临汾盆地南部，据光绪版《太平县志·于地·山川》[1]中记载："姑射山在县西十五里，自北而南亘抱邑境"，"九原山在县西南二十五里"，"汾阴山在县南十里，东西绵亘三十里，高五里"，

图2-1 汾城镇在古山西地图中的位置
（资料来源：《清二京十八省疆域全图》）

"巴山，在县东二十五里，汾水之西，高十丈有奇"，"东陉山，在县东四十里，为太行之支"，"汾水，在县东二十五里"。汾城镇西面依靠姑射山，姑射山由西北而来，草木繁茂，成为汾城镇的天然屏障；东依太岳支脉崇山余脉，绵延起伏，构成了"觅龙"之

---

1 详见光绪版《太平县志》第37页。

图2-2 光绪版《太平县志》中的山川图

势。崇山和姑射山形成"察砂"之势，起到了收气挡风的作用。除此之外，汾城镇四周还有数个分支山脉，构成三面环抱、一面望野的较为封闭的环境格局。

这种相对封闭的环境格局，既能保证良好的通风，又能防狂风侵蚀，形成了古镇良好的生态环境和小气候。西北山势较高，不但可以阻挡冬季的西北寒流，又可以引导夏季回风。山上植被良好，可以调节小气候并且保持水土，不易发生泥石流与岩土滑坡等自然灾害。同时，山水文化一直是中国传统文人的追求。所谓"仁者乐山，智者乐水"，历代文人希冀营造"采菊东篱下，悠然见南山"的意境，并孜孜以求。汾城镇的选址无疑满足了居民的这种精神需求。汾城镇古有汾城旧八景（姑射晴岚、汾水烟波、义祠云寒、文洞墨香、灵泉春色、孝垅秋风、层台夜月、仙逝古柏），现有汾城新八景（晋城霸基、汾阴岩障、益乡黛树、原磴绿纤、马首雷雾、龙门崖崿、一峰望照、九汧层流）（图2-3、图2-4）。可看出汾城镇四周山水如画、美景如云，令人心旷神怡。也正是依赖这种山环水聚、负阴抱阳、相对闭合的自然环境，汾城镇才得以延续发展。

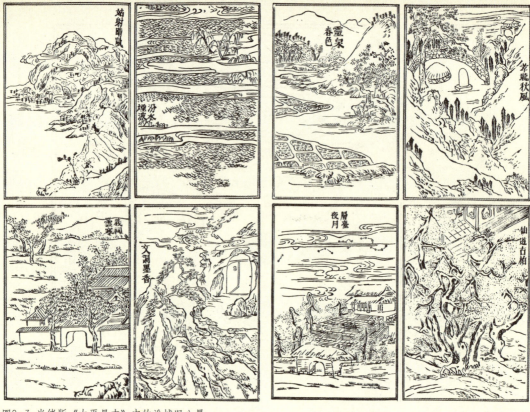

图2-3 光绪版《太平县志》中的汾城旧八景

图2-4 光绪版《太平县志》中的汾城新八景

图2-5 汾城镇古城墙外部环境

汾城古镇在青山环抱、绿水萦绕之中，其山不高但葱郁繁茂，层峦叠嶂，连绵不绝，山色空蒙；其水不深但蜿蜒曲折，波光潋滟，古韵依依，趣味横生。秀丽的山水交相呼应，所谓高丘围合而又得水环抱，这正是体现了风水思想精髓所在的理想人居环境（图2-5）。

3. 水源

汾城位于汾河西岸的平川之上，周边有清水泉等河水的滋润，又与汾水相依相邻。充足的水源、肥沃的土壤，为农作物耕种提供了适宜的温度与湿度，土壤肥沃，盛产小麦，有"银太平"的美称。在当地流传一段历史传说，唐朝初年，大将尉迟恭告老，回封地太平城。唐王李世民来看望，路过襄陵汾东地界，见大道两旁村舍整齐，气象不凡，便问随从为何处，当知东为上靳，西为下靳时，称道"好一个多金（'金''靳'同音）的襄陵！"后与尉迟恭叙谈间夸道："我卿襄陵，到处黄金，可称盛邑。不知太平如何？"尉迟恭答道："襄陵多金（玉米），太平多银（小麦）。"从此便留下"金襄陵，银太平"的佳话。

汾城镇周边水系错综复杂，泉水密布，光绪版《太平县志》中记载有泉水12处之多。据光绪《太平县志·于地·水利》[1]记载："太平诸泉通塞无常，其利甚细。唯西北涧汧，

---

1 光绪版《太平县志》第43页。

当雷雨时发，闸水灌田，利为较大云。"可知古镇自古以来西北面水利发达，历代皆为农耕地，一直延续至今。此处原有一处古泉名为"清水泉"，提供耕地的灌溉水源。此泉在光绪版《太平县志》中亦有记载："清水泉，在县西门外北。周围一亩二分，灌田者以桔槔取之。其地宜芦苇，绕流过城南关而东。明知县邹学书奉檄兴水利，置水车七具，灌地二十余亩。国朝乾隆元年，知县张若崟淘地疏泉、水颇微，今塞。"此处泉水在乾隆年间干涸，如今已无遗址（图2-6、图2-7）。

图2-6 汾城水利碑拓片

水流的冲刷与水中微生物滋生使得土壤更加肥沃，利于农作物生长，因而物产丰富。在光绪版《太平县志》中，共记载谷属11种、蔬属26种、果属13种、瓜属15种、木属22种、花属25种、草属9种、药属12种、毛属13种、羽属20种、虫属16种、鳞属5种、介属5种以及货属6种。富庶的物产为人们提供了充足的物质基础，利于后代繁衍生息。

总的来说，汾城镇选址在土地肥沃、物产丰富之地，四周群山环抱、山清水秀。这使古镇根植于富足的农业资源基础上，拥有丰富可靠的物质保证，同时也具有天然的屏障，利于城市防御，并赋予古城独特的自然景观，使之具有丰富的空间轮廓线，其选址既符合古人对于风水格局的追求，也符合现今城镇选址的科学要求。

图2-7 汾城曾经起防御作用的护城河

二、格局

1.总体布局

汾城镇历史悠久，在唐宋时期较为兴盛，元明清三代兴修了十余处庙宇，形成了大片民宅与庙宇交相辉映的传统城镇风貌，至今仍较完整地保留传统城镇格局，展现出一段相对清晰的古镇发展历程，具有较高的历史、文物价值。汾城镇现存的历史街区与历史建筑基本保持了明代晚期的格局，既遗留有中国古代城市里坊制的痕迹，又呈现宋代之后沿街设市的布局方式。它是现存我国古代县级城市的活标本，具有重要的研究价值。

汾城镇地处平坦的河谷地带，这样的地形地貌特征造就了其平整规矩的格局。古城东西宽332米，南北长655米，占地22公顷，这与光绪版《太平县志·建置》中记载的："太平治围径三里许"即城池周长1500米左右基本吻合。城池格局方正，道路平直，以鼓楼南北街为中轴线，以鼓楼为中心点向四周发展（图2-8）。

作为一座古代城邑，城墙、庙宇、署衙、店铺、民宅等构筑物和建筑物是构成城市的基本单元。同时，它还应满足戍守、教化、行政、商贸、济民等各种功能。据光绪版《太

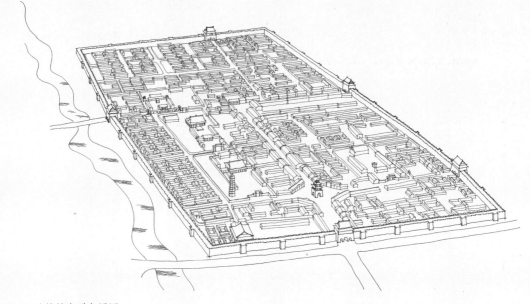

图2-8 汾城镇鸟瞰复原图

《平县志·县城图》的描绘，当时古镇西边布置有文庙、学宫、试院、学前塔；西北布置有城隍庙、魏侯祠、娲皇庙、观音堂、仓储等；城东布置有县署各司衙门、关帝庙、刑狱等设施。城内一共有大小街巷17条，主要街道两侧，民宅栉比，店铺林立，商业繁荣。目前，汾城镇保留着部分古老的城墙，集古寺庙、古街道、古店铺和古民宅为一体，构成一个规划严谨、布局合理、结构完整、井然有序的传统县城格局（图2-9）。

古镇被鼓楼大街等几条主要道路不均质地划分成几个小型的街区，各小型街区内部再根据次一级的道路划分成更小的单元格，用地集中紧凑。分析汾城镇的现状，可将其分为四种主要功能片区，分别是：居民区、官署区、文化区、寺庙区（图2-10）。

图2-9 汾城古镇现状平面图

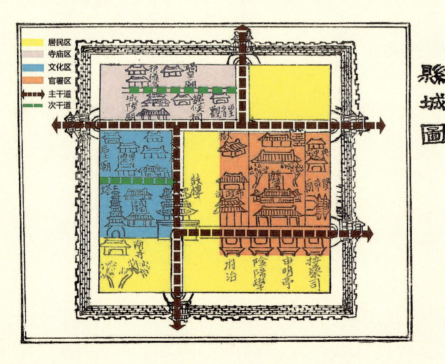

图2-10 古太平县功能分区

图2-11 汾城镇庙宇格局鸟瞰图

我国古代城市具有严格的行政等级规格。不同等级的城镇，在规制和规模上差别明显。古太平县严格按照我国古代县级治所的标准建设。随着时光流逝，汾城镇内部分建筑已经随着历史消失，但其整体布局、院落格局、装饰风格等方面，仍可识别出中国乡土社会县级城镇的建设标准和布局形态。在城镇内部布局上，汾城古镇整体格局和传统建筑具有鲜明的仕文化和商文化共同影响的痕迹，清晰地体现在古镇商业街布置与公共建筑上（图2-11）。

2. 城墙与城门

（1）城墙的修建

作为一座城池，城墙是最为主要的防卫设施。据光绪版《太平县志·建置·城池》记载："太平城创于唐，后历加修葺，各有成绩。"可知太平县的城墙建设起始于唐代，"周围三里六十五步，高四丈，壕深一丈五尺。东门二，南北西各一。"即汾城古城墙高约13.3米，城墙壕沟深约5米，设置城门5座（图2-12、图2-13）。

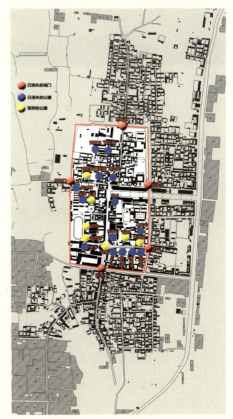

图2-12 古太平县城门与城墙示意图

图2-13 汾城镇古城墙

汾城镇自建城以来，城墙历代均有修缮。根据光绪版《太平县志》的记载："明景泰初，知县岳嵩重修。正德六年，知县龚进展筑，周围三里二百四十步，高三丈，上阔一丈五尺，壕深二丈六尺，阔三丈。门楼五；南曰迎恩，北曰拱辰，东曰镇安、曰永阜，西曰顺化。角楼四，知县盛琛终其功，有修城记。嘉靖十四年，知县耿儒易土堞以砖，一千一百八十有奇。二十六年，知县牛纲创筑墩台二十座。三十二年，知县袁从道建墩亭其上。隆庆二年，知县罗潮修垣亭，凿濠深阔各四丈余。崇祯四年，知县魏公韩以流寇入境至城下者三，土墙低薄不足恃，采石为基，通甃以砖。自雉而下，计高四十一尺，上广三十尺不等。围长一千四百步有奇。门五，易南门曰太平门。南北层楼二。八年，知县李之实修大东门，改题额曰，景旭肇开。"

进入清代以后，延续明代格局进行一些修补之举。据光绪版《太平县志·城池》的记载："国朝顺治十年，知县程衡修北门，及小东门，易北门为承恩门，小东门为勤政门。康熙十八年秋，霪雨累旬，城墙多坏。知县吴轸修。乾隆十六年，知县姚士泫于城东南隅，建奎楼一座。四十年，秋雨兼旬，城东南隅颓圮计长十二丈九尺，知县张钟秀克日鸠工砌筑完固。四十三年，兼修西北角楼。五十四年，知县徐希高重修东北角楼。道光二十一年，知县顾穗林重修。"据此，将城墙的发展历程统计如表2-1所示。

太平县城墙变迁表　　　　　　　　　　　　　　　　表2-1

朝代	年代	主要人物	城墙变迁
唐代	唐贞观年间（627年）	—	周长约1580米，高约13.3米，城墙沟深5米。有东门两座，南北西面各一座门楼
明代	景泰初年（1450年）	知县岳嵩	重修
明代	正德六年（1511年）	知县龚进	对城墙进行了扩展。周长约1800米，高约10米，城墙上宽约5米，城墙沟深约8.5米，沟宽10米。有五座城门，南门叫"迎恩门"，北门叫"拱辰门"，大东门叫"镇安门"，小东门叫"永阜门"，西门叫"顺化门"。另有角楼四座
明代	嘉靖十四年（1535年）	知县耿儒	将土制堞口换为砖砌堞口，共1180多个
明代	嘉靖二十六年（1547年）	知县牛纲	补建了20个城墙墩台
明代	嘉靖三十二年（1553年）	知县袁从道	在墩台上修建了墩亭
明代	隆庆二年（1568年）	知县罗潮	重修垣亭，拓宽城墙沟，深和宽均约为13.5米
明代	崇祯四年（1631年）	知县魏公韩	以石头为基座，以砖砌筑。高约13.6米，墙上宽约10米。周长约1850米。城门五座，改南门为"太平门"
明代	崇祯八年（1635年）	知县李之实	重修大东门，改题额为"景旭肇开"
清代	顺治十年（1653年）	知县程衡	重修北门，及小东门，改北门为"承恩门"，小东门为"勤政门"
清代	康熙十八年秋（1679年）	知县吴轸	重修
清代	乾隆十六年（1751年）	知县姚士滋	在东南角落，建奎楼一座
清代	乾隆四十年（1775年）	知县张钟秀	城墙东南角约有43米颓圮，知县张钟秀重修
清代	乾隆四十三年（1778年）	知县张钟秀	重修西北角楼
清代	乾隆五十四年（1789年）	知县徐希高	重修东北角楼
清代	道光二十一年（1841年）	知县顾穗林	重修

抗日战争时期，城墙抵御了部分敌军进攻，但是因为无法抵挡现代武器的轰炸，汾城镇城墙饱受炮火摧残，尤其是南城墙毁坏尤为严重。目前，城墙只剩下西面、北面和东面的一部分。西城墙保存较好，北城墙部分残缺，东城墙仅存200余米，共计1608米，高7.4米，宽5米。原有的堞台及墩亭均已不存在。

（2）城门的设置

从复原的城墙来看，汾城镇城墙基本呈现长方形，建有五座城门（图2-14、图2-15）。五处城门呈头西尾东略像龟状，人称"龟城"，反映了人们希望城墙万年长存、坚固永久的愿望。传说因为城墙砖石在敲击时有凤凰鸣叫之声，被称为凤鸣墙，因而汾城镇又被称为凤城。

图2-14 汾城镇古城门一

汾城镇古城门有五座，在山西省较为少见。封建社会时期，山西绝大部分的府、直隶州城镇都为四门。与矩形的城池相互匹配。因为府级城镇大多分布在地势较为平坦的地区，城池四方，便于形成城门位于每面城墙中央的格局。理想状态是，每面城墙居中设一个城门，四个城门都位于每面城墙的正中，既方便交通，同时也符合中国崇尚方正、和谐的传统观念。

图2-15 汾城镇古城门二

从具体情况来看，汾城镇五个城门并不居于城墙正中。其中西门"顺化门"与大东门"镇安门"基本相对，并不居中，而是位于城墙偏北三分之一的位置。北门"拱辰门"与南门"迎恩门"相互错开，而小东门"永阜门"较为独立，没有对称或对应的城门相匹配。

形成这种城门布局的原因很多。从当地文化习俗看，山西其他古县治规划，亦可发现南门与北门不对开的情况（图2-16）。推测此布置方式是县治规划时有意而为，战乱时可在一定程度上扰乱敌人的进攻，减缓敌人的速度。同时，通而不畅的道路设置，避免一眼望穿全城，使得城邑内产生内聚感。

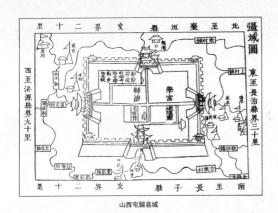
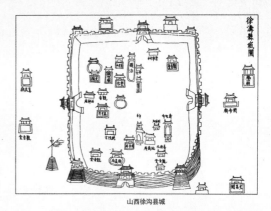
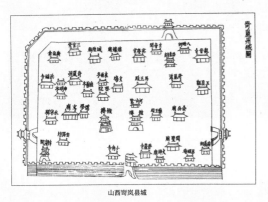
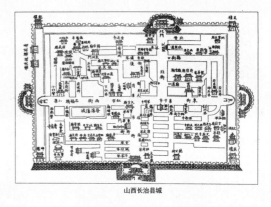

图2-16 山西其余四处古县治规划图

此外，城门布置满足交通的需求，例如小东门"永阜门"地处县衙与商业较为集中的地区，人流交通量较大，所以增开一道门。另外，古太平县城虽然北面平坦，但东南西三面临沟，城门大多开设在地势平坦或沟壑相对便于通行的位置，于是形成城门大多不能居于城墙的正中位置的现象。

(3) 城墙的作用

汾城古镇城墙的重要性无可争议，它保护着汾城镇的居民，帮助他们抵抗一次又一次的战乱。据明代邑令魏公韩所作碑记《详请修城文》言："太平，姑山西逼，豁都，尉辟诸峪口，为贼出没之地，贼渡河即入山，出山即扰县……贼至县境，焚掠诸村……即县城被围，亦已三次矣。"可见古太平城一带物产丰富，居民生活富足，所以引起流民山贼

图2-17 汾城曾经起防御作用的古城墙

的觊觎，他们反复入侵掠夺，给太平人民带来了深重的灾难。因此，太平县利用自身易守难攻的地理优势，加强城墙防御系统，以求保护居民的生命财产安全以及房屋建筑的完好（图2-17）。

3. 空间肌理

如果把建筑称作"实空间"，那广场、院落、道路等称之为"虚空间"，虚实空间的结合形成了每个城镇独特的空间肌理。每一个城镇的肌理，都是在自然历史环境等诸多因素作用下慢慢演变，最终形成的结构较为稳定的形态。

汾城镇空间肌理的形成经过全面系统的规划，这种自上而下的生长组织方式是古代县治、府治、重要城镇的常见生长方式，与大多数传统聚落自下而上的自由生长方式显著不同。自上而下生长的城镇肌理更为规整，具有规律性且等级层次分明，而自下而上的城镇肌理则更为自由、灵活。

  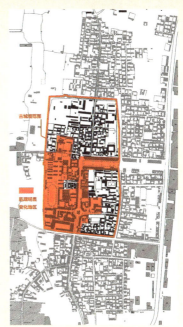

图2-18 汾城镇的"图底"关系　　　　　　　　　　　　图2-19 汾城镇中肌理明显不同的地区

汾城镇整体空间按照严谨的几何方格网络布局，街区内部的空间关系也相对严谨。从图2-18中看到，汾城镇的"实空间"大于"虚空间"，这意味着古镇整体结构紧凑，街区内部私密性较强。我们由图2-19可看出，汾城镇的肌理具有以下特点：

1. 均质：汾城镇中居住建筑的体量基本相当。说明在长期的生产生活中，人们已经找到了适合居住的空间尺度，并长期使用。商业建筑和公共建筑明显与居住建筑尺度大小不同。居住建筑尺度相对较小且形态规整，而前者尺度较大并且形态较为突出，但同一功能的建筑体量相差不大。

2. 协调：从总体上看，汾城镇各个建筑的朝向并不完全一致，但基本上是南北朝向，部分根据地貌地势或功能用途的实际状况略有不同。总的来说，汾城镇空间结构条理明晰且相互协调。

3. 紧凑：汾城镇整体布置结构较为紧凑，虚实适中，空间形态和大小随着建筑功能的不同与环境条件的变化而调整，但整体空间格局较为齐整且不散乱，院落和街道组织较为有序。

根据现今汾城镇肌理的分布,我们可明显区分出居住区与公共建筑两类不同区域(图2-19),从而进行明确的空间功能划分。其中,现存的历史建筑紧凑有序,大小适中,并且可看到古镇保留了宋代沿街设市的布局方式。不过新建建筑的体积过于庞大,显得十分突兀,破坏了古镇整体的肌理与格局。

三、街巷布局

一般来说,我国古镇的道路网多为棋盘式或鱼骨式。汾城镇正是属于棋盘式道路网布局。所谓棋盘式(或者称为方格网)的道路网较为规整,街道走向较为笔直,尽量争取街道的正东西向和正南北向,并且东西与南北向垂直相交,形成了酷似棋盘的道路形式。这样的道路网格功能比较合理,有利于交通工具通行,并且还有利于确定方位感。在城镇功能分区上来说,容易形成较为规整的功能单元,便于管理。

在光绪版《太平县志》中,古太平城内有记载的大小街巷有十七条,以鼓楼为中心向四方散射延伸,分别为:县门前街、鼓楼街、南门街、北门街、东门街、西门街、学门前街、角口街、二郎庙巷、皮匠巷、东仓巷、西仓巷、郑家巷、韩家巷、南关大街、斜儿街以及北关大街。如今,许多街巷已易名或不存。

现存较为完整的街巷主要有:鼓楼北街,位于鼓楼以北,推测原名鼓楼街,长约543米;鼓楼南街,位于鼓楼以南,推测原名南关大街,长约414米,两侧保留有"前店后场"格局的商铺;城隍庙街,位于鼓楼之西北,推测原名西门街,长约380米;草坡街位于县治之西南,长约583米,原为石板铺砌,因曾为买卖牲畜草料的市场而得名;东坡街,位于县治之东南,石板铺设,长约112米。居民区内部的小巷部分保留古时的格局,古城墙周边的部分主干路由于城镇发展的需要,已经进行拓宽和改建,原有的街巷尺度已经被破坏。

1.道路分级

道路是组织空间的重要手段,也是支撑城镇空间格局的骨架。汾城镇街巷基本可分为四个等级:主干道,次干道,入户街巷和户前窄巷(图2-20)。

主干道与次干道承载四方人流,又与诸多巷道互相连通,构成了汾城镇的主要骨架;

入户街巷相对幽深狭窄，也更加僻静，与主干道或次干道相连，两侧有序分布着居住院落，如同城镇的经络；户前窄巷一般位于居住街坊之中，是巷道与院落之间的过渡，区分并连接公共与私密空间，像城镇中的毛细血管。

各种等级的道路形态和尺度各不相同。汾城镇内主干道（如鼓楼大街等）主要用于缓解城镇和外来人流，相对开敞，这种道路往往通过规划形成；而一些相对私密的居住巷道则封闭感较强，主要用于满足地块内部交通，形态较为规整，通过建筑边界间的"挤压"现象自发形成；位于院落入口的户前窄巷，围合性较强，主要满足居民在院落之间或街巷之间的穿行，由建筑之间的空隙形成。这类道路有机连接了汾城镇各个院落，尺度变化较为丰富，趣味性较强。

汾城镇内的主要街道按功能分为两种，商业性街道和生活性街道。商业性街巷空间由两侧线形分布的铺面组合而成，表现出明显的边界特征，具有连续性和整体性的特点。商业性街道与其他街道交接处有显著的空间变化，表现出明显的领域属性。由图

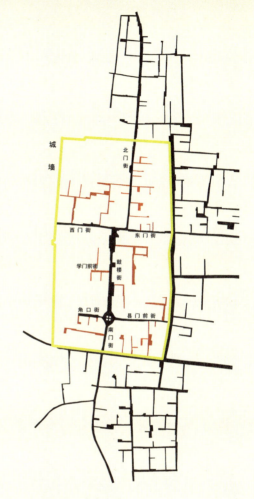

图2-20 汾城镇道路网

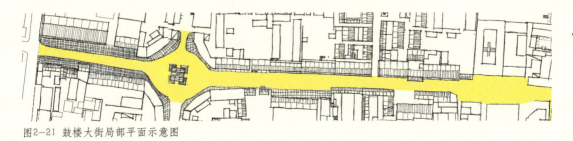

图2-21 鼓楼大街局部平面示意图

2-21可以看出，汾城镇以鼓楼大街为主的商业街巷呈直线型，一系列滞留、半滞留的空间串联其中，是具有隐含的路径属性的复合空间。

由图2-22可以看出，汾城镇内生活性街巷空间的基本形态由两侧的居住单元组合而成，边界多变，并且大多由实体围合。生活性街巷大多较为狭窄，具有明确的流动性和通达性，所以生活性街巷具有显现的路径属性。

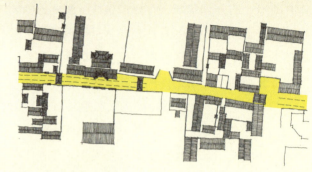

图2-22 城隍庙街平面图

汾城镇的主要道路由于城镇的发展和变迁，历史感逐渐丧失。但历史街巷则幸运地保留原貌。这些街巷两侧的宅院，门楼显赫，古迹斑驳，具有沧桑之美。伴随汾城镇的发展，古镇内的街道逐渐增多，新开拓的街道周边的建筑也往往是现代化的建筑，主要采用钢筋混凝土和玻璃等建筑材料，破坏了历史建筑街区的风貌。

2.道路交叉点

汾城镇内喧闹繁华的大街与幽静古朴的小巷子交相呼应，形成了独特的路网体系。其中，两条或是多条街巷相交的节点处，往往标志着一条街巷的终结和另一条街巷的开始。地形特征、地面铺装、建筑类型也往往在节点处发生变化。这些节点空间同时成为人们茶余饭后聊天休息的场所。

影响街巷交叉点平面形态的因素很多，例如地形、地貌、水文、朝向、风向、建筑形态以及街道功能等。从形式上看，汾城镇街巷交叉点大致分为四种：L形、T形、十字形和错开十字形。交叉点形式统计结果显示，T形占65.25%，十字形占13.56%，错开十字占11.87%，L形占9.32%（图2-23）。

T形节点在汾城镇内占有绝对优势，推测出于安全因素的考虑，T形节点可延缓敌人入侵速度，阻挡敌人的视线，增强防御。

十字形节点有利于车马和行人通行，但是也有不安全的隐患。战乱时，十字形节点对

图2-23 汾城镇道路交叉点分类

敌军来说畅通无阻,容易一眼看到整条街的状况,不利于居民逃生和防卫。所以,城镇内十字形节点并不多。

3.街道的尺度——宽高比

虽然汾城镇传统道路格局得以保留,但是由于城镇的发展,原有的道路尺度不能满足古镇的需求,所以部分道路予以拓宽。街道宽度反映街道的人流通行能力,街道宽度随着道路等级降低递减。而街道的高宽比则体现街道私密性。一般来说,街道宽度随街道等级降低,宽高比逐级减小。依据芦原义信对外部空间的研究,当$D/H=1$时,空间呈现出亲切尺度,当$D/H<1$时,空间呈现出私密尺度,甚至有压迫感。

在汾城镇的街道中,主干路高宽比$D/H=1.5\sim2$,例如鼓楼南街、鼓楼北街,这种尺度使人感觉较为空旷,公共性比较强,多用于交通或商业性道路。而汾城镇中保留较为良好的历史街巷,则呈现出较为亲切的尺度,让人比较有安全感而又不会让人觉得过于压抑,例如城隍庙街等,此类型的街道高宽比$D/H=0.6\sim1.2$。汾城镇众多的入户街巷呈现较为私密的尺度,此类型的街道高宽比$D/H=0.4\sim0.9$。大部分户前窄巷的高宽比$D/H=0.2\sim0.5$,表现出较高的私密感,部分呈现出略带压抑的感觉。

汾城镇内主干路路宽8~12米,次干路路宽4~6米,其他支路路宽1.2~3米。人眼对于细部的认知距离在0.6~2.4米之间[1],在这个距离内,古建筑砖缝、斗栱的细部清晰可见。

---

1 芦原义信主编.外部空间设计[M].尹培桐译.北京:中国建筑工业出版社,1985.

汾城镇历史街道和各个入户巷道的道路尺寸多在这个范围之内,所以当我们行走其中时,感知到的不仅仅是街道形态和街道界面高度的丰富变化,还有街道界面精美丰富的细部,例如屋脊的装饰、石柱础雕刻等,给人以美的享受,使得汾城古镇历史韵味更加深厚(表2-2)。

汾城镇街巷尺度分析　　　　　　　　　　表2-2

街道等级	典型街巷名称	街道宽度(米)	剖面示意图	街道宽高比D/H
主干路	鼓楼南、北街	8~12		1.5~2
次干路	城隍庙街、草坡街	4~6		0.6~1.2
入户街巷		1.2~3		0.4~0.9
户前窄巷		0.9~1.5		0.2~0.5

4. 街道的界面变化

汾城镇的建筑以鼓楼为中心点,向四周发散生长。汾城镇多为1~2层建筑,天际线较为平缓,起伏波动不大。街道天际线呈现出细微的凹凸感,并不是尺规画的直线。这种微妙的天际线变化,大多通过不同的屋顶形式、细微的高差或者是建筑略微参差的界面来体现。鼓楼和学前塔成为两处制高点,为汾城镇整体平缓的天际线带来一丝兴奋感。

图2-24 鼓楼北街西立面图

立面构图上，在整体协调的基调下，每一户的入口空间都略有不同，通过雕刻、门柱、大门形式的变化来打破单一的墙面，使得立面丰富多彩，富有趣味（图2-24）。同时，这种细微的变化可以增加每户住宅的"标志性"，使其更具识别性，更具自身特色，易于形成记忆点。在汾城镇庄重大气的基调下，增加建筑的生动活泼之感。

5.底界面

汾城镇底界面的特点主要体现在形态和材质两方面（图2-25）。汾城镇底界面形态上的特征是：坡地较少，较为平整。略有高差的底界面以缓坡为主，设置少量台阶。地面铺装材质与方式各有不同。汾城镇街巷铺装主要有三种材料：石块路、石板路和土路。汾城

图2-25 汾城镇街巷铺装分析

镇原本以石板路和土路为主，由于年代悠久，很多地面铺装被毁，只有少数历史街巷铺装保留较为完整，毁坏部分的道路基本采用水泥路（图2-26）。铺装的改变强化了街巷功能和等级的改变。

四、公共空间

1. 公共空间的总体关系

汾城镇作为一个形态完整的聚落，公共空间与交错的街巷系统相互配合，共同形成结构分明的空间体系。公共空间在汾城镇中承担着重要的功能，它不仅是交通节点，也是文化活动的重要场所，在空间的塑造上也起着重要的连接和过渡作用。公共空间所承担的功能

图2-26 汾城镇街巷不同的地面铺装

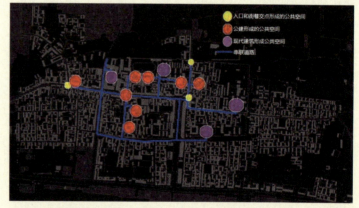

图2-27 汾城镇外部公共空间节点（除居住组团内部公共空间外）示意图

灵活多变，作为街巷节点的公共空间，往往承担着交通功能；而公共建筑周边的公共空间成为人流集散的场所，依附于建筑而存在的小块场地，则通常成为居民休憩的场所。

总体来说，汾城镇的公共空间主要可分为四大类（图2-27、表2-3）：

（1）由寺庙、县衙等大型传统公共建筑门前和内部形成的开阔广场空间，为拜祭和集

公共空间节点分析汇总　　　　　　　　表2-3

公共空间位置	形成方式	平面示意图	空间分析
文庙内部庭院	祭祀、集会活动		文庙内部的庭院主要是祭祀和集会的人流集散和休息的场所
城隍庙内部庭院	祭祀、集会活动		城隍庙除了提供祭祀的功用以外，曾经还承担供居民看戏娱乐的功能
县衙大堂（现汾城镇幼儿园）庭院	公共活动		曾经是县衙前供人集散的场所，现作为幼儿园内部儿童游乐活动的公共空间保留下来
关帝庙内部庭院	祭祀、集会活动		现在与一户居民房合并，原本的祭祀功能逐渐废弃，现主要供游赏和居民生活使用
鼓楼广场	公共日常活动		作为主要干道的节点与城镇的标志，为线性空间带来趣味，是城镇最重要的意象
社稷庙（现医院）庭院	祭祀与公共生活		社稷庙内部主要满足祭祀功能，而外部与之相连的医院则主要满足人流集散功能
郑宅外部小广场	两户人家明确边界分割		两户人家交界之处形成的公共空间，主要满足附近居民聊天纳凉的需求，促进居民交流
王体复院内部庭院	内部居民日常生活		满足居住建筑内部的住家日常活动所需，并且具有美化场所的公用
城隍庙街与鼓楼大街交点小广场	公共日常生活		为周围居民与来往人流提供休息和交流空间，并起到缓和街道转折的作用

会的人流提供足够的集散空间。一般公建门口建有广场，内部也留有足够的院落空间，如城隍庙、文庙、社稷庙。这些公共空间大小不一，没有固定的形态，为平淡的线性空间加入了节点。人们可以停顿休息，不觉得乏味。

（2）居住建筑内部的公共空间。一般是由建筑边界限定而成的内部空间，为居住街区内的居民服务。这类空间相对来说具有私密性，为少部分群体服务，丰富了居民的生活和院落的形式。

（3）新建的现代建筑所形成的功能性公共空间，例如新建学校形成的公共空间、新建商业建筑形成的商业小广场和办公建筑所形成的广场等。这些公共空间的功能单一，往往是为参与特定事宜的居民提供的休息集散空间。

（4）街道入口和街巷交会的交叉口形成的小型公共空间。这种公共空间尺度较小，多为居民纳凉聊天的场所。这种公共空间可以缓冲街巷转折并组织入户交通，是街巷划分的重要节点，一般起到打破线性空间节奏的作用。

汾城镇公共空间主要依靠街巷串联为整体。汾城镇内部的重要空间节点沿街巷分布，这些节点空间两两相隔距离为10～400米不等，步行在十分钟之内均可达。公共建筑的空间节点与居住建筑内部的空间节点形成由公共到私密的递进关系，在结构上则表现出由主要到次要的等级关系。相对于居住建筑内部的公共空间而言，大型公建的公共空间公共性强，更具地标性，容易为他人所识别。

2.城镇层面的公共空间节点实例

（1）寺庙等大型公建形成的公共空间节点

在汾城镇里，每个大型公共建筑基本上都形成了专有的公共空间。以文庙为例，文庙每个殿宇前方都设有大型庭院，为祭祀人群提供休息交谈的空间。文庙前院还栽种数棵古树，并设有状元桥，营造了一个较为优美宜人的公共活动空间，让人们获得心灵和视觉上的享受。文庙内部有三个公共庭院，由于殿堂穿插其中，不会让人一览无余，不同的殿堂前面空间都并不相同，增加了趣味性（图2-28、图2-29）。

（2）居住建筑内部的公共空间

汾城镇很多居住建筑内部形成院落。这种空间节点是人们日常生活中聚集交流的空

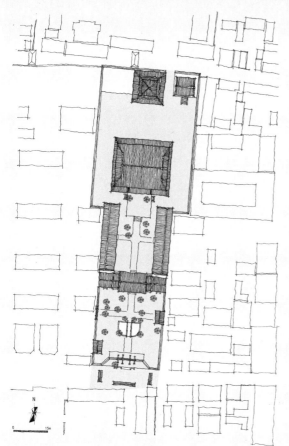

图2-28 文庙公共空间节点平面图

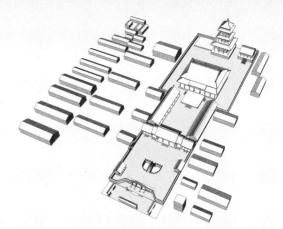

图2-29 文庙空间体量关系图

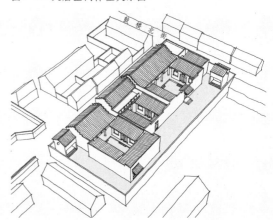

图2-30 王体复宅院内部公共空间示意图

间。人们常常聚集于此，邻里之间拉家常，夏日纳凉，冬日晒太阳，为居民生活增添情趣。这类节点一般由居住建筑围合而成，与院落入口相连。相对于公建的公共节点，这类节点空间更具私密性。节点的边界由居住建筑的外墙限定，内部布置取决于主人的趣味，因此各不相同，变化多样。

　　王体复宅院的内部庭院就是其中的典型代表。庭院由王家的外墙围合，内部形成三个小型院落。进入王体复家聊天的人一般都待在正方形的主要院落中，主人许多日常家务活动也在此进行。院落中有很多盆栽，并设有室外自来水管可洗衣物，院子阴面可以纳凉，阳面可以晒太阳，时不时还有猫咪进入院落中游玩，居民生活很是惬意（图2-30）。

（3）街巷交叉口形成的公共空间节点

　　一般来说，村镇的入口及各街道交会处也会形成小面积的开放空间节点，便于人们的交流。汾城镇内由于新建街道和古镇城墙的损毁，镇区入口的开放空间功能已经消失，鼓楼南北街和其他道路交会之处有开放空间。这些场地基本上是街巷相交的空间放大，也起到连接建筑群与外部空间的作用。公共空间和交错的街巷系统结合，成为连续街巷空间之间的一个停顿，使得空间的节奏变得起伏有致，例如鼓楼南北街中间的鼓楼广场（图2-31、图2-32）、洪济桥周边的开放场地等。

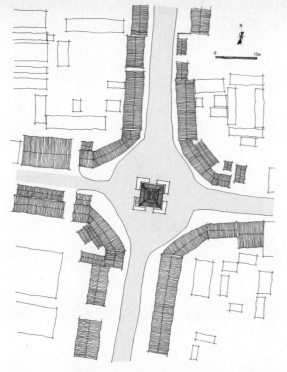

图2-31 鼓楼公共空间平面图

图2-32 鼓楼及其周边建筑速写

鼓楼广场作为汾城镇内南北、东西街道的交点，毫无疑问地成了汾城镇最核心、最重要的公共空间。它是汾城镇的中心，是"地标性"的广场。鼓楼广场四周为民国时期的建筑，中间形成了一个近似于椭圆形的活动广场。由于处于两条道路交会之处，这个公共空间的设置有益于疏散交通。在集市的日子里，这个广场四周布满了摊位，聚集着各种各样买卖东西的人流，最为热闹。

3. 识别性建筑——拱门与牌坊

在汾城镇的街巷空间中，拱门与牌坊是独特的空间要素。这些拱门、牌坊形成了汾城镇重要的空间节点，具有明显的标志性，便于人们空间定位，也易于外来人员进行识别（图2-33）。拱门和牌坊往往形成令人印象较为深刻的意向，提高汾城镇的辨识性。

拱门与牌坊多位于街巷交叉口，常作为一条街巷开始的标志。它们有的为了宣扬封建礼教标榜功德而立；有的用来标明地名；有的为了保持街巷空间界面的完整性；还有的为了在不同等级的空间之间形成过渡，可分割不同空间，提高私密性。不论基于何种目的，

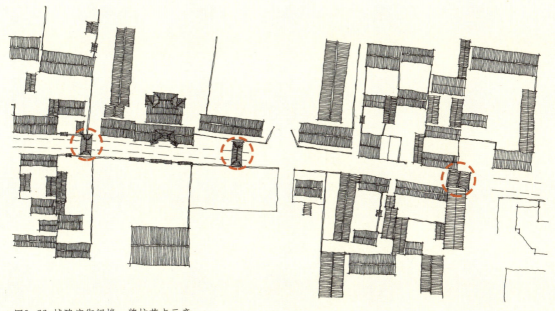

图2-33 城隍庙街门楼、牌坊节点示意

|山|西|古|村|镇|系|列|丛|书|

门楼牌坊所形成的空间能给人们的生活带来很多乐趣。这种标志性的构筑物可以丰富城镇的空间形态，使一片片青瓦房形成的大气厚重的基调中增加一丝纤细精致的韵味。

拱门、牌坊所在的空间节点可以作为不同空间的过渡，并且起到视觉分割的作用，使汾城镇方格网状笔直的街巷不至于让人一眼看尽。尤其是拥有三座门楼、牌坊的城隍庙街，精美的门楼、牌坊将整个街道分为三段，连地面铺装都随着门楼牌坊的设置有所变化。很多人喜欢聚集在此处聊天乘凉，美景及心理的认同感促使人们聚集于此。

[第三章]

汾城古镇的 居住建筑
JUZHU JIANZHU

一、居住建筑概述

古太平县城西依姑射，东临汾河，南北通衢，人杰地灵。繁盛时期，古城内建设了大量居住性建筑。当时的望族王氏、郑氏均在城内建造宅院。但与保存较为完好的公共建筑不同的是，汾城古镇的居住建筑毁坏严重，已经没有多进院落连绵的大宅。现存的少量古宅隐匿在古城的街巷之中，如同散落在沙滩上的几粒珍珠，闪闪发光，向我们诉说着它们当年的光辉与荣耀（图3-1）。

汾城镇的居住建筑规划有以下特点。

（1）建筑规划布局

建设城池的目的，主要是为了满足统治阶级的享受以及对民众的统治，对地主大宅的保护。例如，一座城池在确定城门城墙、路网规划后，一般先建县衙，再建寺院、庙宇、祠堂等公共建筑，这些建筑一般都位于中心或者地势与环境较好的位置，加上道路与广场，形成城镇主要的空间结构。剩下的街区才开始建设民居。汾城镇道路规划模式是"大街小巷"，主要大街基本为商业街，而其他小巷两侧是主要的居住建筑。

（2）民居院落形式

《太平县志》曰："太平为河东胜地，左带汾河，右临姑射，前襟冈阜，后接岩关。"正是这样一个山环水抱、地势平坦的山西南部汾河河谷，满足了县级城市方正规整、道路平直的布局要求。此地民居多采用四合院、三合院的院落格局，形成围合式的院落空间，并且多数采取了南向布置，目的是在冬冷夏热的北方地区冬季获取更多的阳光，同时规避了西北风的侵袭，使院落拥有更为宜人的居住环境。

（3）鬼神与儒家思想的体现

由于汾城镇信奉众多神灵，与信仰直接相连的禁忌则更多地影响了居住空间形态。诸如建宅的择地、开工、上梁、合龙口以及建筑入口位置的选择等，这些都体现大众趋吉避凶的利己主义思想。除此之外，汾城镇民居建筑略有儒家思想的痕迹，所谓"君君臣臣、父父子子"。在汾城镇大型院落中体现得尤为明显。正房为"君"，高度在全院内是最高的；东西厢房为"臣"，其高度必须低于正房，且开间数和层数均不能超过正房，开间数同正房相等时，其开间宽度、高度等都必须小于正房。

古镇中现存可考证的明清时期的住宅有六座院落：王氏民居三座，为王氏民居北院、王氏知府宅第和王体复院；郑氏民居三座，为书房院、郑氏敦朴古风院和郑氏由义

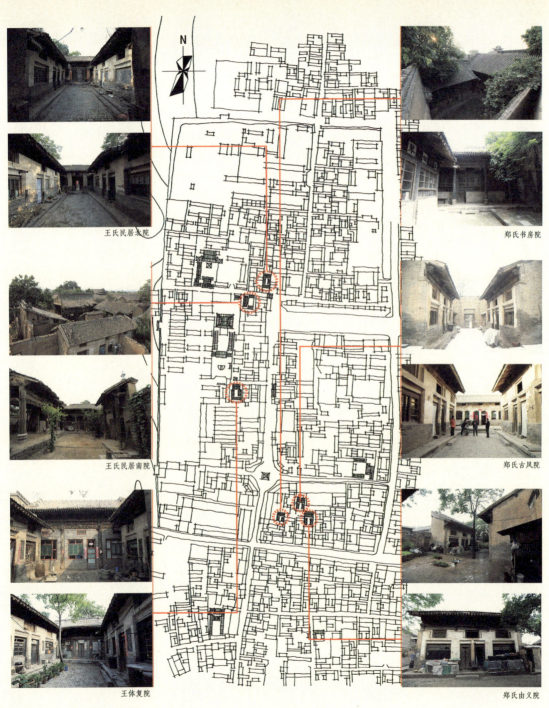

图3-1 历史民居院落分布图

院。其中,王氏民居北院和王体复院院落结构以及建筑风貌保存较好,其他院落或多或少均有损毁。

这六座院落中,王氏知府宅第建于明万历年间,为古镇中现存建造年代最早的住宅,其他五座院落均为清代所建,其建筑风格也有许多相像之处。这六座院落均为一进,根据古镇老人讲述,这几处院落其实仅仅是当年大户宅院的某一进而已。尽管如此,现存建筑古朴大气的外观、合理精巧的构造以及细腻美好的装饰,无一不折射着汾城古镇居住建筑曾经的辉煌,映射出属于古太平县城彼时独特的建筑特色(表3-1)。

汾城古镇民居一览表　　　　　　　　　　表3-1

院落名称	王氏民居北	王氏知府宅	王体复院	郑氏书房院	郑氏由义院	郑氏古风院
院落形制	四大四小	簸箕院	四大四小	簸箕院	四大四小	四大四小
院落方向	坐北朝南	坐西朝东	坐北朝南	坐北朝南	坐北朝南	坐北朝南
建筑结构	抬梁式	抬梁式	抬梁式	抬梁式	抬梁式	抬梁式
院落规模	一进	一进	一进	一进	一进	一进
完整度	完整	正房损毁	完整	东厢房拆毁	仅剩厢房	仅剩厢房
建设年代	清代中期	明万历年间	清道光四年	清	清	清
选址区位	城隍庙街	城隍庙街	文庙外街	古镇东南隅	古镇东南隅	古镇东南隅
占地面积	约300平方米	约300平方米	约350平方米	约200平方米	约300平方米	约300平方米
描述	原为纵向串联三座院落,现存院落为原第二进院	古镇中现存唯一的明代民居,正房厢房均有檐廊	原为横向并联三院落,现存院落为待客院	为原郑氏大宅的书房院,布局紧凑	毁坏严重,仅剩厢房及正房基座	毁坏严重,仅剩厢房,正房基座及原倒座外墙存留

1.院落布局

汾城古镇院落由正房、厢房、倒座、庭院等基本元素构成。单个院落按空间组织形式分为四大四小式院落和簸箕式院落两种(表3-2)。

(1)四大四小式院落为四合院,四大为正房、厢房及倒座四个主要房屋,四小为正房与厢房或倒座与厢房之间的空间。四小空间狭小,处理方式分为三种形式:一为开敞空

院落布局与庭院形式分析　　　　　　　　　　　　　　　　表3-2

院落布局	局部示意	庭院形成	代表院落	院落方向	院落照片
四大四小式		工形庭院	王氏民居北院		
		T形庭院	王体复院		
簸箕式		T形庭院	郑氏民居书房院		

间，仅由正房或倒座屋檐探出稍作遮挡，和庭院连成一片，作通道使用；二为灰空间，单设屋檐，作为通道或储藏使用；第三种则完全围合，相当于一个小房间，多为储藏室。王氏民居北院、王体复院和郑氏敦朴古风院、由义院均为此种形式。

（2）簸箕式院落不设倒座，是由正房、东西厢房、砖墙围合而成的三合院，大门常开在正房正对的院墙上。院墙一般比正房、厢房矮，形成"三面高一面低"的形式，形似百姓常用的簸箕而得名。王氏知府宅第与郑氏书房院均采用簸箕院形制。

古镇现在没有多进院落存留。根据当地居民描述，古镇中院落扩展的布局包括纵向串联和横向并联两种。院落的纵向串联由正房一侧的通道或过厅连接，例如王氏民居北院复原后的三进院；横向的并联由正房与厢房之间的通道连接，例如王体复院复原后的三进院。单个院落经过串联、并联，组合成空间丰富的宅院。

2.庭院空间

古镇民居院落的庭院空间分为"工"形、"T"形和"口"形三种，"工"与"T"的端部即为正房或倒座与厢房挤压出的空间。一般簸箕式院落的庭院空间为"T"形，如王氏知府宅第与郑氏书房院。四大四小式院落的庭院空间较为多样，依据四小部分是否有围合，分为"工"形、"T"形和"口"形三种。王体复院倒座与厢房间的两小空间封闭，正房与厢房间的两小空间开敞，为"T"形庭院；王氏民居北院的四小空间均有围合，为"口"形庭院。

"工"形与"T"形的端部空间较为狭小，故而这两种庭院空间的主体空间也为"口"形。大部分庭院在短边设入口，呈现纵深狭长的院落，长宽比介于1～2之间；唯有王氏知府宅第在长边中点设入口，呈现宽扁形院落。

所有院落均有明确的轴线，左右对称，主次分明。庭院空间界面以四周建筑立面或实墙为主，没有顶部界面。房屋出檐并不深远，符合北方建筑的特点。建筑台明不高，一般设1～2级台阶，下沉的院心地面与露天部分垂直对应，增强了院落纵向的轴心感。

3. 入口空间

大门是一座院落的脸面。汾城古镇院落大门的外立面形式主要有垂花门及砖砌大门两种。垂花门以王体复待客院大门为代表。高大平整的院墙上，木构的垂花门轻巧而出，其上繁复精巧的装饰与院墙的威严互为呼应，相得益彰（图3-2）。砖砌大门以王氏民居北院为例。由砖石叠涩形成内凹的大门空间，上部一般设匾额，中间一道木檩，下部为大门，这样的大门形式简单古朴，与院墙十分协调。

民居院落入口的平面位置很灵活，多设于院落南边或东边，不拘泥于院落东南角。不同的入口位置及入口平面营造出进入院落时不同的空间感受。为保证建筑排水的需求，院落内的地坪通常高于街巷的地坪。因而入口处常设台阶和门槛，进入方式均为上入式（表3-3）。

图3-2 高大院墙及垂花门

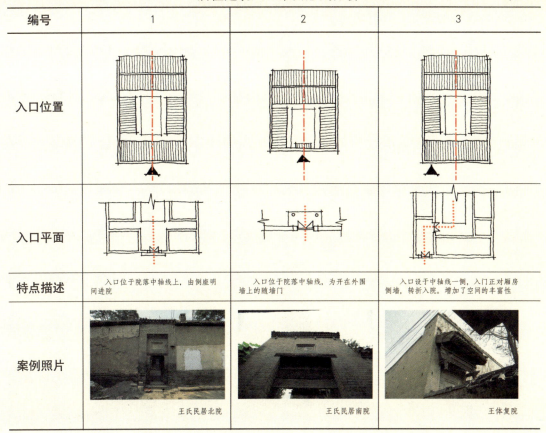

4. 营造技术

汾城古镇的民居建筑以抬梁式木构架为主要的结构形式，土砖墙或土坯墙为围护构件。除廊柱外木柱大多包在墙内，梁枋均外露。建筑面阔多为三间，进深三或五檩。在古镇民居建筑的木构体系中，安装完顶端脊檩就完成了整个建筑的主体结构，所以古镇居民把"上脊檩"当做建造过程中最重要的工序，因而常在脊檩下方书写建造年代、宅主姓名等，俗称"上花梁"。

汾城古镇的居住建筑多为小两层建筑，堪称古镇居住建筑最大的空间特色（图3-3）。二层层高不高，一般用作储藏。不设专门楼梯，多在室外架梯子到达二层。小二层在炎热夏季可增加通风效果，带走更多热量；在寒冷冬季，作为空气保温层为室内保暖。这一做法，不仅提高了建筑立面高度，亦使得古镇的居住建筑冬暖夏凉。

古镇院落围墙常采用"铜墙铁壁"的构造形式。工匠在"砖包土"墙内立木柱，如同现在混凝土中加入钢筋一样，增加了墙的承载能力。同时，为了加强砖墙与其中木骨架的联系，用铁圈在一头箍在木柱上，另一头为铁钉，卡在砖墙外。因此，砖墙虽高达两层楼高，却不易倾倒。在古镇中很多围墙因为长久的风吹日晒，已经出现了或大或小的裂缝却依旧屹立不倒。正因其坚固，古镇居民给予其"铜墙铁壁"的盛赞（图3-4、图3-5）。

汾城古镇在繁盛时期，建筑密度较大，所以在密集街区的建筑均设置封火山墙，是高密度城区的防火措施，例如王体复院和郑氏书房院。

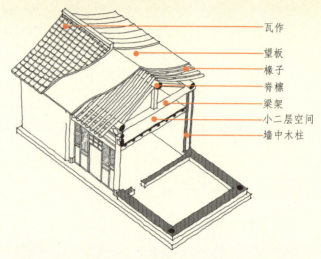

图3-3 古镇民居建筑常见构造分解剖透视图

图3-4 铜墙铁壁

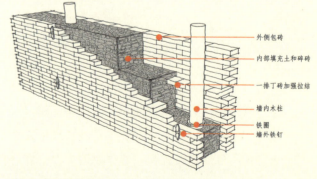

图3-5 铜墙铁壁墙体构造分解剖透视图

5.立面特色

汾城古镇民居院落的外立面多由高大的"铜墙铁壁"围合,许多院落设封火山墙。暖黄的砖墙古朴大方,有构造用途的铁钉点缀其上,为庄严的院墙增加了些许活泼。与院落外立面的简约相映生辉的,是院落内部各个建筑立面的精巧装饰。这样外简内繁的立面设计,体现了中华民族内敛的哲学思想,让人细细想来,意味深长。

单体院落的立面以正房、倒座为装饰重点,多以精致的木制门窗格扇为立面装饰。有些院落的正房设檐廊,则其檐柱间的花板、雀替、木雕以及檐柱、柱础、石雕成为立面装饰要点,也是整个建筑立面的亮点所在。

厢房的立面一般不作为院落的装饰重点。在清代,古镇中厢房的立面形制已经形成了较为固定的构图形式(图3-6)。屋檐下方为一排平均分布的三个小窗,这正是古镇民居的小两层空间在立面上的体现。小窗下面中央,是厢房最为典型的立面元素——连理门。因厢房左右两间房的门紧挨,如同连理枝,故称连理门。连理门两侧则分别为厢房两间房的开窗。这种立面构图形式在古镇民居中十分普遍,除去建于明代的王氏知府宅第以及立面进行过改造的郑氏书房院,其他四座院落的厢房均为这种立面构图。

屋顶是建筑的第五立面。古镇居住建筑屋顶变化多样,分为单坡、双坡以及偏正双坡,亦有硬山、悬山两种。除此之外,工匠有时还利用灰筒瓦和普通板瓦两种瓦排列形成不同的肌理,常见的形式是在屋面两端排3~5垄灰筒瓦,中间屋面则铺普通板瓦。形式丰富的屋面沿略带有内凹的曲线轻盈挑出,增加中国古建筑最为独特的感染力。

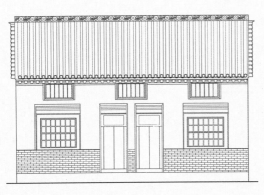 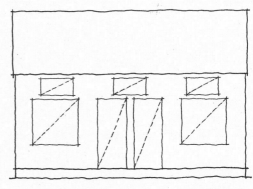

图3-6 典型厢房立面及构图分析

图3-7 20世纪70年代的居住建筑

图3-8 20世纪80年代的居住建筑

6.形制发展

除上面讲述的六座明清时期的居住建筑，汾城镇内住宅多建于20世纪80年代以后，少数建于民国时期至20世纪70年代。新建住宅的风貌与历史建筑总体协调，近几年新建的砖混瓷砖饰面的住宅与古镇略显冲突。

20世纪70年代建造的住宅也采用砖木结构。在构造方面，仍保留当地明清时期住宅的小二层空间形式。从立面来看，一层门窗上另设一排小窗，连理门形制亦有保留，立面构图与风格与传统民居一脉相承。其不同之处除材质外，门洞、窗洞均用砖拱过梁（图3-7）。

1980年后住宅建筑多为砖混结构。据当地老人介绍，1983、1984年以后拱门、拱窗渐不流行，连理门也渐渐消失。但古镇小两层的建筑特色仍然保留，二层亦作储藏之用（图3-8）。

近几年新建住宅渐渐失去了当地住宅建筑的特色。与各地砖混结构瓷砖饰面的住宅全无不同。幸好古镇居民逐渐意识到本地建筑风格与特色的重要性，也认识到现存六座院落作为建筑遗产的价值。

二、王氏民居

1.王氏民居概述

昔日太平城内王氏为望族，明清两朝最为显赫。然而，昔日大宅繁华不再，现今王氏民居仅存三座院落，以及几处散落的宅门和院墙。城隍庙东侧两处，路北为新宅（王氏民居北院），路南为老宅（王氏知府宅第）；文庙外一处（王体复院）。这三处老宅经过时间的侵蚀，均只剩一进院落，院内建筑已有倾颓之态，令人称奇的是王氏家族的后人仍然生活在祖辈给他们留下的宅院中。

2.王氏民居北院

王氏民居北院位于城隍庙南街东口北侧，大门紧挨镇民口中的鬼煞门（图3-9）。该院始建于清代中期，光绪年间由观叙六品卫监生王树德购入并重修，直到现在一直由王氏后人居住。现居于此的89岁老人刘桂英即为王家媳妇。据王氏后人王东海讲述，王树德即为老人丈夫王永春的爷爷。

（1）院落布局

根据从小居住在该院的王氏后人王东海描述，王氏民居北院原为三进院落，沿纵向轴线串联布置（图3-10）。现在第一进和第三进院落均已拆毁重建，仅第二进院落保存较好，庆幸的是原三进院落的格局依旧存留（图3-11）。

院落的空间序列沿南北轴线依次展开，三进院落的轴线与大宅的主轴线重合。第一进院为入口空间，是外界公共空间与内部私密空间的过渡。第二进院为主人居住的主要院落，是院落最重要的部分。第三进院没有建筑，为后花园。这样一个仅由三进院落组成的宅院居住空间、附属空间和花园空间俱全，功能合理，宅主生活其中紧凑而惬意。

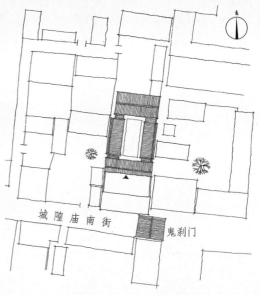

图3-9 王氏民居北院现状总平面图

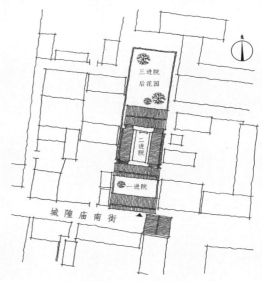

图3-10 王氏民居北院复原总平面图

| 山 | 西 | 古 | 村 | 镇 | 系 | 列 | 丛 | 书 |

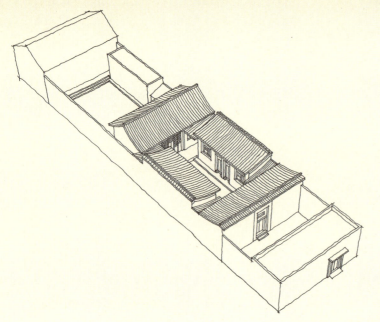

图3-11 王氏民居北院现状鸟瞰图

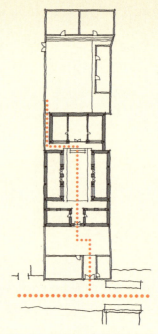

图3-12 王氏民居北院流线分析

大院主入口位于中轴线东侧，由第一进院落的倒座进入（图3-12）。第二进院落入口位于南北中轴线上，即第二进院落倒座明间。二门与大门错落，避免了视线的贯穿，保证了第二进院落的私密性。第二、三进院落由二院正房西侧的通道连接，避免从正房穿过，保证了主要居住空间的封闭性和完整性（图3-13）。

（2）单体建筑

现存的第二进院落平面呈矩形，由正房、东西厢房和倒座建筑围合而成，为四大四小式格局。建筑沿南北中轴线对称（图3-14～图3-16）。

正房坐北朝南，为双坡悬山顶建筑，面阔三间，进深三檩，是古镇常见的小两层建筑。正房立

图3-13 王氏民居北院二、三进院落间通道

图3-14 王氏民居北院院落空间

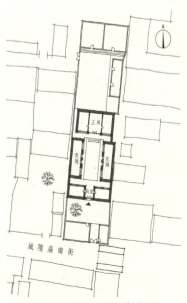

图3-15 王氏民居北院现状平面图

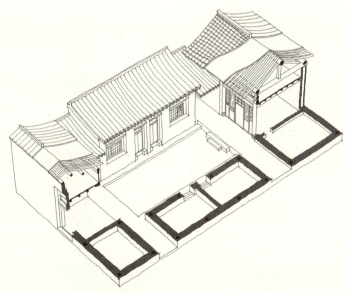

图3-16 王氏民居北院剖透视图

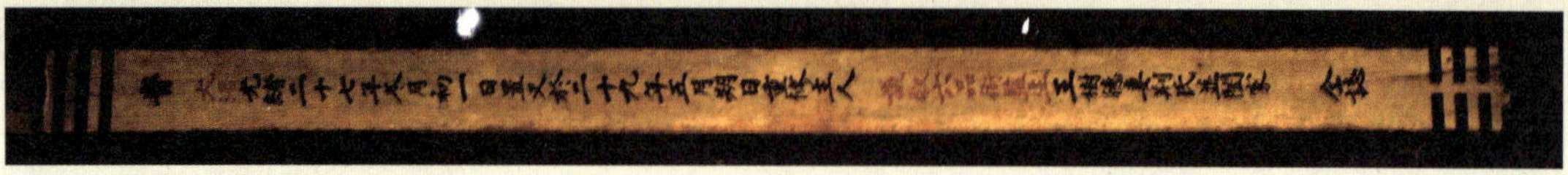

图3-18 王氏民居北院正房脊檩文字

面分三部分：明间全采用木隔扇，有菱形花纹窗棂和龟背锦窗棂装饰；与此相对的东西两次间立面十分简单，以泥墙为主，底部砌砖，中部开窗。这样一繁一简，采用对比的手法，突出正房明间（图3-17）。正房内部二层楼板已拆毁，屋顶抬梁屋架结构裸露可见。脊檩下书有"大清光绪二十七年冬月初一日置又于二十九年五月朔日重修主人观叙六品卫监生王树德妻荆氏并合家"，记录了该院购置并重修的历史（图3-18）。

东西厢房台明低于正房，均为偏正双坡悬山顶建筑，面阔三间（图3-19、图3-20）。其立面即为古镇中十分典型的厢房立面，除底部为砖砌外，立面材料以泥墙为主。其窗棂很有特色，分为两部分，有可开启扇，可开启扇上部又有两个小开启扇（图3-21）。这样可以根据天气，随意开启窗扇，调节室内亮度。

倒座为偏正双坡悬山顶建筑，面阔三间。明间北侧没有围合，为入口灰空间，大门位于明间南侧。倒座的

图3-17 王氏民居北院正房

图3-19 王氏民居北院东厢房

图3-20 王氏民居北院西厢房

图3-21 王氏民居北院厢房窗棂

南面围护墙体主要由土坯砖砌筑,下部是烧制砖防潮。为了突出入口空间,中间部分均由烧制砖砌筑,檐部为砖砌仿木构屋檐装饰。门洞由砖叠涩而成,门上设匾额,简单古朴,很好地强调了入口(图3-22)。值得一提的是,据王树德老人描述,现匾额所书"朴素"二字,为"文革"时期在原匾额位置糊泥重题,现已毁坏的正门曾有匾额"艰苦",也体现了那个特殊时代的文化特色。

3. 王氏知府宅第

现存的王氏知府宅第位于城隍庙南街中部南侧,紧邻文庙北门。该院建于明万历年间,是汾城古镇最为古老的一座宅院,为王氏老宅,现在仍由王氏后人保管(图3-23、图3-24)。

图3-22 王氏民居北院第二进院入口

图3-23 王氏知府宅第鸟瞰图

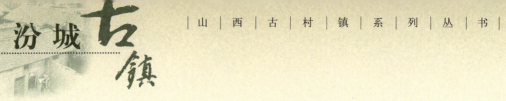

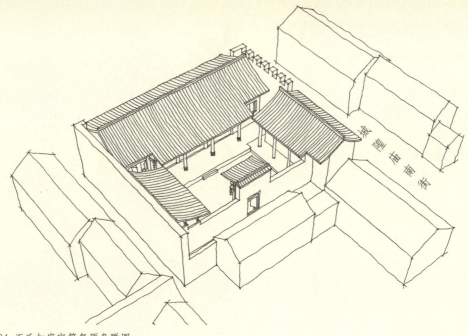

图3-24 王氏知府宅第复原鸟瞰图

图3-25 王氏知府宅第院落空间

(1) 院落布局

该院落由正房、厢房和入口围合而成,为簸箕式院落。院落平面呈扁矩形,中轴线较为特殊,为东西向延伸,与短边平行(图3-25)。整个院落坐西朝东。轴线上布置内宅门和正堂,两侧厢房按轴线南北对称布置(图3-26)。

(2) 单体建筑

该院落以木构架为主体结构,砖包土墙为围护结构。这座院落是古镇中唯一一座正房、厢房前均有檐廊的院落(图3-27)。该院落装饰精美,但由于年代久远,正房损毁严重,厢房保存较好。

院落入口设在东面围墙中轴线上。据当地老人讲述,现入口原为内宅门,形制较为简单,外立面为砖砌,有砖雕的仿木构的椽子以及垂柱装饰(图3-28)。门上匾额为砖雕的"攸宁"二字。内侧半坡屋檐,木过梁简单朴素。现在门外巷道仍保存原来的青砖铺地,连通城隍庙南街(图3-29)。

正房坐西向东,为双坡硬山顶建筑,进深三檩,面阔原有五间,中间三间有外檐廊(图3-30)。现在主体结构仅存北面三间,围护结构几乎全

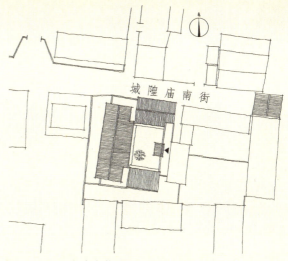

图3-26 王氏知府宅第总平面图

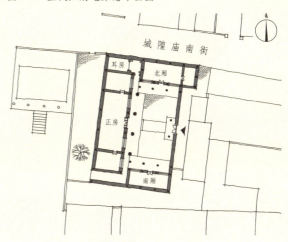

图3-27 王氏知府宅第平面图

图3-28 王氏知府宅第大门外立面

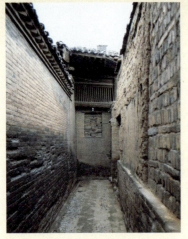

图3-29 王氏知府宅第院外青砖巷道

部拆毁，立面门窗也已损坏，甚至现存三间的屋面也有破损。尽管如此，其仅存三间的结构为我们研究古镇明代居住建筑构筑方式提供了范本。檐柱间花板的多重木浮雕和檐柱的复合式柱础亦是古建装饰艺术的重要标本。

南北厢房台明低于正房台明，为硬山屋顶，均设檐廊。南厢房是单坡，面阔三间。北侧厢房为双坡，是古镇老宅中唯一一座双坡顶的厢房（图3-31）。两座厢房主体保存较好，立面经过改造已经难辨原来的风貌。檐廊保存较好，木雕及柱础装饰级别低于正房。厢房墙体很厚，室内多设壁龛。

图3-30 王氏知府宅第正房

图3-31 王氏知府宅第北厢房

4. 王体复院

王体复院现仅存一座四合院，位于文庙南街南侧，紧邻文庙魁星楼。该院系王氏裔孙布政使经历加二级直奉大夫王念维创建于道光四年（图3-32），即1824年。这座院落在新中国成立初期为公有，曾为县委政府院。现在该院住户并非王氏后人，1994年买下院落居住。我们根据该院住户的回忆与描述，对该院进行了复原（图3-33）。

（1）院落布局

依据现住户讲述，该院落原有的四座院落，均坐北朝南，沿东西向轴线并联布置（图3-34）。其中，最东侧的院落为佣人院，另外三座由东向西依次为正院、绣院和待客院（图

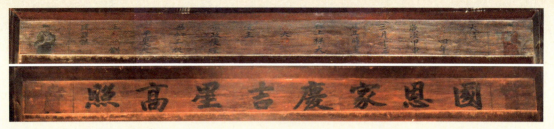

图3-32 王体复院正房花梁题字

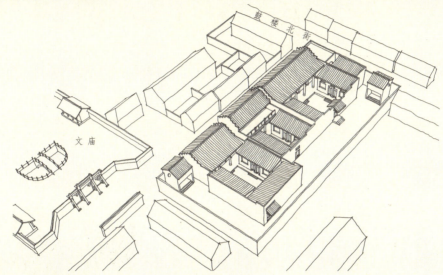

图3-33 王体复院复原鸟瞰图

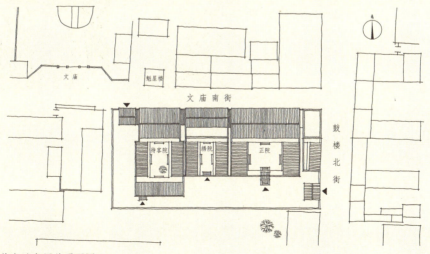

图3-34 王体复院复原总平面图

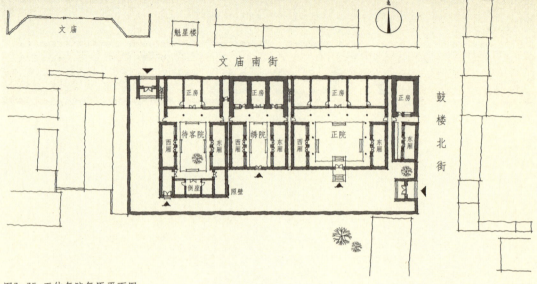

图3-35 王体复院复原平面图

3-35）。各个院落中间由巷道间隔，均在正房、厢房之间开侧门以相互连通（图3-36）。四座院落外围由一"L"形外院围合，"L"形外院的两端为大宅门楼。东门设在鼓楼北街，北门设在文庙南街。外院作为居住宅院与街道间的过渡空间，当年可通行车马（图3-37）。

图3-36 王体复院院落间小房

正院为簸箕式院落，因是正院，故最为宽敞，台明也是四院中最高的。入口位于南面围墙正中轴线上，为垂花门形式，需上几步台阶进院。进院正对正房，正房面阔五间，为古镇中常见的小两层建筑，与别处不同的是，其二层层高较高，拔高了正房高度，更显气势。

绣院亦为簸箕式院落，与正院方宽庭院相比，绣院院落较为狭长。入口亦处于纵向轴线上，为随墙的砖砌大门，仅在院内侧设木屋檐。正房为二层，面阔三间，底层为窑洞，二层为木构绣楼，是女子闺房，这也是院名的由来。正院与绣院间的巷道北部设楼梯，通

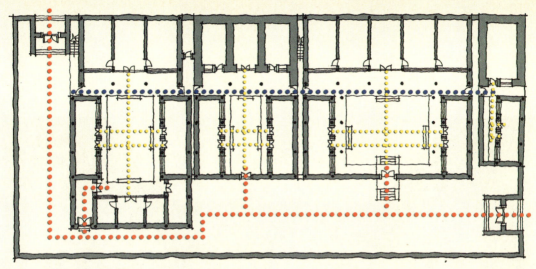

图3-37 王体复院流线分析图

往二层绣楼及正院正房二层。

西端院落为当年的待客院,即为王体复院现存院落。该院为四大四小式院落,按南北向中轴线对称。因比东侧两座院落多出倒座,南北纵深方向更长,因而倒座东面的围墙刚好与东大门相对,正好遮挡进东门的视线,避免了一眼看透的平直空间。现在待客院东面围墙的南部仍存留当年照壁的遗迹。

(2) 单体建筑

王体复院现存四合院为汾城古镇中保存最为完整、木雕最精致的院落。由正房、东西厢房和倒座围合而成四合院。所有建筑均为当地典型的小两层建筑。王体复院从三个方面体现了我国建筑中的等级观念。首先,正房雕饰最为精美,台明最高。倒座装饰仅次于正房,厢房相对古朴。其次,倒座与厢房台明相平,低于正房的台明。最后,从建筑高度上来看,正房最高,倒座次之,厢房最低。

该院落主体结构为抬梁式木构架,围护结构为砖包土墙。正房为双坡屋面,山面为封火山墙。东西厢房与倒座均是坡向院内的单坡屋面,外部是高大的院墙。整个院落呈现出内向性的特点。

正房坐北朝南，为有封火山墙的双坡硬山顶小二层建筑（图3-38）。面阔三间，进深为六架前檐廊式。现在正立面已经拆毁，在檐柱位置重新建墙，原立面的门窗格扇也全部遗失。但是正房的抬梁式木构架十分完好地存留下来，檐柱柱础和花板木雕等装饰也保存较好。其檐柱间梁下花板为半镂空木雕，精致美观，东侧花板上雕有"富贵图"字样。

图3-38 王体复院正房

图3-39 王体复院正房屋架

图3-40 王体复院东厢房

其结构构件角背、瓜柱和柁墩用木雕装饰，屋架部分的枋柱之间还有雕有卷草浮雕的雀替（图3-39）。连看不到的结构部分也雕刻有如此精美的装饰，王体复院的正房不愧为古镇现存民居中最为精美的建筑。

东西厢房面阔三间，单坡屋顶（图3-40）。立面造型典型，有二层小窗以及连理门。厢房雕饰较正房简单，仅柱头、柁墩有简单木雕，木柱封在墙中。木质门窗存留，稍有破损。

倒座亦为单坡硬山顶，面阔三间，且东西两侧另设耳房（图3-41）。倒座抬梁式木构架保存完整，额枋上有木浮雕。明间木格扇以及门扇保存较为完整，小二层的窗扇均已遗失。明间门扇右手边木雕楹联书"诗书为弓冶赖此传家"（图3-42），左手边的上联早已不见。西侧耳房为当年院落入口空间（图3-43，图3-44）。现已被封，但门楼保存较好，为垂花门形式，木雕精美，可以看到当年门洞的木过梁，梁两端被雕成如意云形式。门上曾有匾额，但"文革"期间被泥糊住，十分遗憾。

图3-41 王体复院倒座

图3-42 王体复院倒座木雕楹联

图3-43 王体复院垂花门

图3-44 王体复院原入口二门

三、郑氏民居

1.郑氏民居概述

郑氏家族在太平城内也曾是望族。郑家祖居城东5里之西村，明末迁居于太平城内，宅基位于城之东南隅。据城中老人讲述，郑氏兴旺时，太平城东南一片均为郑氏宅院。但如今，仅存院落三处，且均不完整。书房院仅剩正房与西厢房。另两处正房均已拆毁，仅剩厢房，院落名称也已不可考，本书中以其门上匾额分别命名为敦朴古风院与由义院（图3-45，图3-46）。

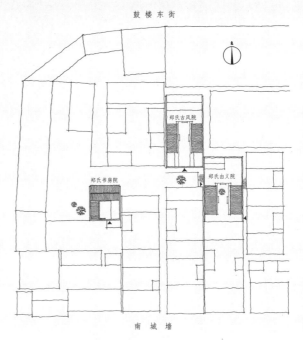

图3-45 郑氏民居现状总平面图

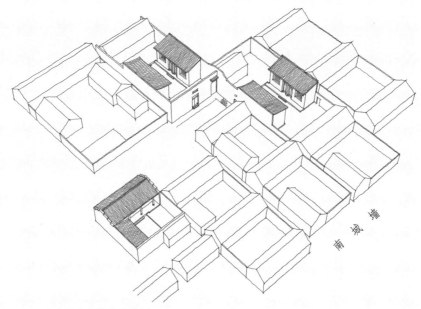

图3-46 郑氏民居现状总鸟瞰图

2. 书房院

书房院为原郑氏大宅的书院，是孩子们读书的地方。该院落格局为三合院，由正房、厢房和院墙围合而成，南墙外另有配房两间（图3-47、图3-48）。其平面大致为正方形，中轴线沿南北向纵深，布局紧凑，院落虽小装饰却很精致。并且根据村民讲述，从正房与厢房之间的小门出去原有一个花园，使得该院与其他院落相隔（图3-49）。这些特点使得该院十分幽静雅致，适于读书，与其书院的功能相适应。

图3-47 郑氏书房院鸟瞰实景

院落入口位于南面围墙，中轴线偏东（图3-50）。因为是内宅门，十分简单，经院外配房进入。进院正对院落正房。正房坐北朝南，双坡硬山屋顶，两山有封火山墙（图3-51）。面阔三间，东西两侧还有两个灰空间。正房前设檐廊，柱础花板装饰精美。西厢

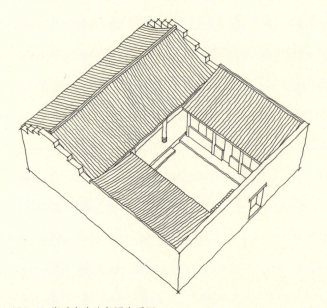

图3-48 郑氏书房院复原鸟瞰图

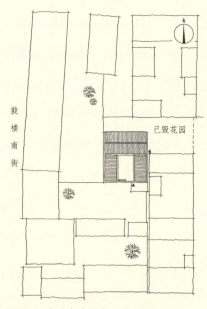

图3-49 郑氏书房院复原总平面图

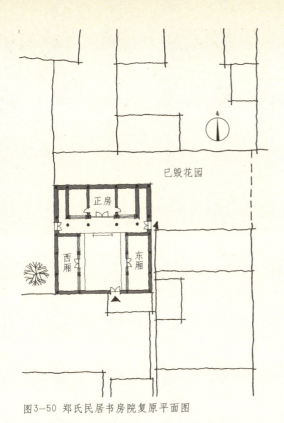

图3-50 郑氏民居书房院复原平面图

图3-51 郑氏民居书房院正房

图3-52 郑氏民居书房院院落空间

为单坡硬山顶，原来的木构保存完好，但立面已经重新整修。东厢房现已拆毁，仅有台基存留。厢房台明不高，与院落地坪相差一阶。正房台明比厢房高出一阶，有石雕装饰的长方石阶为踏步。与正房正对的南墙上设座山影壁，有砖雕装饰，简单又不失雅致，成为院落视线焦点（图3-52）。

3. 郑氏民居由义院

郑氏民居由义院由其正房与西厢房之间小门上的匾额"由义"得名（图3-53、图3-54）。据该院现在的住户描述，由义院原为郑氏后人郑怀凛家宅的院落之一，但原来的院落功能已不可考。该院破坏严重，除了东西厢房保存完整外，正房已拆毁，仅剩当年基座，院落四周"铜墙铁壁"也有很大损毁。倒座有无，当年入口位置我们都无法得知。

图3-53 郑氏由义院雨景

图3-54 郑氏由义院院落空间

只能判断院落平面呈矩形，坐北朝南，按中轴线对称布置（图3-55，图3-56）。院落东侧原来大宅院的巷道青石铺地保存较好（图3-57）。

该院主人讲述，北房原为过厅，与后院相通。几十年前因为穷困而拆毁。唯一可以判断的是，遗存下来的正房台基明显高于东西厢房。并且根据通常位于柱础下部的方形石砖的数目和位置分布判断，原正房面阔三间且前设檐廊（图3-58）。

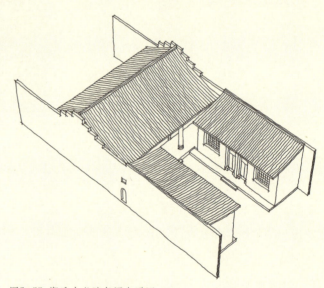

图3-55 郑氏由义院复原鸟瞰图

现存的东西厢房各为三间，为单坡悬山屋面（图3-59，图3-60）。结构体系为抬梁式木构架，厢房背面山面围护墙体为砖包土墙，正面底部为砖墙，中部则为土坯墙，顶部梁枋外露。立面造型仍是典型的二层小窗以及连理门。额枋木梁十分朴素，但檐枋及额枋之间的柁墩及梁柱交接柱头处有木雕装饰（图3-61）。根据其装饰手法看，该院落等级并不高。

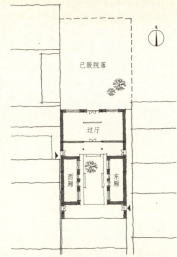

图3-56 郑氏由义院复原总平面图　　图3-57 郑氏由义院东侧巷道　　　　图3-58 郑氏由义院复原平面图

图3-59 郑氏由义院东厢房　　　　图3-60 郑氏由义院西厢房　　　　图3-61 郑氏由义院厢房木雕

4. 郑氏民居敦朴古风院

郑氏民居敦朴古风院亦以其正门上匾额命名（图3-62）。该院与由义院相邻，从由义院正房与西厢间的侧门出来即可到达。现在院落前还遗留一段青砖铺就的路面。据该院现在的户主讲述，此院落原来仅为偏院。院前有路通往南城墙。现在院落南面围墙东侧遗存有砖石屋檐，即是当年迎路照壁的遗迹（图3-63）。敦朴古风院原由正房、厢房和倒座围合成的四大四小式院落，现在正房拆毁，倒座仅剩外侧围墙。但是基本院落格局保存较好。院落坐北朝南，沿南北中轴线对称布置（图3-64～图3-66）。

入口保存较完整，处于南面围墙（原倒座外墙）的中轴线上。清晰可见墙中木过梁。

图3-62 郑氏敦朴古风院雪景

图3-63 郑氏敦朴古风院南墙照壁

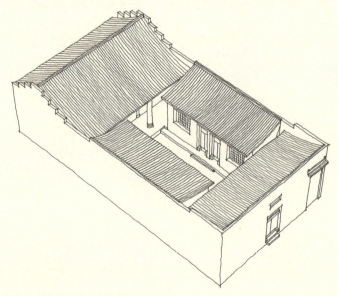

图3-64 郑氏敦朴古风院复原鸟瞰图

门上匾额书"乾隆甲午菊月 敦朴古风"。从匾额时间推断建筑建于乾隆年间甲午年菊月（1774年农历九月，农历九月是菊花开放的时期，古人称之为"菊月"）。根据户主描述，原入口高于地坪，设石阶进入。现在倒座已经拆毁，仅剩外墙（图3-67）。

正房已经毁坏，仅存当年台基以及作为台阶的条石，石浮雕雕刻精美。同样，根据基座上方形石砖的数目和位置分布判断，原正房面阔三间且前设檐廊（图3-68）。

东西厢房保存较为完整，均为单坡硬山屋面，各有三间（图3-69）。与由义院一样，厢房背面、山面围护墙体为砖包土墙，正面底部为砖墙，中部则为土坯墙，顶部梁枋外露。立面造型同样是古镇典型的二层小窗及连理门形式。额枋木雕比由义院更为朴素，没有柁墩，柱头雕刻也更为简单，体现了该院作为偏院的特点。

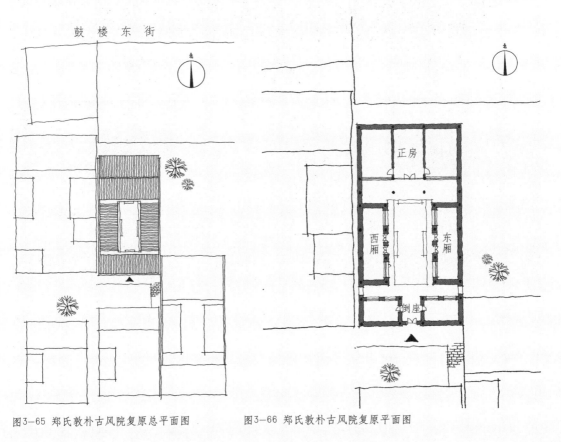

图3-65 郑氏敦朴古风院复原总平面图　　图3-66 郑氏敦朴古风院复原平面图

图3-67 郑氏敦朴古风院已毁倒座

图3-68 郑氏敦朴古风院正房基座

图3-69 郑氏敦朴古风院东厢房

【第4章】

汾城古镇的 公共建筑
GONGGONG JIANZHU

一、概述

汾城镇原为古太平县，寺庙、公共建筑遍布县城各处（图4-1），是当时人们精神生活追求以及社会财富积累的折射，浓缩了古太平县历代建筑艺术和构造技术的精华，也是最直接体现古太平县传统文化和习俗的地方。

汾城镇以鼓楼为城镇中心。鼓楼地处镇内东西与南北两干道交会处，位置偏向南城门处，为镇内道路标定的起始点，其余公共建筑均沿镇内主次干路分布。现存公共建筑中，以鼓楼北街为轴线，镇西布置有文庙、试院、学前塔；西北布置了城隍庙；镇东布置县署、关帝庙；镇外南侧布置了社稷庙。此外，据光绪版《太平县志》绘图记载，镇内还曾有学宫、龙门书院（图4-2）、魏侯祠、娲皇庙、观音堂、后土庙、儒学、南寺、仓储、刑狱、布政司、典史宅、各司衙门等设施，惜均已毁。

据不完全统计，汾城镇原有寺庙祠堂22处，楼2座，牌坊3座，塔1座，桥1座，以及儒学、学宫、书院、县署各一处（表4-1～表4-3）。汾城镇现存的公共建筑仅11处，以寺庙为主，其中包括：寺庙4处，楼2座，牌坊2座，试院1座，塔1座，桥

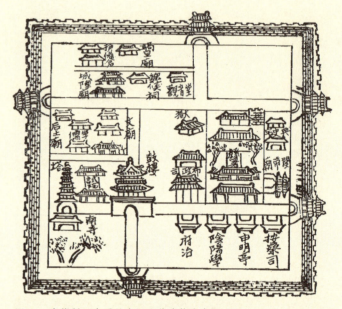

图4-1 光绪版《太平县志》公共建筑分布图

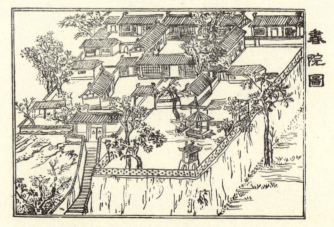

图4-2 光绪版《太平县志》中的书院图

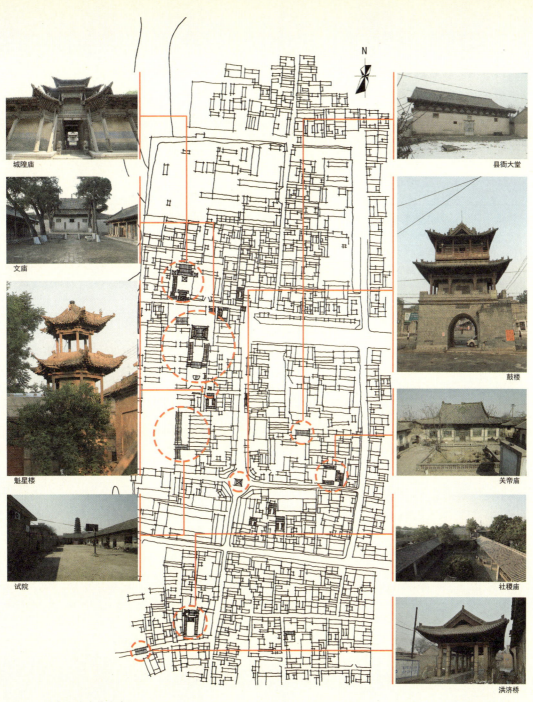

图4-3 现存公共建筑分布图

1座（图4-3）。其中，以洪济桥历史最为悠久，可以追溯到金大定二十三年（1183年），其余建筑均在明清时期有过修缮。这些古迹基本保存完整，在建筑的形体空间与细部装饰上，与当地民居建筑显著不同。

纵览这些古迹，我们可以清晰地看到历朝历代的修缮，推想汾城镇千百年来的兴衰更替。汾城镇虽小，经过历代建设，已经具备封建时代县城治所的行政、戍守、交通、商贸、教育、济民等各种功能。

汾城镇现存公共建筑一览表　　　　　　　　　　　　　　　　　表4-1

名称	坐落地点	始建年代	院落规模	礼教类型	备注
城隍庙	古太平县西北	明天启七年（1627年）	三进	道教	现存二进
文庙	古太平县西北、文庙街上	唐代	三进	儒教	藏经楼毁坏
社稷庙	古太平县城外西南、草坡街上	明洪武年间	二进	道教	大门与戏台毁坏
关帝庙	古太平县东南	元大德四年（1300年）	未知	人物崇拜	现仅存大殿
鼓楼	镇十字街中心	清康熙四十七年（1708年）	无	风水	现存
魁星楼	文庙大门东侧	清同治五年（1866年）	无	风水	残存
县署	古太平县东南	清康熙三十五年（1696年）	未知	无	现仅存大殿
典史宅	县署大堂东	无考	三进	无	改为民居
洪济桥	古太平县西北	金大定二十三年（1183年）	无	无	现存
试院	古太平县西	明洪武七年（1374年）	二进	儒教	残存
学前塔	古太平县西	明代	无	风水	现存

汾城镇已毁公共建筑一览表　　　　　　　　　　　　　　　　　表4-2

名称	坐落地点	始建年代	院落规模	礼教类型	备注
城守营	县治东街	无考	—	—	

续表

名称	坐落地点	始建年代	院落规模	礼教类型	备注
按察司	县治东街南	无考	—	—	光绪年间已改为城守营
阴阳医学	县署南侧	清康熙九年	—	—	
税课司	德化坊南	无考	—	—	
申明亭	县治东	无考	—	—	
育婴堂	县治西街，文续龙门坊西	无考	—	—	
预备仓	城内西北角	明弘治年间	原四十间，至光绪年间仅剩33间	—	
常平仓	城隍庙西	明万历二十六年	—	—	后改为诸神祠
龙门书院	县西门外	明代	约59亩（旧时单位）	儒学	别名"文中子祠"，不存
社学	城隍庙东	清康熙三十八年	—	儒学	
义学	鼓楼西南寺	无考	—	儒学	
先农坛	大东门外	无考	—	道教	
社稷坛	城北一里	明洪武二年	—	道教	
文昌庙	文庙东	无考	—	道教	
文昌三代祠	文昌庙北	清嘉庆十八年	—	道教	
五龙庙	城东一里	元至元年间	—	道教	
八蜡庙	北关街东	清康熙五十八年	—	道教	
火神庙	北关街东	无考	—	道教	
真武庙	县小东门外	明洪武年间	—	道教	俗名"把岔庙"
玉帝庙	大南关街东	无考	—	道教	
后土庙	儒学西	明嘉靖年间	—	道教	
后土东岳庙	城南二里	元至正六年	—	道教	
娲皇庙	城北门内街西	明崇祯十三年	—	道教	
魏公祠	城隍庙东	清康熙五年	—	人物崇拜	

续表

名称	坐落地点	始建年代	院落规模	礼教类型	备注
李公祠	县治北街，文续龙门坊南	无考	—	人物崇拜	
张公祠	城隍庙东	无考	—	人物崇拜	
节孝祠	县治西街南	无考	—	人物崇拜	
忠义孝悌祠	文庙西侧	无考	—	人物崇拜	
土地祠	忠义北侧	无考	—	道教	

汾城镇牌坊一览表　　　　　　　　　　　　表4-3

名称	坐落地点	始建年代	修建情况	备注
鉴察坊	城隍庙东	无考	—	现存
翊镇坊	城隍庙西	无考	—	现存
攀龙坊	学门前街口	无考	—	不存
附风坊	学门右	无考	—	不存
文续龙门坊	角口街南	清雍正三年	知县刘崇元修建，清同治四年知县章寿嵩重修	不存
辉腾雁塔坊	鼓楼西	无考	知县张锤秀重修	不存
秀毓龙门坊	鼓楼西	无考	知县陈维屏修建	不存
峰起峄峦坊	北门街	无考	—	不存

1.公共建筑规划特色

　　太平县的公共建筑集中分布在县城西北部，形成以庙宇为主的公共区域，便于附近各村人民进城后的祭祀活动。其中，文庙与城隍庙南北相连，成为这片公共区域的中心庙宇。太平县城东部为县衙及关帝庙，沿县治西街布置，是县城的行政中心。旧时的粮仓则集中于县城的西北角。总的来说，公共建筑的分布呈现出组团式的分布状态，在规划上功能布局较为合理。

　　中国传统的公共建筑理想格局是按照左祖右社、文东武西、寺观对置的营建形制。这种机构分开设置，相互对称的布局比较符合中国传统的和谐观念。但是在汾城镇内，各种公共服务设施也并不完全对称。这与典型的营城机制不符，说明汾城镇并不是完全生硬地照搬礼制建城，而是在理想模式基础上根据具体条件灵活调整。虽然如此，但是汾城镇本身规划的起点较高，社稷庙、城隍庙、关帝庙等庙宇满足了人们宗教与信仰的需求。而学院、儒学等设施则满足了人们对于文化的追求。同时，县衙、布政司等设施是维护社会秩序必不可缺的公共管理机构。所以说汾城镇的公共服务设施在其所属的等级上来说，可以说是类型比较完备。

(1) 鬼神思想与儒家礼制的交汇

　　从公共建筑的设置上来看，汾城镇是一个上层士大夫礼制思想与下层居民神鬼信仰和谐共处的地方，所谓"子不语怪力乱神"、"敬鬼神而远之"等。士大夫所代表的传统礼制思想始终以儒家教化为先，崇尚对于文化的追求。反映到公共建筑上来看，就是相应地建有书院、文庙、魁星楼以及试院，目的是尊崇孔孟，重视经学，发展教育，提倡文化。汾城镇的书院现已被毁，无迹可寻，但从古书的记载上来看，应该是建立在距汾城镇西城墙不远处，视野开阔，环境宜人，适宜静心学习。

　　而民间信仰则反其道而行之，普通居民往往对鬼神充满敬畏与依赖。这主要是因为当地居民面对各种人为灾难和自然灾害时，由于其本身所掌握的知识和技能不足以应对并解决所面临的各种灾难。当人们面临无法解决的事件时，为了逃避困难或者是寻求一种心理的平衡，居民开始祭祀鬼神，并且居民供奉对象种类繁多，极尽取悦鬼神之能事，祈祷自身平安、远离灾害，以寻求内心的安全感。这种宗教信仰给予当地居民无限勇气和力量。总而言之，汾城镇是一个多神崇拜共处的地方。这种多元宗教意识，直接影响城镇的布局规划，具体体现在建筑布局上就会呈现庙宇林立、多神共处的公建布局模式。

(2) 汾城镇公建的地方特色

　　一般来说，古代县城一般设立五种庙宇，即：城隍庙、孔子庙（文庙）、关公庙（武庙）、火神庙、财神庙。汾城镇前三座庙宇现存状况较好，依稀可见当年的辉煌，尤其关帝庙更有地方特色。因为关帝庙是民间关公崇拜的载体，虽然各地皆有，但山西作为关公的故乡，故在山西更具现实意义。山西商人把关公作为他们最为崇奉的神明，把关公的正义作为他们的伦理取向，以关公的诚信仁义来规范族人的行为和经商活动。

火神庙和财神庙并没有设立，但是设置了后土庙和娲皇宫。后土庙具有浓厚的道教色彩，主要供奉的是后土夫人，传说是掌管阴阳生育、大地、山河的女神，人们常把她同玉帝的祭祀规格设为一致，可见她在人们心目中的地位。所谓"皇天后土，大地母亲"，"后土"的重要性可见一斑。娲皇庙是为祭祀中国古代神话传说中著名的女娲而修建的。传说女娲捏土造人，用五色石补苍天，断鳌足立四极，人类和万物才得以生息和繁衍，对于以人伦道德为核心的封建文化统治下的汉民族，视女娲为有盖世之功的女神，受到万人敬仰。虽然这两座庙宇现已不存在，但是从历史记载来看，我们可以猜测汾城镇曾是一个注重母系崇拜的地方，也可说他们非常看重延绵子嗣。

(3) 汾城镇公建体现传统营城思想

汾城镇公建布局体现了传统规划营城思想。例如，汾城镇县衙选在县城中心略偏东的位置，坐北朝南，体量较大，前方道路宽广；鼓楼作为汾城镇的景观建筑，位于十字大街的交点，作为全镇的焦点，从东南西北四条大街上都能看见，营造一种雄伟壮观氛围的同时增加美观效果；学前塔的建立丰富了汾城镇的天际线，在平房为主、横向发展的古代城镇，高塔无疑增加了城镇纵向的高度，具有标志性作用，使人们远远望见，告诉人们目的地即将到达。上述这些，都是传统营城思想的体现。

2.公共建筑单体特色

汾城古镇公共建筑，往往创建年代久远，历代持续对其进行不同程度的修缮。这也使得部分公共建筑能够融合元、明、清三代的风格与做法于一体，将元代的朴拙与清代的精致融合，别有一种韵味。

县内的公共建筑主要采用对称的合院式格局，严格按照轴线布置主要建筑，并通过高大的尺度、精湛的雕饰以及鲜明的色彩让它从众多居住建筑中突显出来。

公共建筑区别于居住建筑，主要通过以下几点：

(1) 建筑的体量较大，多数采用抬梁式梁柱体系，所用建筑构件尺寸均较为粗大，以营造出更大的空间。同时，其围合而成院落的尺度亦较大，常作祭祀、观演区域使用，适应人数众多的集体活动；院落有明显的轴线，轴线上的建筑高低错落有致，不同院落空间的差异性较大，形成强烈的对比关系，以达到震撼人心的效果。如城隍庙大殿面阔5间，面宽约20米，占地面积约480平方米，而民居中的王体复院正房面阔3间，约12米，占地约100平方米，两者相差甚远。

（2）建筑群多数是坐北朝南布置，入口位于南侧正中，建有高大的山门，常在两旁开偏门。

（3）公共建筑群的主体建筑前，常修筑抱厦或献殿，以此来烘托主体建筑的宏大。

（4）繁杂的装饰艺术是公共建筑与居住建筑最大的区别。多数公共建筑的雀替下方配有镂空雕刻的花板，其手法精湛，雕刻细腻。斗栱的雕饰同样精美，常采用龙纹、莲花纹图案，并施以彩画，如社稷庙。屋顶常采用彩色琉璃瓦，屋脊的琉璃鸱吻高大，且色彩鲜明，有时正中设置一座琉璃风雨楼，如文庙。

二、庙宇建筑

1.城隍庙

（1）概述

汾城镇城隍庙（图4-4、图4-5）位于镇之西北（古太平县城西北），据王椿所作

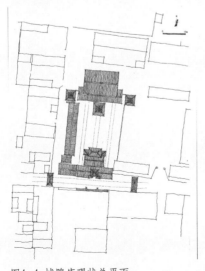

图4-4 城隍庙现状总平面

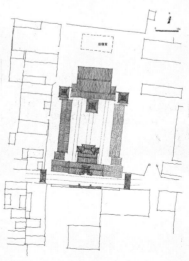

图4-5 城隍庙局部修复总平面

图4-6 城隍庙内《重修太平县城隍》碑

图4-7 城隍庙内《太平县重修城隍庙碑记》碑

《重修城隍庙记》中记载:"吾邑城隍庙在县治西北角二百里许,创立有年,追隆万以来日久颓圮。"与今之城隍庙位置相符,是汾城镇中最重要的公共建筑之一。

又据《重修城隍庙记》记载:"洪武初,正厥祀典,著在令甲。有司初履任,必斋谒与神盟,要以廉洁慈祥,无敢背约。"可推断城隍庙约创建于明洪武初期。又依据光绪版《太平县志》记载:"城隍庙在城西门内街北。明洪武二年,知县莴洪建。"故可断定城隍庙创立于明洪武二年(1369年)。《重修城隍庙记》又有记载:"工始于天启三年冬,竣于天启七年春,前后三载。共计建修殿廊一百五十余间,增塑神像三百一十余尊。"故现存城隍庙建筑在明天启三年(1623年)冬到明天启七年(1627年)春有过大规模的修缮。之后,在清乾隆九年(1744年)、乾隆三十四年(1769年)屡有修葺,清光绪十六年(1890年)维修戏台,最终形成今日格局(图4-6、图4-7)。

"文革"期间,城隍庙为粮站占用,从而免于毁坏。因存放粮食需要,大殿围廊周围砌筑墙体,后部修筑墙体加固,主体结构得以幸存。庙内其余建筑,包括山门、戏台、献殿、钟鼓楼、西厢房、西配殿,以及街道上的牌楼、照壁、石旗杆等均保存完好(图4-8)。东厢房、东配殿以及后寝宫已为遗址。

图4-8 城隍庙内景

(2) 空间研究

①布局分析

城隍庙与文庙前后相倚，一条街道南北相隔（图4-9）。两庙通过城隍庙横街而立的两座牌坊相联系，形成一个大型的庙宇建筑群。两个牌坊之间的空间是一个半公共空间，

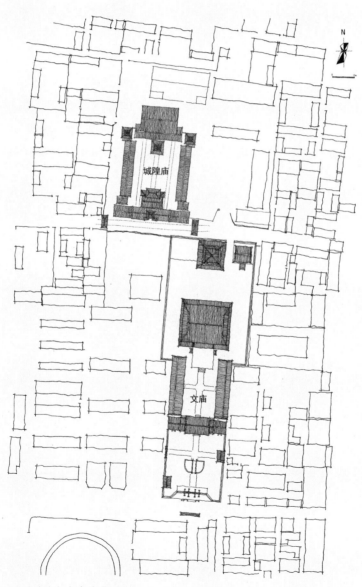

图4-9 城隍庙与文庙总平面

这种模糊的空间对于穿行的居民来说是街道空间，对于从文庙走出的香客来说，则是到达北侧城隍庙的过渡空间。

②空间序列

从总体上看，城隍庙建筑群是一组格局较为严谨的院落组合（图4-10、图4-11）。从建筑功能上来说，这组院落可以分成三个部分：一是以两座牌坊及照壁、山门所围合的入口空间，作为镇内东西向交通的同时，形成城隍庙院落与镇内道路间的过渡空间；二是从山门开始到大殿的主体院落空间，供人祭拜以及满足人们的文化娱乐等需求；三是大

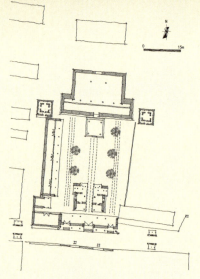

图4-10 城隍庙平面图

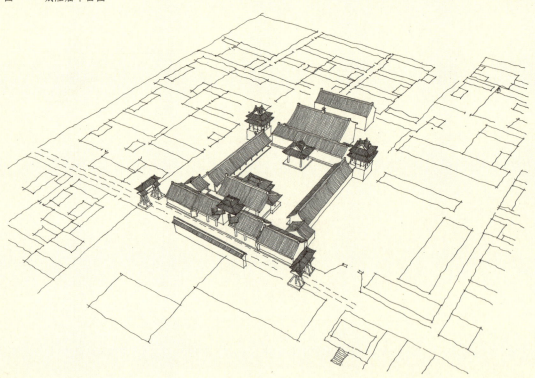

图4-11 城隍庙鸟瞰图

殿后的后寝殿所在院落，为城隍庙内部使用院落。城隍庙的空间布置，遵循中国古代"前殿后寝"的院落布置原则。其形成的三重空间，第一重较为紧凑，更突显山门的高大；第二重较开敞，厢房较低矮，突显大殿的中心地位；第三重院落重新紧凑，区别于第二重院落的公共性，显得更为私密。城隍庙整体建筑群皆沿中轴线对称布置，除此之外，各重院落内也存在自身的次轴线，使得人在其中的任意位置，都能产生细微的视觉平衡（图4-12）。

③入口分析

城隍庙山门前的这段街道空间（图4-13、图4-14），兼具镇中道路与城隍庙入口空间的双重功能，空间显得十分活跃。东以鉴察坊为起点，结合三面照壁以及石旗杆（图4-15），西至翊镇坊结束，对于行人

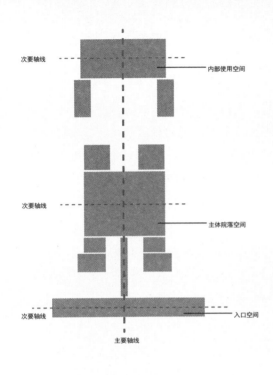

图4-12 城隍庙空间序列分析图

图4-13 城隍庙街景色

图4-14 城隍庙入口速写

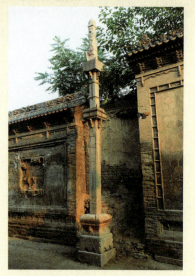

图4-15 城隍庙石旗杆外观

而言为镇中公共道路，对于朝圣者来说则为城隍庙的一部分，使城隍庙的山门多了一道过渡空间层次。城隍庙的入口空间亦存在明显的主次轴线关系，山门为主要轴线，对应于中心的大照壁（图4-16），两侧小门为次要轴线，所对应的照壁也较小，结合两端的牌坊所形成的空间限定，以及两座石旗杆的放置位置，使得人在穿行过程中产生微妙的感官变化，而这一变化，也与城隍庙两种流线的设定吻合（图4-17）。

④流线分析

城隍庙的空间特色，在于其作为不同使用功能时，流线及空间使用模式的变换（图4-18）。其戏台的中部为一条路，每逢祭祀城隍爷等大节日时，中间的山门打开，祭祀者可以从山门直达大殿，此时的戏台为一座大门的作用，为大殿增加了一个空间层次，大殿为此时空间的主导；当看戏时，戏台上铺上木板，大门到大殿的路被隔断，山门的侧门打开，观众从戏台两侧进入观众区，戏台变为此时空间的主导。此种简单的变换所造成不同的空间感，是很值得研究和借鉴的。

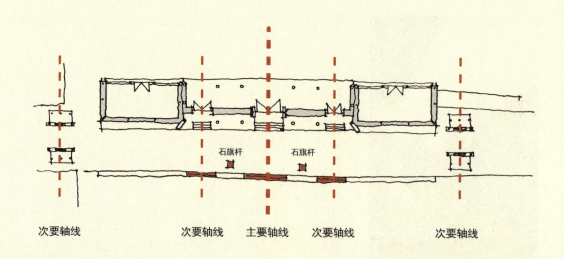

图4-17 城隍庙入口空间分析图

图4-16 城隍庙主轴线照壁

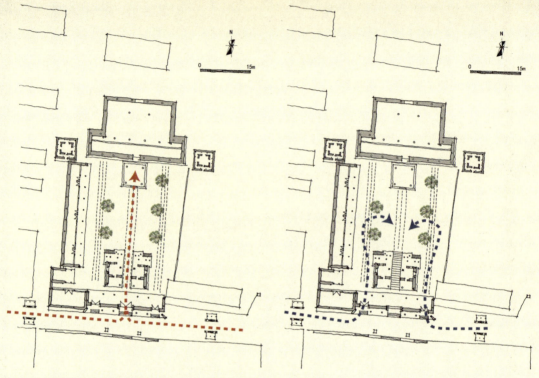

图4-18 城隍庙两种流线变化分析图（左：祭奠流线，右：看戏流线）

图4-19 城隍庙中轴线剖面

⑤剖面分析

从剖面上看（图4-19），城隍庙的建筑高度控制错落有致，由南向北，地势稍有升高，城隍庙的大殿位于地势最高处，全庙最高处为大殿屋脊正中的风雨楼，高度约12.34米，其次为大殿屋脊两侧鸱吻雕像，高度为12.31米。很明显，大殿在高度上占统领地位。钟鼓楼、山门、戏台的高度依次降低，厢房的高度较低，在院落剖面中起到很好的衬托效果。

（3）建筑分析

城隍庙各建筑及院落空间的面积如表4-4所示。从建筑面积可看出大殿以及其余各部分建筑体量上的主次关系。

城隍庙建筑面积统计　　　　　　　　表4-4

建筑群名称	建筑年代	建筑名称	建筑面积（平方米）
城隍庙	明天启七年（1627年）	山门	141.9
		戏台	130.8
		戏台观众区	328.0
		献殿	47.0
		大殿	487.8
		西厢房	177.3
		西配殿	67.7
		钟鼓楼	147.5

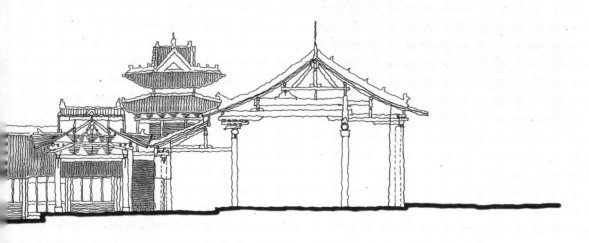

图4-20 城隍庙街"鉴察坊"外观

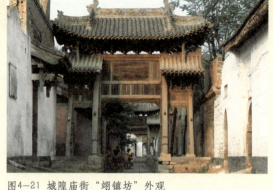
图4-21 城隍庙街"翊镇坊"外观

图4-22 城隍庙街"鉴察坊"下层斗栱细部

图4-23 城隍庙街"鉴察坊"檐部细部

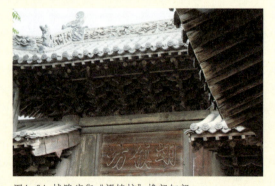
图4-24 城隍庙街"翊镇坊"檐部细部

①牌坊

城隍庙街东西各立木牌坊一座，跨街而建，均为四柱三楼式，东为"鉴察坊"（图4-20），西为"翊镇坊"（图4-21）。两座牌坊形制基本一致，通面阔约6.5米，明间面阔约3米，为通路部分，通高8.12米。基座由5层方石修砌，高约0.8米。下层斗栱3攒5层（图4-22），均为平身斗，第三层及第五层雕刻祥云图案，第四层雕刻草叶图案。两座牌坊檐部斗栱略有不同，"鉴察坊"为5攒斗栱，中心斗栱较大，两侧为转角铺作（图4-23）；"翊镇坊"为7攒斗栱，均为平身斗，两侧同为转角铺作（图4-24）。

② 山门

城隍庙山门（图4-25）面阔五间，约22米，通进深约6.5米。门楼为四柱三楼木构牌楼式，门前台阶三步，于脊檩偏外处开门。山门为重檐歇山顶，其上部木雕精湛，题有两层庙额，下层为"城隍庙"，上层为"显佑伯"（图4-26）。据《明史·志第二十五·礼三·城隍》记载："京都为承天鉴国司民升福明灵王，开封、临濠、太平、和州、滁州皆封为王。其余府为鉴察司民城隍威灵公，秩正二品。州为鉴察司民城隍灵佑侯，秩三品。县为鉴察司民城隍显佑伯，秩四品。"可见汾城城隍庙确是县制城隍庙无疑。山门梢间各设边门一扇，次间为墙面，不设窗扇，且面阔较小。檐廊共立木柱6根，其上斗栱柱头铺作6朵，均为明式大斗栱，无雕饰，柱间铺作6朵，其中次间1朵，梢间2朵，木雕十分华丽。梁下花板采用镂空雕刻，工艺精湛。

③ 戏台

城隍庙的戏台坐南面北，平面呈"凸"字形，与大殿南北呼应（图4-27）。其与山门仅一步

图4-25 城隍庙山门全貌

图4-26 城隍庙山门庙额

图4-27 城隍庙戏台全貌

图4-28 城隍庙戏台主梁题字

之隔,为过路式戏台,也可以称之为山门复合型戏台,是明清时期庙宇建筑中戏台最为常见的一种形式。戏台主梁上题字"大清光绪十六年岁次庚寅辛巳月辛卯日辛卯时知太平县事归安朱光绶重建"(图4-28),与上文所提城隍庙之历史呼应。

戏台主体建筑面阔三间,进深五檩,悬山顶,匾额上题"金汤巩固"(图4-29);前檐设抱厦,面阔三间,进深三檩,重檐歇山顶;主体建筑东北角、西北角均设歇山顶短廊。戏台通面阔约13米,通进深约10米,总高10.35米,基座高约1.6米,两侧存在石台阶痕迹,现台阶已不存。抱厦部分装饰十分华丽。平板枋上密排九踩斗栱(图4-30),十分精致,其下方的六出球纹花板,雕刻更是精巧,因年代久

图4-29 城隍庙戏台内题字

图4-31 城隍庙戏台内结构之一

图4-32 城隍庙戏台内结构之二

远，其上的彩画依稀可见，充分反映了古代匠人高超的工艺（图4-31、图4-32）。

据当地人介绍，此戏台空间具有优良的扩音效应以及传音效果，若在台上击鼓，则镇北人家几乎全可闻鼓声。

④ 观众区

本戏台没有专门设置看台，只将院落空间作为观众区使用（图4-33）。院落内仍保留着古代人们看戏时，男女观众分区的遗迹。观众区地面总宽约为18米，总进深约为17米，总面积约为328平方米。区域内共设甬道3条，中心甬道设置于院落轴线之上，宽2.45米，两侧甬道设置于山门偏门位置处，宽1.75米。中心甬道两侧设置二列三横的插杆石，覆于土下，将观众区分为八个区域。据村中老人回忆，看戏时，女观众在前端，男观众在后端。若逢雨天或烈日时，可插杆支棚。此观众区地面保存完整，再现了古代人们看戏时的场景，是研究我国古代观演建筑发展难得的实物。

在观众区地面上（图4-34），现存5棵千年古柏，其

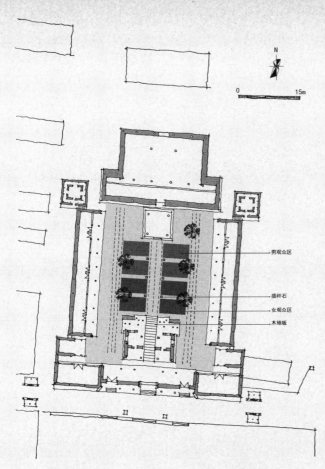

图4-33 城隍庙观众区地面平面图

图4-34 城隍庙观众区地面

图4-30 城隍庙戏台斗栱及花板

中4棵位于一个矩形空间的四角，显著增强空旷的院落中的领域感。另一棵位于献殿东侧，据猜测献殿西侧也应有一棵古柏，但因年久而无从考证。

⑤献殿

城隍庙献殿较小，位于中心甬道的北端，紧靠大殿正门南侧，面阔进深各一间，十字歇山顶，为7米见方的亭式建筑（图4-35）。其梁架结构由三层藻井叠垒而成（图4-36），木雕装饰相对简

图4-35 城隍庙献殿外观

图4-36 城隍庙献殿藻井

单,其顶重脊,布琉璃瓦,其梁下花板木雕精湛。下部由通栏雀和枋板连四柱于一体,柱础较为华丽。献殿整体建于一座石砌台基之上,高约0.4米,只在南面中央设置三步台阶。献殿的体量与大殿的体量差别很大,看起来似乎为大殿的一部分。

⑥ 大殿

大殿坐北向南,面阔五间,通面阔约20米,通进深约10米,为悬山顶式建筑,屋脊高度约11米,为七檩无廊殿堂。大殿前有单坡抱厦七间,紧贴大殿前檐而建,通面阔约27米,通进深6.8米。现今,由于大殿用作粮仓,抱厦及大殿均沿廊柱处砌筑一圈砖墙,柱头斗栱砌于砖内,其结构保存完好。大殿琉璃屋脊保存较好,但正中风雨楼已损毁,两侧琉璃鸱吻基本完整。

城隍庙大殿的庞大体量,使其在整个院落中起到绝对的统领作用,其南侧的献殿,增加了大殿的景观层次。献殿的小体量,衬托大殿巨大体量的同时,也削减了大殿对院落的压迫感;而对于献殿来说,以大殿作为背景,突显了献殿在院落中的地位,两者相互映衬,十分协调。

⑦ 钟楼、鼓楼

钟楼与鼓楼都为二层建筑,十字重檐歇山顶,坐落在城隍庙大殿的东西两侧,沿轴线对称,东为鼓楼,西为钟楼(图4-37、图4-38)。一层为砖砌拱券,东西向起券,面向正殿开洞,基座南面砌台阶,可达二层;二层为木结构。钟楼、鼓楼的建筑形式、尺寸相同,其平面近似方形,总面阔约5.7米,总进深约6.5米,总高约11.7米;梁架为三层藻井

图4-37 城隍庙鼓楼全貌

图4-38 城隍庙钟楼外观

图4-39 城隍庙钟楼梁架仰视

图4-40 城隍庙鼓楼梁架仰视

叠垒，顶部重脊，但其尺寸均比献殿小（图4-39、图4-40）。钟楼、鼓楼内的钟、鼓早已不存。近年对建筑有过维修，两楼整体保存尚好。

⑧西厢房

西厢房位于城隍庙中轴线西侧，戏台与献殿之间，坐西向东，北接钟楼基座（图4-41）。厢房面阔九间，进深三檩（图4-42），为悬山顶式建筑，前设檐廊。其通面阔28.6米，通进深6.2米，总高6.2米。

厢房作为城隍庙院落的背景而存在，围合院落空间，其檐高较矮，檐廊较深，衬托出正殿的高大宏伟。在细部上，其花板木雕较为简单，门窗扇花纹亦为最普通的直棂窗形式。建筑的整体对大殿是一种"俯首称臣"的势态。

图4-41 城隍庙西厢房雪景

图4-42 城隍庙西厢房室内

2. 文庙

（1）概述

汾城镇文庙位于镇之西北（古太平县城西北），城隍庙之东南，旧名"德化坊"，因其第一进院落中柏树参天，故当地人称其为"柏树院"。据县志记载，旧时文庙西侧为儒学，东侧为文昌庙，而如今，儒学之地已作为镇小学，文昌庙之地已作为居民自宅，街道格局有所改变。

从整体来看，汾城镇文庙规模较城隍庙宏大，且保存较为完整。现存主要建筑沿中轴线依次为：影壁、棂星门、泮池、戟门、大成殿，藏经楼原位于中轴线末端，由于长期缺乏修缮保养，于1995年

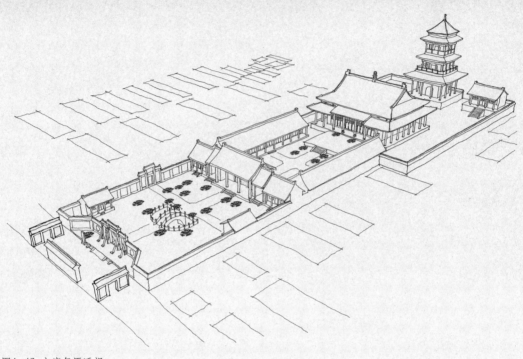

图4-43 文庙复原透视

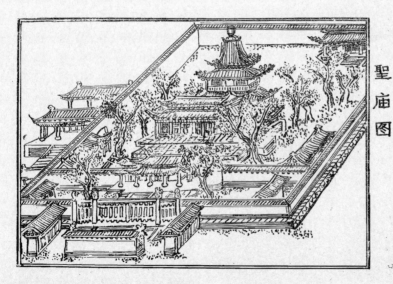

图4-44 光绪版《太平县志》中的文庙图

毁于暴雨，现仅存约2米高的石砌台基。轴线两侧有明伦堂、启圣祠、东西厢房、斋宿厅等（图4-43、图4-44）。

文庙的确切创建年代已无法考证，历朝历代，几毁几建，一直延续至今（表4-5）。据光绪版《太平县志·庙制》

图4-45 文庙中《重修文庙碑记》拓片

记载："文庙在县治西北德化坊街，建自唐时。"又据《重修圣庙并建奎楼碑记》记载："未详肇造何时。"由此来看，在县治移到此地之后就创建了文庙，其年代已无从考证，但其创建于唐代应为事实。从文庙内同治十年碑文《重修圣庙并建奎楼碑记》考证："考旧碑所载，重修于前元至正六年，继修于有明正统五年，我朝顺治康熙间历加增修，至嘉庆甲戌而规模大备，迄今已五十有二年矣。"文庙于元代至正六年（1346年）重修，明正统五年（1440年）、清嘉庆十九年年（1814年）及同治十年（1871年）均有重修。又据嘉庆十九年碑文《重修文庙碑记》（图4-45）考证："自康熙四十七年顾尹修后，今已百余年矣。""得金八九千两，本年三月起工，逾年六月工成，其重建者大成殿及各处，皆照旧制。"可知在康熙四十七年（1708年）重修，而在嘉庆十九年（1814年）重建大成殿。

光绪版《太平县志·庙制》中有这样的记载："元至元八年，主簿任兴嗣修。至正十八年毁于寇。十九年达鲁花赤安童复建大成殿，二十年县伊冯衡修门庑，赡诸贤像，元末复废。明洪武七年，县丞毛煜缮完之。十七年，知县沈士廉、景泰间知县岳嵩、弘治间知县伊绿继修。正德间知县盛琛作石棂星门、凿泮池。万历三年，知县武成重修。国朝顺治十五年，知县卢易重修。康熙十七年，知县吴軨增修。廿八年知县赵心忭增建栅栏。三十八年知县李清铠、教谕王之瑞大修，四十年教谕牛敬修，相踵完工。雍正三年知县刘崇元捐俸重修。乾隆元年知县张若崟，教谕董全福，训导刘举督修。嘉庆十八年知县李实好，教谕张云裔，训导阎士骧率绅士修理，知县弟李允师多所经划。同治五年知县章寿嵩会邑绅重修。于文昌庙门楼上新建奎星楼。"

"文革"期间，同城隍庙大殿一样，文庙正殿亦为粮站所用，在其廊柱四周砌墙，屋面瓦作、木基层均保存完好，但是围廊变形，月台勾栏，明次间格扇门均丢失。2012年9月，由政府拨款，对文庙大成殿进行大修。

根据以上考证，将文庙的历史沿革整理如表4-5所示：

文庙历史沿革表　　　　　　　　　　　　　　　　　表4-5

建筑	朝代	时期	年代	事件
文庙	唐	无考	无考	修建
	元	至元八年	1271年	主薄任兴嗣修
		至正六年	1346年	重修
		至正十八年	1358年	毁于寇
		至正十九年	1359年	复建大成殿
		至正二十年	1360年	县伊冯衡修门庑，赠诸贤像
	明	洪武七年	1374年	县丞毛煜重修
		洪武十七年	1384年	知县沈士廉重修
		正统五年	1440年	重修
		正统六年	1441年	重建启圣祠
		正德年间	1510年左右	知县盛琛作石棂星门、凿泮池
		万历三年	1576年	知县武成重修
	清	顺治十五年	1658年	知县卢易重修
		康熙十七年	1678年	知县吴軨增修
		康熙廿八年	1689年	知县赵心忭增建栅栏

续表

建筑	朝代	时期	年代	事件
文庙	清	康熙三十四年	1695年	大地震，文庙遭损毁
		康熙三十八年	1699年	知县李清铠主持大修
		康熙四十七年	1708年	修葺
		雍正三年	1725年	知县刘崇元捐俸重修
		乾隆元年	1736年	知县张若崟、教谕董全福、训导刘举督修
		嘉庆十八年	1813年	率绅士修理
		嘉庆十九年	1814年	重建大成殿及各处
		同治五年	1866年	知县章寿嵩会邑绅重修，新建奎星楼
		同治十年	1871年	重修
	当代	"文革"期间	1970年左右	用作粮仓，围廊四周砌墙
		如今	2013年9月	大成殿大修

(2) 空间研究

①轴线分析

文庙为一组沿轴线对称建筑，坐北朝南，共三进院。自南而北，中轴线上的建筑依次有影壁、棂星门、泮池、戟门、大成殿以及藏经楼。一进院落30米见方，其内古柏林立，共植有柏树15棵，现在两侧仅有厢房三间，故较为空旷。也正因此，泮池在该院落中占有主导地位，为戟门增加一重空间限定。在二进院落中，东西两侧的厢房增加了院落空间的围合感，突显出大成殿的主导地位，增加了一种庄严感（图4-46）。第三进院落为一个横向的院落，进深感较小，预示着轴线的休止。由于藏经楼的坍塌，如今的第三重院落已十分空旷（图4-47），而依照县志中记载的资料进行想象与复原（图4-48），

图4-46 文庙第二进院落内景

| 山 | 西 | 古 | 村 | 镇 | 系 | 列 | 丛 | 书 |

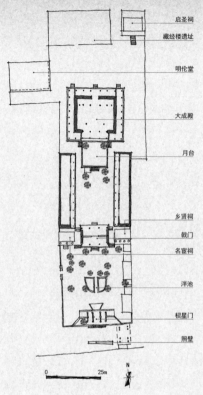

图4-47 文庙现状平面图

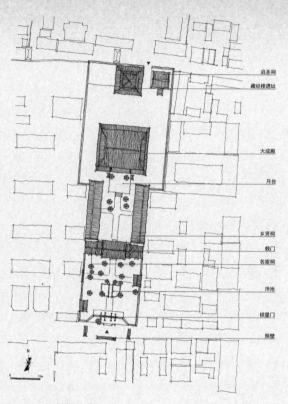

图4-48 文庙复原总平面

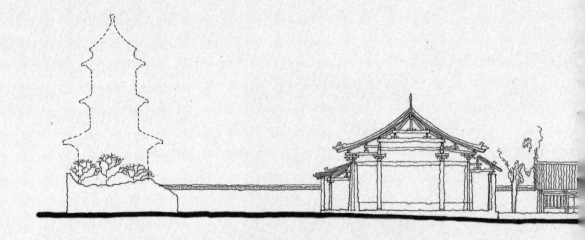

图4-50 文庙现状中轴线剖面图

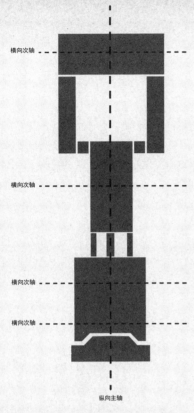

图4-49 文庙空间序列分析图

藏经楼无疑是第三进院落乃至整个文庙的主导性建筑，也是轴线的终点（图4-49）。

②剖面分析

在地势上，一重院落的泮池为最低处，之后向北地势逐渐上升，延伸至城隍庙。现存文庙中，大成殿的地位显著，无论是建筑高度上还是建筑的体量上，与院内其他建筑差别悬殊，大殿高度15.21米，超过院落内现存第二高建筑大成门6米之多，甚至超过了城隍庙大殿的高度，可见其主导地位。若想象藏经楼的形制，则与大成殿形成一种良好的呼应关系：大成殿的体量体现在其宽度上，而藏经楼的体量体现在其高度上。这种一宽一高的对比，相互映衬，妙趣横生（图4-50）。

(3) 建筑分析

文庙各建筑面积如表4-6所示。从建筑面积可看出大成殿以及其余各部分建筑体量上的主次关系。

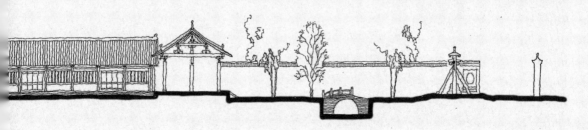

文庙建筑面积表 表4-6

建筑群	建筑年代	建筑名称	建筑面积（平方米）
文庙	宋代	戟门	130.5
		东西厢房	485.2
		大成殿	607.5
	元代	明伦堂	113.7
	明代	牌楼	—
		影壁	—

① 影壁

文庙影壁宽约10米，高3.5米，青砖砌造，壁心砌小型斜方格纹，两侧分嵌一副砖雕对联："道有独隆中外咸被夫子义，尊无二上古今共仰圣人诗。"顶部为双坡筒瓦脊兽，檐部为砖雕斗栱、飞椽。整个影壁威严大方，属清代风格（图4-51）。

② 棂星门

棂星门（图4-52、图4-53）创建于明代正德年间，可考于光绪版《太平县志·庙制》中的记载："正德间知县盛琛作石棂星门、凿泮池。"现存棂星门为四柱三楼的石雕牌坊，明

图4-51 文庙影壁

图4-52 文庙棂星门外观

图4-53 文庙棂星门速写

图4-54 文庙棂星门内景

次间戗柱上雕盘龙，取自"鲤鱼跃龙门"之意向。屋面亦为石雕筒瓦、吻兽。上部阑额之间，镶石刻匾额，正面为"棂星门"，背面为"金声玉振"（图4-54）。棂星门两侧各有一面圆形盘龙照壁。

棂星门基座稍高于路面，前设台阶两级，中部为坡道。大门整体向院落内凹。大门与街道间留出一段缓冲空间，增加了大门的进深感，同时也强化了此处的空间停留感，减少了大门对街道的压迫感。

棂星门西侧，现存一块下马碑（图4-55），其上镌刻"文武官员军民人等至此下马"，此碑石于光绪版《太

图4-55 文庙下马碑正面

平县志·庙制》中可考，其上记载棂星门处"左右各竖"下马碑一块。如今，东侧下马碑疑已遗失。

③泮池

文庙泮池（图4-56）亦创建于明正德年间，其池内原存有水，现在已经干涸。其上建砖砌拱桥，也取自"鲤鱼跃龙门"之意。桥面结构及铺装保存基本完整，石雕栏板（图4-57）亦保存完整。

图4-56 文庙泮池

相传旧时祭祀时，文武官员自桥上走过，而其余人则只能绕池而行，再一同进入第二重院落。

图4-57 文庙泮池栏板

图4-58 文庙戟门内景

图4-59 文庙名宦祠外景

图4-60 文庙内忠义孝悌祠门楼

图4-61 文庙大成殿外景

④戟门

戟门也叫大成门（图4-58），为面阔三间、进深五檩的悬山顶式建筑。脊檩下设门，通面阔约13米，通进深约10米，总高约10米。戟门两侧各有一间侧门，供平时行人出入，正门则"非礼祀时节"不开启。

在戟门的东西两侧，各有一座面阔三间的小祠，东曰"名宦祠"（图4-59），西曰"乡贤祠"。旧时，其内供奉历朝历代的名宦乡贤。最早可追溯至战国时期的李牧等历史名流，而如今仅有建筑尚存。

在戟门西侧，现存忠义孝悌祠门楼一座，但该祠已毁（图4-60）。

⑤大成殿

大成殿是文庙的主体建筑（图4-61），面阔七间，进深七檩，重檐歇山顶，前设重檐歇山顶抱厦（图4-62）。大殿通面阔26.24米，通进深23.15米，总高16.37米。其梁架结构为九架前后廊式，外围檐廊一圈，故大成殿的平面基本接近正方形。旧时，大成殿正位

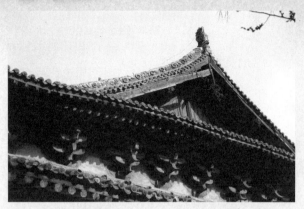

图4-62 文庙大殿东侧斗栱

正殿配享四人從祀十二人

至聖先師孔子

復聖顏子 述聖子思子 先賢閔子損 先賢冉子雍 先賢端木子賜 先賢仲子由 先賢卜子商 先賢朱子熹

宗聖曾子 亞聖孟子 先賢冉子耕 先賢宰子予 先賢冉子求 先賢言子偃 先賢顓孫子師

图4-63 雍正版《太平县志》中文庙大成殿内座次

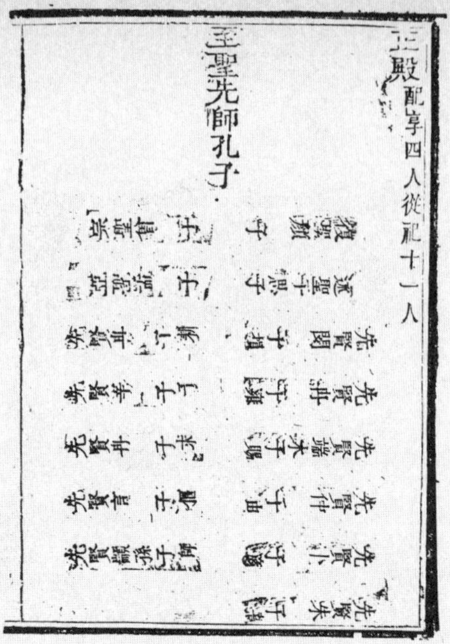

立“至圣先师孔子”[1]像，东西各立先贤像，这在雍正版《太平县志》中有详细记载（图4-63）。然而这一景致，也只能存于想象中了，如今大成殿内空无一物，先贤塑像已全部遗失。

月台位于大成殿前（图4-64），为12米见方的砖台，高度约1米。月台三面皆有石阶，南面为5级条石台阶，较为宽大；东西两侧为5级砖砌台阶，较为窄小。月台是旧时表演孔子祭奠乐舞以及祭祀之地。

⑥藏经楼

藏经楼又名尊经阁，位于文庙轴线末端，原为文庙最高的建筑。明中丞王体复之文《新建尊经阁记》中记载（图4-65）：“是为万历甲戌……其明年乙亥……移启圣祠于殿东北隙，而以赐故基为台，台上为阁。”故可知其初建年代为明万历乙亥年（1575年）。

同时，此碑记中又有对其简单的描述：“计

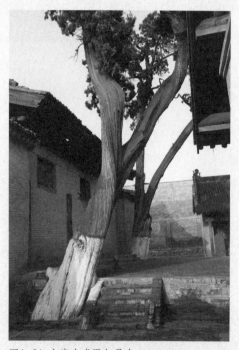

图4-64 文庙大成殿与月台

1 详见光绪版《太平县志》，第111页，《太平县志·学校》。

图4-65 文庙中《新建尊经阁记》拓片

图4-66 文庙藏经楼遗址

台广一百五十尺,阁楼高五丈,居殿之后,匾曰'尊经',巍然屹立矣。工始于乙亥之六月,成于丙子之三月。"由此可知道基座宽约50米,与如今的基座相符,藏经楼高五丈,即约为17米,加之其基座约2米的高度,其总高度可达19米,为当年汾城中最高的建筑。

然而,由于长期缺乏修缮维护,藏经楼于1995年的一场大雨中坍塌,现仅存约2米高的砖砌台基。台基上只剩有几个破损的柱础(图4-66)。

除却荒草,以及地上的四块方石,形成一个正方形,两两相距约7.5米,似为藏经楼四角的角柱础所在位置。根据《太平县志》中的绘图,以及村民的描述,可以推知藏经楼原应为三层重檐四角攒尖顶式建筑。

⑦ 启圣祠

启圣祠原位于文庙东北隅，砖砌台基高约2米，面阔3间，进深5檩，悬山顶，前设檐廊，廊前作砖砌踏道台阶。台基之上围栏缺失，现砌砖墙代之（图4-67）。

根据明正统年间，太平县明御史李承华所作《重修启圣祠记》一文中记载："我皇上御宇之五年，政一教洽，从儒臣议，正祀先师典。乃又追崇其所自出，诏天下建启圣祠祀启圣公。配以颜曾思孟诸先子。"其上又记载："越二年，辛酉，政通民和，百度振举。乃予计公贮蓄财，伐石运垩，陶甓，首葺大成殿，厘祭器已，卜殿北坦地，营方鸠工，构祠三楹。"

然而，又有明中丞王体复之文《新建尊经阁记》中记载："是为万历甲戌……其明年乙亥……移启圣祠于殿东北隙，而以赐故基为台，台上为阁。"

由此可以确定，该启圣祠建于明正统六年（1441年），初建于大殿正后方，明万历乙亥年（1575年），为建藏经楼而将其迁于大殿东北角，一直延续至今，其内供奉的先贤在雍正版《太平县志》中亦有记载（图4-68）。

经过了历代的修缮后，如今的启圣祠依然保存完好，但其功能却已不再，现用作文庙以及城隍庙的管理室。

⑧ 明伦堂

明伦堂位于大成殿西北，面阔5间，悬山顶，为大木七檩无前廊殿式建筑。其梁架用材

图4-67 文庙启圣祠外观

图4-68 雍正版《太平县志》中文庙启圣祠内座次

粗犷，斗栱硕大，有元代遗风（图4-69）。建筑整体保存完好，其内存有镇内珍贵石碑。

旧时，明伦堂不属文庙，《太平县志·文庙》一卷中，也无对其记载。其位置不在轴线上，也无与轴线相对的建筑，与院落的关系较为疏远。按照《太平县志》中文庙一图，可推知其原为儒学的大堂。

3.社稷庙

（1）概况

汾城镇社稷庙位于镇之西南（古太平县城外西南），南关石坡街北侧，坐北朝南（图4-70）。其建造方位符合《风俗通义·祀典卷八》中"癸未日祠稷于西南"的说法，同时《风俗通义·祀典·稷神》中"未之神为稷，故以癸未日祠于西南，水胜火为金相也。"也证实了这一观点。

图4-69 文庙明伦堂外观

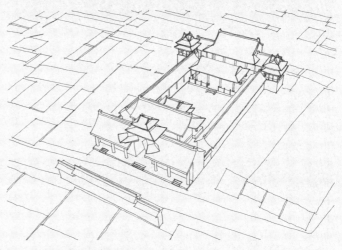

图4-70 社稷庙推测复原图

汾城镇社稷庙创建于明洪武年之前，但具体时间无从考证，据嘉庆十九年《重建社稷庙碑记》（图4-71）记载："邑城南门大街迤南百步许有社稷庙，不知建自何时，考碑记，一修于有明万历之四十三年，再修于我朝康熙之四十七年，至乾隆甲午重修。"自光绪版《太平县志·秩祀》中亦可考："社稷庙在南关厢，明洪武年间重修，国朝嘉庆十九

图4-71 《重建社稷庙碑记》拓片

年重修。道光十三年大加修理,新建缭亭三间,并钟楼鼓楼。"能考证最早一次重修为明洪武年间,故可得出其创立之年必在洪武之前。清嘉庆十九年(1814年)间重修,道光十三年(1833年)有过大规模重修,添置了献殿、钟楼和鼓楼。

如今社稷庙处在汾城镇医院内,闲置不用,有新修的痕迹。在近代,社稷庙厢房曾为汾城镇医院家属住房,东西厢房均加砌墙体。近几年,经过政府收购与维修后,整顿至现状。现存建筑主要有钟楼、鼓楼、献殿、大殿和东西看楼,保存状况完好。南面的倒座、山门以及戏台都已不存,原地修建了四层钢混结构楼房,为医院用房。

(2) 空间研究

我国古代县级城镇对社稷神的祭祀通常是在"社稷坛"进行露祭,设庙祭祀十分罕见,汾城社稷庙能保存至今,实属可贵,更突显其重要的历史和研究价值。

从庙宇种类来看,社稷庙的规制应与城隍庙相似,但也有所不同。据镇中老人回忆,社稷庙已毁山门比城隍庙更为雄伟,戏台亦紧临山门,但其具体形式已无从考证,相传社

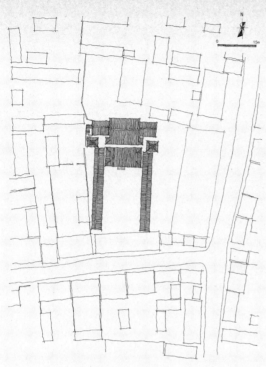

图4-72 社稷庙现状总平面图

图4-73 社稷庙鸟瞰

图4-74 社稷庙献殿与大殿关系

稷庙戏台为非过路式戏台,即戏台与山门之间会形成一个狭长的院落空间(图4-72、表4-7)。

在院落空间上,社稷庙的院落空间尺度较小,看台地面均为砖石铺地,无分区,但其厢房南侧3间也为看台空间,两层布置,二层为木楼板,故其制式相对城隍庙较高。城隍庙的院落空间较为宽敞,其厢房高度也较社稷庙厢房低矮,更适合观看大型的公共戏剧。现存社稷庙院落中建有一个圆形花坛,为近代修建,院落内其他设施基本保持原样。

在建筑体量上,社稷庙献殿的体量与正殿接近,高度较矮,与正殿只一步之隔,但其体量对于社稷庙院落来说,占据了极大的比重,几乎完全遮挡了后部的大殿,成为院落的主体,这也与社稷庙的祭祀功能相对应。社稷庙大殿只在高度上占据优势,但钟楼、鼓楼的高度超过了大殿的高度,对院落空间来说,起到很好的围合作用。同时,由于钟楼、鼓楼对称布置,将人的视觉焦点引向中间大殿与献殿,加强了院落的中心性,突出了献殿与大殿在院落中的地位(图4-73、图4-74)。

社稷庙与城隍庙比较　　　　　　　　　　　　　　表4-7

对比性	类别	社稷庙	城隍庙
共性	礼教类别	道教	
	方位	坐北朝南	
	照壁	皆在道路南侧做照壁	
	山门	皆有山门，且社稷庙山门更为雄伟	
	钟鼓楼	皆有钟鼓楼，且形式相似	
异性	院落尺度	院落空间较小，宽约14米，进深约18米，总面积250平方米	院落空间开敞，宽约24米，进深约17米，总面积328平方米
	照壁空间	照壁东西两侧无牌坊限定	有牌坊限定照壁空间
	戏台	非过路式戏台	过路式戏台
	看楼	有二层看楼	只有观众区地面，无看楼
	献殿	献殿较大，为卷棚式建筑	献殿较小，为亭式建筑
	大殿	大殿面阔3间，设檐廊，有东西配殿	大殿面阔五间，设置面阔7间的抱厦，无配殿
	寝殿	不设寝殿	设有寝殿

(3) 建筑分析

社稷庙各建筑面积如表4-8所示。从建筑面积可看出大殿以及其余各部分建筑体量上的主次关系。

社稷庙建筑面积表　　　　　　　　　　　　　　表4-8

建筑群	建筑年代	建筑名称	建筑面积（平方米）
社稷庙	明洪武年间	献殿	89.0
		大殿	140.9
		东西厢房	228.0
		东西钟鼓楼	137.5

① 献殿

社稷庙献殿面阔3间，进深五檩，卷棚歇山式屋顶，六架无廊式梁架，通面阔约13米，通进深约7米，总高约7米（图4-75）。献殿四周均无墙面，现存木栅栏也为近年修建。献殿屋顶主梁有题字，但因日久剥落，仅能辨清如下字："岢大清道光九年岁次己丑……上梁。"次间梁架上书当时重修时督工等人姓名（图4-76、图4-77）。对于汾城社稷庙来说，建筑形式并不是重点，其最具研究价值的为斗栱、花板、雀替等构件的木雕刻及其柱础的石雕刻。社稷庙雕刻的形制非常之高，细节非常之多，多数均为镂空雕刻，其工艺水平在汾城镇众多庙宇中居榜首之位。各类雕刻整体构图自然，刀法熟练流畅，工艺极为高超（图4-78）。

图4-75 社稷庙献殿斗栱全貌

图4-76 社稷庙献殿明间及东西次间梁上题字

图4-77 社稷庙献殿明间梁上题字细部

图4-78 社稷庙献殿木雕

② 正殿

社稷庙正殿面阔3间，进深7檩，歇山式屋顶，通面阔12.8米，通进深10.96米，总高10.48米。大殿梁架为七架前廊式，檐廊设置柱头斗栱4朵，柱间斗栱3朵，形式一致，均为五层（图4-79～图4-82）。大殿两次间安垂莲柱，前廊雀替明间雕刻双龙戏珠，次间雕刻鱼水云纹，上配彩绘，雕刻图案与色彩配合得十分贴切，显得十分精致。大殿山墙前设一随墙拱门，东墙正题"升关"（图4-83），背题"告处"（图4-84）；西墙正题"贸□"（图4-85），背题"临上"（图4-86）。社稷庙正殿左右各有一座撇山影壁，题字恰为一副对联，东为"圣德均同育物"（图4-87），西为"神功总在宁民"（图4-88），分别讲述了提升个人修养和治理天下的道理，意在警醒百姓与官员。这也充分彰显了社稷神的功能。

图4-79 社稷庙自献殿看大殿

图4-80 社稷庙大殿檐廊

图4-81 社稷庙大殿檐廊斗栱

图4-82 社稷庙大殿内结构

图4-83 社稷庙正殿檐廊东墙正面

图4-84 社稷庙正殿檐廊东墙背面

图4-85 社稷庙正殿檐廊西墙正面

图4-86 社稷庙正殿檐廊西墙背面

图4-87 社稷庙正殿东侧墙镌刻的对联

图4-88 社稷庙正殿西侧墙镌刻的对联

图4-89 社稷庙鼓楼

图4-90 社稷庙钟楼仰视

图4-92 社稷庙钟楼藻井全貌

这两块看似小的八字墙，在视觉上却充当了重要的屏障作用，使得大殿两侧的东西配殿被隐藏其后部，如此，献殿与正殿的关系更加紧密，而献殿的场所感也因为这两堵墙的存在而得到明显的提升。

③ 钟楼、鼓楼

钟楼、鼓楼位于正殿东西两侧，东为鼓楼，西为钟楼（图4-89、图4-90），为二层单檐十字歇山顶式建筑，一层为四根方柱支撑，东西向通透，以雀替相连，雕刻人物故事，南北两侧以砖砌墙填充。二层四周设木栏杆，屋顶向外挑出约1米，柱头斗栱中转角铺作共4朵，补间铺作4朵，中正为三层八卦藻井（图4-91、图4-92），每块木构件上均有雕饰。

钟鼓楼整体的结构精巧，亦以木雕取胜，其木雕手法与献殿木雕如出一辙，应为清代中晚期的上乘之作。

④ 东、西看楼

社稷庙东、西看楼面阔七间，硬山双坡顶，其中两间面对献殿，五间面对院落空间，中间以砖墙隔开（图4-93）。其屋顶与面

图4-91 社稷庙钟楼藻井仰视

阔三间的二层看台相连，只在屋檐下用墙体区分空间。东、西看楼较为朴素，院内一侧无围护结构，无木雕装饰，衬托出献殿装饰的精湛，有近代新修的痕迹。

图4-93 社稷庙东看楼外观

4. 关帝庙

（1）概况

汾城镇关帝庙位于镇之东南（古太平县城东南），县衙大堂东南侧，临近太平古县城的大东门处，坐东向西（图4-94）。据光绪版《太平县志·秩祀》中记载："关帝庙在县署东。元大德四年，县令刘纯甫建。先在县治东南陬[1]，后徙于此。"可见关帝庙现存正殿主体为元大德四年修建，且原址在镇东南角，后来才迁到现址所在地。据当地村民介绍，并结合关帝庙的屋顶结构以及斗栱木雕手法等，能推断关帝庙的前檐歇山顶式廊为明清时期后筑，但其确切历史年代已无从考证。

关帝庙现位于镇医院家属院落中，仅存大殿、南配殿以及两厢房，大殿保存基本完好（图4-95～图4-97），其内堆砌杂物，配殿已严重残破，围护结构坍塌，木结构还尚可修复，现废弃不用。

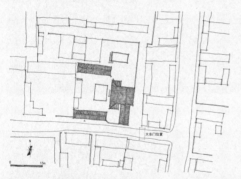

图4-94 关帝庙现状总平面图

图4-95 关帝庙正立面

图4-96 关帝庙侧立面

图4-97 关帝庙背立面

---

1 陬：zōu，角落也。

(2) 建筑分析

现存关帝庙坐东向西,由主体建筑及前檐廊构成,主体建筑面阔三间,进深五檩,悬山顶式,通面阔8.27米,通进深7.62米,为元代修筑。前檐廊面阔五间,歇山顶式,通面阔14.1米,进深4.06米,依其修筑风格,应为明清时期后筑,在光绪版《太平县志·建置·公署》中对公署的描述中有:"东西建关帝庙三楹"一句,也能说明关帝庙原为三间建筑。大殿主体结构保存完整,木雕及斗栱均保存完好,其屋顶彩色琉璃瓦部分缺失,屋面琉璃褪色,门窗扇应在近代有过替换。

关帝庙内砖铺地保存完好,檐廊与主体建筑间,现存台阶一级,台阶两侧存石狮立座,故可推断前檐为后修筑(图4-98)。主殿内斗栱均采用元式大斗栱,

图4-98 关帝庙内景

雕刻较少(图4-99~图4-102),而前檐所用斗栱较为简单,雕刻却很精美(图4-103~图4-105)。殿内均开高窗,光线较为暗淡。原有关公像已不存,毁于"文革"时期。前檐廊空间的两侧与大殿以一道门分隔,保证了大殿空间的完整性。大殿内梁柱均涂红漆,上有彩画,十分精致,部分留有"文革"时期的标语(图4-106)。

图4-99 关帝庙梁架结构

图4-100 关帝庙室内斗栱一

图4-101 关帝庙室内斗栱二

图4-102 关帝庙室内斗栱三

图4-103 关帝庙室外斗栱一

图4-104 关帝庙室外斗栱二

图4-105 关帝庙室外斗栱三

图4-106 关帝庙梁架上"文革"时期文字

三、其他公共建筑

1.鼓楼

(1) 历史沿革

汾城镇鼓楼位于镇十字街中心,东达县署,西到试院,南北通衢,蔚为大观,为汾城的地标性建筑（图4-107）。据当地老人传言，鼓楼是乾隆皇帝为感谢当地一位老师臧尔心而修建，原有三层，存有皇榜，"文革"期间皇榜流失。

据光绪版《太平县志·建置》记载："鼓楼，在县治西大街之中，康熙三十四年地震而圮，四十五年知县顾钦重修，邑人王奂曾有记。道光十八年知县吴钤、顾穗林重修。"王奂曾之《重建鼓楼记》中亦有记载："余闻兹楼之肇工也已三月，竣事也已六月。"故可以判定现存鼓楼为康熙四十五年（1706年）所修建，期间历时三个月。《重建鼓楼记》中亦记载："高大五丈余，广袤如旧址，而甬道则加扩焉。"可知鼓楼下的甬道比旧鼓楼有扩大。

最近一次修复鼓楼为2000年春，于5月1日竣工。由政府集资修复，并在鼓楼南北正中各加一块匾额，分别题字"太平古邑"、"揽月留云"，下部砖石台基上四面分别刻有"南通禹几"、"西望姑射"、"北临尧都"、"东眺塔汾"，并立碑于鼓楼之上，故现存鼓楼基本完整。

图4-107 鼓楼速写

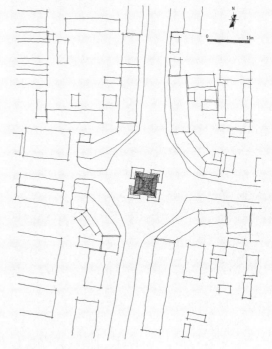

图4-108 鼓楼总平面图

(2) 空间研究

①对周边空间的影响

鼓楼的地理位置十分特殊，以作为地标的性质，独立存在于十字交叉道路正中（图4-108）。也正是因为鼓楼的存在，让这个十字路口具有了很强的聚合性。虽然其不在镇平面的几何中心，却有着如同镇中心的意义。因此，鼓楼的周边布满商业建筑，一直向南

图4-109 鼓楼远观

图4-110 夕阳西下的鼓楼

北方向延续，形成如今的鼓楼南街与鼓楼北街，成为镇里最为重要的商业街道，也成为市民的聚集之地（图4-109）。

②对视觉通廊的影响

鼓楼的四面均为镇的主干道路，道路宽阔，沿街建筑均不高，视线无遮挡，使得鼓楼成为镇内道路上主要的对景，在南北长达800米、东西长300米的道路上，都可以看到鼓楼的形象。这对于道路空间的识别性十分有利，首先，其减少了道路空间的无味感，让道路有一个对景，缩短了人的距离感；其次，这一形象对全镇也有重大的影响，是人们记忆深处的影像，让人具有良好的场所感（图4-110）。

（3）建筑分析

现存鼓楼为十字歇山重檐楼阁式建筑，通高17米左右，与《重建鼓楼记》中记载的"高大五丈余"相符。底座为十字砖砌拱券式，面阔约10米，拱洞分别通往四街，拱券宽约3.5米。底座之上为木结构楼阁，共分三层（图4-111）。下层四周砌墙，开间与进深均为三间，明间开间

图4-111 鼓楼外观

图4-112 鼓楼顶部斗栱

稍大,约为3米,次间开间约2.3米,内部沿四柱砌清水墙,南侧开门,北侧开圆窗。下层檐部均设置斗栱,每边有柱头斗栱4朵,其中2朵为转角做法,另2朵为平身斗;柱间斗栱2朵,次间为平身斗,明间为大斗栱。斗栱上均绘有清式彩画。

鼓楼内,有木楼梯登二层,二层为过渡空间,约5米见方,四周均为墙面,不设窗洞,层高约为2.8米,较为黑暗。其上有木楼梯可登三层。

鼓楼三层较为开阔,四周设置木栏杆,四向均开门,为远眺四方的极好之处。其开间与进深仍为三间,明间开间2.4米,次间开间1.4米,均小于底层。上层共设置斗栱5朵,其中正中为大斗栱。鼓楼三层顶部由三层藻井搭建而成。此藻井较为通透,结构较为简单,与城隍庙及社稷庙的藻井有很大不同。藻井上有清式木雕,绘有清式彩画,保存完好,有新修的痕迹(图4-112)。

2. 魁星楼

(1) 历史沿革

据光绪版《太平县志·庙制》中记载:"同治五年知县章寿嵩会邑绅重修。于文昌庙门楼上新建奎星楼。"又自大清同治十年岁次辛未仲秋吉日所立的《重修圣庙并建奎楼碑记》考证:"自五年九月经始,至六年十月告成,蠹者易之欹者,直之者黟者,齐之饰之,复于巽方添造奎楼一座,位置虽仍其旧,而巩固壮丽视昔有加焉。"可得知汾城镇的魁星楼原为文昌庙的门楼,原名"奎楼"或"奎星楼",建于清同治五年(1866年)。而如今文昌庙已不存在,仅留庙门的券洞式门楼一座,即现在位于汾城镇文庙东侧的魁星楼。向当地村民了解到,此楼于2006年发生火灾,西北角有部分屋瓦脱落,建筑结构稍有损毁,其余完好。

(2) 建筑概况

汾城镇魁星楼为六角攒尖顶二层楼阁,通高约12米(图4-113~图4-115)。楼座原为文昌庙门洞,平面方形,面宽约为4米,开南北拱券通道,拱券上部为石雕,刻有双龙戏宝

图4-113 魁星楼外观

图4-114 魁星楼速写

山 | 西 | 古 | 村 | 镇 | 系 | 列 | 丛 | 书

汾城古镇

图4-115 自文庙院内望魁星楼

珠图案，造型生动，其上题字"文昌祠"，现南侧拱券已被砖石填砌（图4-116）。

楼座上部第一层为六角形平面，六根柱子上端由通长雀相连，柱头由枋木十字搭构，其上放置1朵转角斗栱，雀替中间设置1朵补间斗栱，但西南侧两朵补间斗栱缺失。一层内砌清水砖墙，间隔开设门窗。二层相较于一层向内收分，四周无围护结构。柱头顶部不设斗栱，由枋木直接十字搭构，通长雀正中设置1朵一层小斗栱（图4-117）。魁星楼顶端为圆形宝顶。

3. 县署

（1）历史沿革

汾城镇县署，也叫公署，位于镇之东南（古太平县城东南），鼓楼东侧（图4-118）。在光绪版《太平县志·建置·公署》中记载："县署在城东南隅，始自贞观

图4-116 魁星楼门洞正面

图4-117 魁星楼斗栱细部

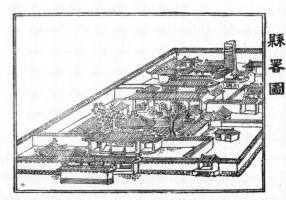

图4-118 光绪版《太平县志》中的县署图

七年,盖县治再移时也。相传为鄂公帅府。"可知县署创建于唐贞观七年(633年),原为唐鄂公帅府。县志中还记载:"历五代及宋毁于兵。金天会八年,县尹毕景鲁重建。大定九年,县尹政景南展修。元至元三十一年,达鲁花赤明理再修。明洪武二年,知县邓普颜不花重修。七年县丞毛煜修。成化年间知县李浒修。弘治年间知县尹璟修。嘉靖三十四年地震,堂宇倾颓,木支席苫者十余载。隆庆元年,知县罗潮捐俸重建。国朝初年兵火之余,大堂存一柱,听政者席棚以临。康熙十五年知县吴轸重建。"又有《重修大堂记》碑记记载:"道光辛丑仲秋,邑绅士有重修县治大堂之议,入冬兴工,明年六月既毕事。"故可以判定,汾城镇现存的县署为康熙十五年(1676年)时所修建,道光辛丑年间(1841年)有过修整。根据县志记载,将县署沿革整理见表4-9。

县署历史沿革表　　　　　　　　　　　　　　　　　　　　　　表4-9

建筑	朝代	时期	年代	事件
县署	唐	贞观七年	633年	修建
	宋	—	—	毁于兵
	金	天会八年	1130年	县尹毕景鲁重建
		大定九年	1169年	县尹政景南展修
	元	至元三十一年	1294年	达鲁花赤明理再修
	明	洪武二年	1369年	知县邓普颜不花重修
		洪武七年	1374年	县丞毛煜修
		成化年间	1465~1487年	知县李浒修
		弘治年间	1488~1505年	知县尹璟修
		嘉靖三十四年	1555年	地震,堂宇倾颓
		隆庆元年	1567年	知县罗潮捐俸重建
	清	顺治初年	1644年	毁于兵火
		康熙十五年	1676年	知县吴轸重建
		道光辛丑年	1841年	重修

图4-119 县衙大堂南侧外观

图4-120 县衙大堂内结构

如今，县衙大堂位于汾城镇幼儿园内，其四周亦修筑清水砖墙，为粮站所用，与城隍庙大殿等建筑相似。建筑主体及结构均保存良好，檐下斗栱完整，屋面完整，屋脊鸱吻缺失（图4-119）。

图4-121 县署斗栱细部

(2) 建筑分析

县署现在仅存县衙大堂，大堂坐北朝南，为悬山顶式建筑，梁架结构为七架前后廊式，面阔五间，通面阔约23米，进深七檩，通进深约17米，总高约12米（图4-120）。其梁架为抬梁式结构，与文庙中的明伦堂相似，正面檐下斗栱共计14朵，南北两侧对称，前檐斗栱五铺作双下昂，外观宏伟硕大（图4-121）。

光绪版《太平县志·建置·公署》中，对县署有详细记载："大门三间，东设民状房三间，西设快手房八间，东西建关帝庙三楹，萧公祠三楹，六神祠三楹。二门三间，中为仪门，左右角门二间。东设皂隶房十二间。大堂五间，中设暖阁。敬刊雍正八年钦颁上谕一道，悬之堂中。匾曰：'忠爱堂'。真武阁。戒石铭。前为露台（台前，道光二年，建木牌坊一座）。道光二十一年，知县顾穗林重修。东西廊房各九间，东为吏户礼税房，西为兵刑工仓房，堂后东西房各三间，东为柬房，西为承发房，同治五年，知县章寿嵩于此建牌坊一座。"故可知县衙大堂中原有暖阁，上悬雍正御笔"忠爱堂"匾额，前后共四进。除却大堂，县署内另有许多附属建筑，包括民状房、快手房、萧公祠、六神祠、皂隶房、吏户礼税房、兵刑工仓房、柬房以及承发房，另有牌坊2座，惜均已毁。

4. 洪济桥

(1) 概况

洪济桥位于镇之西北（古太平县城西北），南关石坡街下（图4-122）。据光绪版《太平县志·建置·津梁》记载："洪济桥，在县南关。金大定二十三年建，明知县耿儒、胡连、赵京仕累修。康熙二十年，知县吴轸重修。乾隆十六年桥上厦宇倾圮，知县姚士浤重建，易木柱为石柱。"故洪济桥创建于金大定二十三年（1184年），为汾城镇现存年代最久远的建筑，清乾隆十六年（1751年）间将廊桥木柱更换为石柱。

洪济桥保存相当完好，下部桥面为条石铺地，均保存完好。石柱有少量损坏，以铁圈加固，桥上的厦宇木结构保存完整，均刷朱红漆，有新修痕迹。

(2) 建筑分析

古太平县城北面平坦，三面临沟，为解决交通问题，历史上建造了很多桥梁，仅光绪版《太平县志》中所记录的桥就达30余座，而洪济桥就是众多桥梁中最具特色的桥。

图4-122 洪济桥外观

洪济桥为北方少有的廊桥形式，下部桥基为东西向石砌单券拱，桥面上建有面阔五间的单檐歇山顶式廊房，共立石柱16根，其中两端各为4根石柱，其上以枋板、雀替相连，檐下斗栱南北侧各11朵，东西侧各3朵，均为五铺作计心造，斗栱无精细雕饰，构件硕大，形状圆润，有金代遗风。其梁架结构为四架椽，造型优美壮观（图4-123）。

图4-123 洪济桥内结构

洪济桥是连接南关石坡街与大南关的要津，历史上是车水马龙之地，热闹非凡。其周边的商业也随之发展，并留下一条老商铺街。

5.试院

图4-124 试院现状

(1) 概况

汾城镇试院位于镇之西部（古太平县城西），文庙南侧，鼓楼西北侧（图4-124）。据光绪版《太平县志·学校》记载："太平旧无考院，每逢县试，多在衙署。人众地隘，甚属不便。道光十六年，知县陈维屏，会同本邑绅士，改察院为试院。"又据碑记《察院改建试院记》考证："是役也，经始于道光丙申七月望日，蒇事于丁酉八月中浣。"此处的"道光丙申年"，与县志中的"道光十六年"均为1836年，故汾城现存试院原为察院。

考察院历史，《察院改建试院记》碑记中有记载："试竣、巫咨于众，咸谓察院建自洪武七年，两修于康熙、乾隆年间，地颇广，屋渐圮，以建试院，计可两全。"同时，光绪版《太平县志·建置》中，有对察院的记载："在县治鼓楼西，明洪武七年主簿白原善建，洪治十二年知县苟凤重修。国朝康熙五十八年知县张学都重修。乾隆十一年知县张钟秀重修，今改作试院。"从县志中对察院所记载的地址"县治鼓楼西"来看，县志所述察院即为

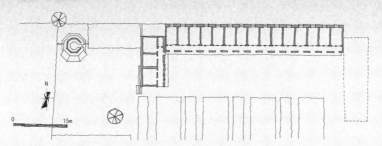

图4-125 试院现状平面图

今之试院无疑,且可以考证察院修建于明洪武七年(1374年),且在洪治、康熙、乾隆年间均有修缮。

(2) 空间研究

汾城现存试院保留并不完善,仅存主体院落的西侧半部分(图4-125),但其原始规模尚存,据县志及碑记记载,大致能还原其原始格局(图4-126)。

考察院原始格局,光绪版《太平县志·建置》中有记载:"察院,后改作公馆。大门三间,东西房各三间,

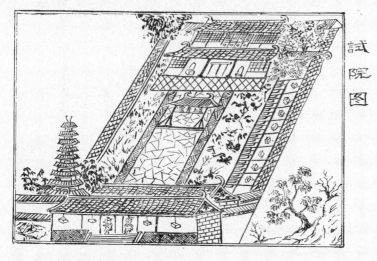

图4-126 光绪版《太平县志》所绘试院图

露台一座,大堂三间,后堂五间,东西房各三间。"另外,在光绪版《太平县志·学校》中亦有详细记载:"新建大门三间,大门内西班房三间,二门三间,左右角门两间。二门内东西号舍各十五间,每间三十号,共列九百号。露台一座,露台前立玉尺冰壶牌坊一座。大堂三间,左右耳房两间,为礼房厅事之所。后堂五间,东西厢房各三间。东北角北房三间,东房两间。西北角北房三间,西房三间。东南角为厨房。西南为厕地。"

据此比较察院与试院的格局,可推测其大门、大堂、后堂等建筑均在原地修缮或重修而成,增修牌坊、厢房、耳房及四角的房屋。现存试院的二进院落,空间较大,其院落空间南北长约50米,东西宽约13米,为汾城公共建筑中最大的院落空间,这也与其考场功能相适应,足够约900人一起考试。

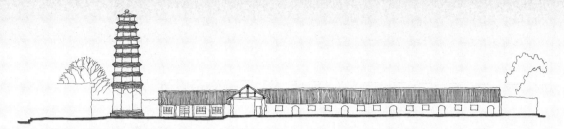

图4-127 试院中轴线剖面图

(3) 建筑分析

汾城试院现存建筑仅为一进院落中的学前塔、二门西侧以及西号舍（图4-127），其余建筑均已毁坏。

①西号舍

西号舍共15间，进深4椽，前设檐廊，通面阔约50米，通进深约10米，为旧时考场空间。其保留情况较好，现作汾城医院的家属院住房使用。但后期有对墙面进行改动，主体结构完好，檐下有少量木雕，保留完好。

图4-128 试院二门现状

②二门

二门原面阔3间，东西角门2间，进深4椽，悬山顶式结构，内侧设置檐廊，只存明间、西侧次间及西角门，其木结构外露，下有墙面增修，毁坏较为严重（图4-128），现堆放杂物。

6.学前塔

(1) 概况

汾城镇学前塔，又称文峰塔、南寺塔、贡院塔，在鼓楼西沿，现位于试院一进院落内，但原不属于试院。据《察院改建试院记》中记载的："围学前塔院中"一句可知，该塔是在试院整改之时，被圈入试院中的。其具体创建年代无从考证，光绪版《太平县志·建置》中，仅有简单的记载："学前塔，在鼓楼西学前街。"但从建筑风格上分析，应为清代砖塔，塔身保存完好，顶部及底部稍有破损（图4-129）。

图4-129 学前塔速写

图4-130 学前塔上端

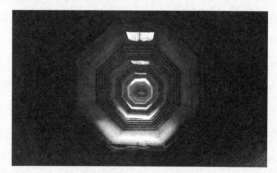

图4-131 学前塔内仰视

（2）建筑分析

学前塔为密檐式砖塔，共九层，平面呈正八边形，中心对称，通高21.5米。塔内为空洞式，上下贯通，无阶可登。第一层砌仿木五铺作双抄斗栱一周，二层平面层层内收，层高也逐渐变小，直至封顶，每层由七层砖叠涩而出，无其余装饰，显得朴实却又精致（图4-130）。

塔内空间较为狭小，但塔壁十分厚实。二层以上只在南北两向设置拱形小窗洞，以供塔内的采光与通风（图4-131）。学前塔无使用功能，却为汾城中最高的地标性构筑物，是汾城镇天际线上的点睛之笔。

【第五章】

汾城古镇的 商业建筑
SHANGYE JIANZHU

山｜西｜古｜村｜镇｜系｜列｜丛｜书

一、商业建筑概述

汾城古镇作为当年晋商劲旅之一"平商"的集散地，是附近区域的商贸之都。清同治元年（1862年）太平县《铺行议定规条》碑记记载汾城镇有"粟行、油行、京货行、杂货行、油漆行、水烟行、药材行、铁货行、肉行、木器行"十大行业。这些行业的铺面作坊，布满了太平县街巷，可谓是商贾云集，摊点栉比。新中国成立初期全国兴建供销合作社商业，汾城古镇也不例外，在鼓楼周边兴建四座供销合作社。改革开放后，大部分供销社已被拆毁，汾城的供销社依旧保存完好，并作为商铺使用。

古镇中现存明清时期的商业建筑有代表性的计有三座，其中鼓楼北街两座、西坡街一座。古楼北街的两座商铺紧紧相连，南侧商铺在本书中命名为一号商铺，北侧为世德堂。西坡街的商铺为当铺院（表5-1）。

汾城古镇明清时期商铺一览表　　　　　　　　　　　　表5-1

商铺名称	院落形制	面向街道	院落方向	建筑结构	建设年代	现状	屋顶形式	层数
一号商铺	—	鼓楼北街	坐东朝西	抬梁式	清乾隆二十四年	商铺	双坡硬山	2
世德堂	—	鼓楼北街	坐东朝西	抬梁式	清光绪二十二年	商铺	双坡硬山	2
当铺院	四合院	西坡街	坐北朝南	抬梁式	清嘉庆年间	居住	单坡硬山	2

明清时期古店铺的典型特点有四点：

（1）均为前店后宅形式。商业与住宅结合。十分符合当时小手工作坊的商业形式。

（2）一层为商业用途的店铺，二层为储藏物品或店员休息之处。与居住建筑的小两层建筑的区别在于二层层高往往较高，可以供人在上面居住。

（3）均设置通往二层的楼梯。鼓楼北街的两座商铺楼梯设在室外，当铺院楼梯设在室内。

（4）商铺多设马头墙。在繁盛时期，古镇商铺林立，建筑密度高，建设马头墙可以满足木构建筑的防火要求。

二、鼓楼北街商铺

1.概述

鼓楼北街两座商铺均面向鼓楼北街,一层搭一条条木板做门,空间较为开敞,便于商业经营。其商铺均为二层建筑,一层为商业空间,二层为储藏或休息空间。两座商铺楼梯均设在建筑室外。其中,世德堂的楼梯紧贴建筑外墙,与建筑长边平行;一号商铺楼梯与建筑外墙垂直,平行于院落轴线(图5-1~图5-3)。

图5-1 鼓楼北街商铺鸟瞰

2.鼓楼北街一号商铺

鼓楼北街一号商铺建于清乾隆二十四年(1759年)。现存两座建筑,临街坐西朝东的为商铺,院内坐北朝南的为店主生活住所(图5-4)。

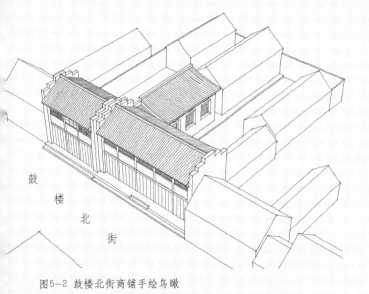

图5-2 鼓楼北街商铺手绘鸟瞰

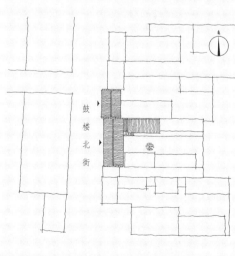

图5-3 鼓楼北街商铺总平面图

图5-4 鼓楼北街一号商铺正立面

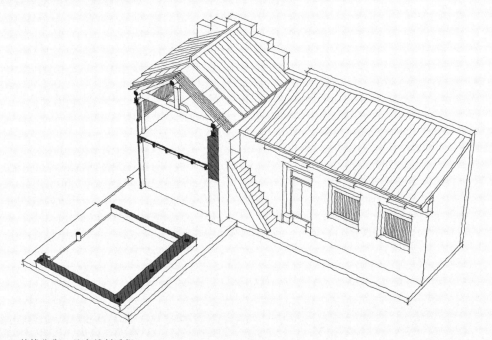

图5-5 鼓楼北街一号商铺剖透视

临街商铺为双坡硬山顶式建筑，三叠式马头墙保存完整。面阔五间，进深三檩（图5-5）。建筑为二层：一层为店铺，临街为门面（图5-6）；二层为店员休息之处兼储藏间，沿街立面上有直棂窗，背面无窗（图5-7）。楼梯为砖砌，设于建筑北面中部，与建筑垂直。我们沿楼梯进入二层，可以清晰地看到其抬梁屋架，脊檩有题字"昔大清乾隆贰拾肆年三月十七日吉时□柱上梁宅主□□□□□□"（图5-8、图5-9）。

后院入口设于临街商铺建筑明间，院落中轴线上。店主生活起居的建筑为单坡，面阔三间。抬梁式木构架为主体结构，围合结构既有砖包土墙也有土坯墙（图5-10）。

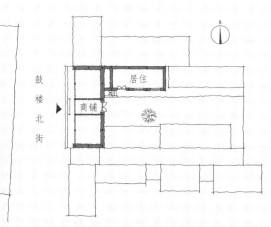

图5-6 鼓楼北街一号商铺一层平面

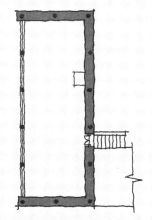

图5-7 鼓楼北街一号商铺二层平面

图5-8 鼓楼北街一号商铺二层空间

图5-10 鼓楼北街一号商铺后院

图5-9 鼓楼北街一号商铺正脊题字

3. 鼓楼北街世德堂

鼓楼北街二号商铺曾为药铺，名为"世德堂"，建于清光绪二十二年（1896年）。面阔三间，亦为双坡硬山顶，有三叠式马头墙（图5-11）。该建筑为二层，一层商用，二层储藏兼店员住处。二层窗扇较一号商铺更为精致（图5-12）。楼梯为石砌，顺着建筑背面墙面而上。立面上，梁柱交接处，无任何雕饰，朴素大方。

图5-11 世德堂正立面

图5-12 世德堂二层窗棂

三、当铺院

当铺位于西坡街（图5-13）。据现住户讲述，当铺院原为四合院，正房、厢房、倒座均为单坡屋顶（图5-14、图5-15）。整个院落外围由高大院墙围合，一层无窗，仅在二层开设小窗采光（图5-16、图5-17）。院落内部均采用直棂窗。内向封闭的院落特点与院落作为当铺的功能相适应，以保证财物安全。

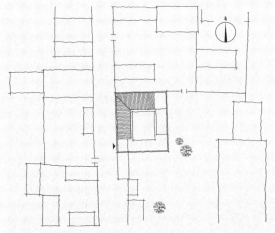

图5-13 当铺院总平面图

图5-14 当铺院复原一层平面图

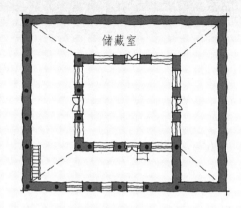

图5-15 当铺院复原二层平面图

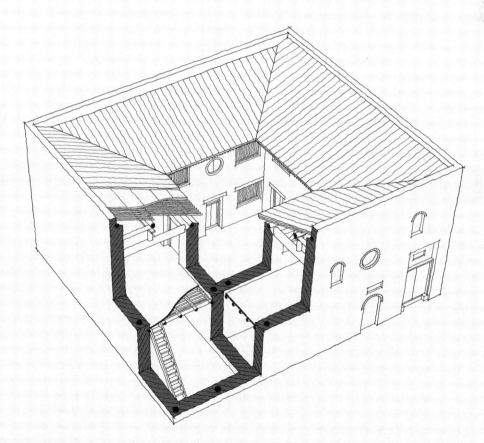

图5-16 当铺院剖透视

图5-17 当铺院外立面封闭高墙及小窗

图5-18 当铺院二层空间

图5-19 当铺院北房

　　当铺院现仅存西北两面L形二层建筑。其中，西侧建筑一层为原当铺院主要的对外营业空间，二层为储藏室（图5-18）。现在院落西侧围墙"芙瑞"匾下的小门即为当年顾客进入当铺的对外营业门。原来院落大门亦位于院落西面南端。进门正对原南房山墙，转折进院，现已拆毁。北房则为原来的居住空间（图5-19）。二层楼梯位于北房西北角室内，为木爬梯。

四、供销合作社

新中国成立初期，供销合作社（县供销合作社联合社）是当时商业形式的一大特色。根据2006年版的《襄汾县志》记载，汾城县供销社建于1949年冬，位于鼓楼周边四个街角。现在四个供销社建筑保存较好，依旧作为商铺使用（图5-20～图5-23）。

供销社建筑在建筑结构方面没有创新，与汾城古镇常见的一层砖木结构商铺无异。其特色鲜明处为砖砌外立面：以砖的叠涩、砌筑时丁顺的方向变化完成立面分割；并且多以红色五角星、红旗作为立面装饰元素；除此之外，其匾额上"奋发图强"、"自力更生"、"面向农村"等标语也向我们展示着那个时代的特色（图5-24）。

图5-20 鼓楼东北角供销社

图5-21 鼓楼东南角供销社

图5-22 鼓楼西南角供销社

图5-23 鼓楼西北角供销社

图5-24 鼓楼东南角供销社立面

[第六章]

汾城古镇的 装饰艺术
ZHUANGSHI YISHU

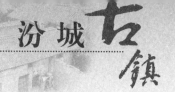

汾城古镇历史上曾为县城治所之地，公共建筑较多且保存较好，因而古镇的装饰艺术也更为繁复精巧：其装饰形式丰富，砖雕、石雕和木雕均令我们叹为观止；装饰题材多样，有植物、动物、人物、博古等多种纹样。虽然经历了时间的侵蚀，现在仍然有大量的实物保留下来，向我们讲述这座太平古城当年的繁盛，为我们研究晋南地区古建装饰提供了丰富的素材。

一、屋顶装饰

屋顶是中国古代建筑的重要组成部分，有第五立面之称。建筑的等级、风格往往就是通过屋顶的形式、色彩与质地表现出来的，因此屋顶装饰十分重要。汾城古镇中民居建筑基本为灰板瓦；公共建筑的屋顶以灰筒瓦为主，但文庙、社稷庙与关帝庙屋顶的重点装饰部分采用了琉璃瓦件。古镇中屋顶装饰主要是正脊装饰与吻兽。

1. 正脊

古镇中民居商铺的正脊一般为带有高浮雕花饰的瓦件，花饰内容为植物的花朵与枝叶，相同的花饰左右重复成为带状的装饰。例如，王体复院倒座屋脊，两种形态的高雕牡丹不断重复形成正脊装饰（图6-1）。

图6-1 王体复院倒座屋脊

公共建筑正脊装饰相比民居的更为精细复杂，多采用琉璃瓦件，并且正脊中央多有其他装饰。

以文庙正殿为例。正脊的装饰以牡丹花枝为主，花瓣层叠，并有游龙穿行其中。正脊正中设楼阁装饰，楼阁共四层，每层的立柱、门窗、屋顶纤毫毕现。因为采用琉璃瓦件，正脊呈现黄、绿、蓝三种颜色，在夕阳下熠熠生辉（图6-2）。

在我们最后一次造访文庙时，正殿进行整修，正脊被拆下，我们有幸拍到正脊的近照。更为真切地感受到了正脊瓦件尺寸之大、装饰题材的丰富细致及其工艺做法的高超（图6-3）。

图6-2 文庙正殿正脊

图6-3 文庙正殿正脊琉璃瓦

图6-4 城隍庙正殿正脊

城隍庙正脊亦由黄、绿、蓝三色琉璃瓦件拼接而成。以牡丹花和宝相花为主要装饰，间有盘龙、凤凰、童子为装饰，在琉璃瓦颜色的烘托下富丽堂皇，同文庙大殿正脊一样令人震撼（图6-4）。

2.螭吻

古镇建筑正脊两端的正吻均为龙头，但形式各异。一为张着大嘴咬着正脊，龙尾向上翻卷，例如文庙棂星门的石雕吻兽；二为背向正脊仰望苍天，龙头居上，民居中这种形式居多；更有吞含屋脊和仰望苍天的三龙，一上两下，组成一座正吻的，例如文庙正殿正吻，三龙龙尾相连（图6-5）。城隍庙献殿正吻亦由三龙盘结，一条吞脊，一条向内望天，一条向外仰望，精致宏伟（图6-6）。

二、柱础

柱础在中国古代建筑上的应用历史悠远，由石质基石逐渐演变而来。柱础不仅可以使木柱落在更为坚实的石料上，使荷载经过柱础传至土地，亦可以避免泥土中的潮气直接侵损木柱。

图6-5 文庙正殿螭吻　　图6-6 城隍庙献殿螭吻

汾城古镇的柱础形式繁多，雕刻精美，常见形式可以分为三类：圆鼓式柱础；八棱柱式柱础以及基座加圆鼓形复合式柱础。其中，公共建筑的重要立面基本采用基座加圆鼓形复合式柱础，其他部分以圆鼓式柱础居多；民居建筑中八棱柱式柱础较常见，重要立面也出现复合式柱础。下面结合实例具体讲述。

1.城隍庙柱础

在汾城公共建筑中，城隍庙中出现的柱础形式最多。大门及现存的西厢房均采用圆鼓式柱础，鼓身矮扁饱满，以浅浮雕的手法，将鼓皮、鼓身、鼓钉雕刻出来，形态逼真（图6-7）。

戏台，作为城隍庙的重要功能组成部分，是装饰的重点。又因为其结构较为复杂，柱子较多，共有五种柱础形式：圆鼓式柱础、八棱柱式柱础、四脚几形加八棱柱式柱础、八脚几形加八棱柱式柱础和瓶形柱础。多样的柱础形式，很好地突出了戏台的地位，丰富了戏台造型。

戏台处的圆鼓式柱础与大门处形制一致。三种类型的八棱柱式柱础均在各面采用浅平浮雕雕刻各类纹样，以博古纹以及动物纹样最多。南边靠近通道的是一对四脚几形加八棱柱式柱础（图6-8），几脚雕刻卷草纹，八棱柱部分一面雕刻

图6-7 城隍庙大门外圆鼓式柱础

图6-8 城隍庙戏台四脚几形加八棱柱式柱础

草龙纹，另一面雕刻鹿与仙鹤，有祈求长寿的寓意，背面雕刻博古花瓶。靠近它的一对八脚几形加八棱柱式柱础（图6-9），下面几座相对简单，八棱柱上雕刻带有几案的博古花瓶。北边靠近通道的一对八棱柱式柱础（图6-10）浮雕较为特殊，为暗八仙，即道教八仙手持的八件法器：渔鼓、宝剑、花篮、笊篱、葫芦、扇子、阴阳板、横笛，寓意祝颂吉祥长寿。其他几对八棱柱式柱础雕刻花纹包括植物、博古花瓶、祥云纹等。瓶形柱础（图6-11）仅在此一处出现，上下部分较大以便于承力，中部较细，为瓶形，造型十分奇特，但表面没有任何雕刻，为简单的素平柱础。

戏台对面的献殿形制较高，采用基座加圆鼓形复合式柱础（图6-12）。基座为八面须弥座，束腰转角处有束腰柱，东南西北四面以阳雕手法雕刻方巾，整个基座无复杂雕饰，保持石面的平整。上面的圆鼓亦仅作简单的浅浮雕，雕刻出鼓皮、鼓钉。在基座与圆鼓之间雕有一圈莲花瓣，寓意圣洁美好，使整个柱础既简单大方又不失精美细致。

图6-9 城隍庙戏台八脚几形加八棱柱式柱础

图6-10 城隍庙戏台八棱柱式柱础

图6-11 城隍庙戏台瓶形柱础

图6-12 城隍庙献殿柱础

2. 文庙柱础

文庙大成门采用圆鼓式柱础，体形矮扁，四角有小立柱，雕饰简单。大成门耳房以及第二进院落的东西厢房柱础均为年代更为久远的素平覆盆式柱础。但第二进院西厢有一根檐柱的柱础把覆盆雕成莲花瓣形式，称"铺地莲华"（图6-13）。

图6-13 文庙西厢铺地莲华式柱础

文庙正殿封闭，只能看到背面六根檐柱。仅这六根檐柱的柱础就有三种，以中心对称，由内向外依次为基座加圆鼓形复合式柱础（图6-14）、八棱柱式柱础（图6-15）和覆盆形柱础。中间的两个复合式柱础雕刻十分讲究。上部的卧鼓采用浅浮雕，上下边缘雕刻鼓皮、鼓钉，鼓身上雕刻龙头卷草身的草龙纹，寓意吉祥、幸福、美好。基座为须弥座，上下枋雕刻回纹，束腰部分的线雕已模糊难辨。圆鼓与基座之间的四角上有圆雕石狮，狮头狮身惟妙惟肖，承托上面的圆鼓，在丰富造型的基础上使形体更加稳健。其外侧的八棱柱式柱础，南侧和北侧三面均有植物花纹浮雕，东西两面素平，无雕刻。最外侧一对柱础为覆盆形，因为年代久远侵蚀严重难以辨别，疑似铺地莲华式柱础。

图6-14 文庙正殿后檐廊复合式柱础

3. 社稷庙柱础

社稷庙献殿是社稷庙的装饰重点，柱础同样为基座加圆鼓形复合式柱础（图

图6-15 文庙正殿后檐廊八棱柱式柱础

图6-16 社稷庙献殿柱础　　　　图6-17 社稷庙正殿檐柱柱础　　　　图6-18 社稷庙钟鼓楼一层须弥座式柱础

6-16）。卧鼓上下边缘同样有鼓皮、鼓钉浮雕，鼓身采用高浮雕手法，雕刻有寓意吉祥美满的宝相花。基座为须弥座衍生形式，上枋素平无雕饰，下枋雕刻为几案形，案侧面线雕回纹，几腿处线雕水波纹。束腰四面中间雕刻形态各异的马，或回首、或飞奔。圆鼓与基座之间的角上亦雕有石狮，狮身雕在柱础东西两侧，为半卧姿态，南北两面中心雕刻绣球。社稷庙献殿柱础为汾城古镇雕饰最为精美的柱础，展现了汾城劳动人民的智慧。

社稷庙正殿檐柱柱础为圆鼓式（图6-17）。身形较高，上下边缘为鼓皮、鼓钉浮雕，正面中心采用高浮雕手法，雕刻有口衔环的狮头。金柱柱础为八棱柱式柱础，八面有浅平浮雕，腐蚀较严重，依稀可辨卷草花纹。

社稷庙钟鼓楼一层四柱的柱础很别致，为几形加衍生须弥座式柱础（图6-18）。底部几座案侧有线雕回纹，几腿上有线雕水纹。上部为须弥座衍生形式。上枋下缘为一圈回纹，上部有不同的花草高浮雕，例如图片所示这幅雕刻内容为佛手与喜鹊，寓意福寿喜。束腰中间雕刻狮面，神情惟妙惟肖。下枋用浅浮雕手法雕刻草龙纹，两条草龙环绕中央的团寿，寓意吉祥长寿。同时，整个下枋形体上大下小，下部的内收使得整个柱础的形体更加协调。

4. 民居柱础

汾城古镇的民居中的柱础总体来说相对简单，但正房檐柱柱础还是十分精美。工体复院中正房檐柱柱础为圆鼓式柱础（图6-19）：身形较高，上下边缘采用浮雕手法雕刻鼓皮、鼓钉，鼓身平整无雕饰。王氏知府院正房檐柱柱础为须弥座加圆鼓式复合柱础（图

图6-19 王体复院正房檐柱柱础　　图6-20 王氏知府院正房檐柱柱础　　图6-21 郑氏书房院正房檐柱柱础

图6-22 王氏民居北院正房金柱柱础　　图6-23 王体复院倒座八棱柱式柱础　　图6-24 王氏知府院正房金柱柱础

6-20)：须弥座为八面，上枋有四面阳雕方巾，方巾上采用线雕手法雕刻龟背纹，花纹中心还雕有梅花，束腰转角处有束腰柱；上部圆鼓有鼓皮、鼓钉浮雕；在须弥座与圆鼓之间有一圈莲花瓣；柱础周身，包括圆鼓鼓身、须弥座的上下枋、上下枭、束腰部分，均可依稀辨别有丰富线雕，但图案已难分辨，十分可惜。郑氏书房院正房檐柱同样为须弥座加圆鼓式复合柱础（图6-21）：须弥座有六面，上枋有三面雕刻方巾，方巾上为宝相花浮雕，另三面线雕回纹，下枋为几形，几案侧面雕刻卷草纹，几腿雕祥云纹；卧鼓鼓身上有寓意宝仙的宝相花浮雕；这个柱础整体较为瘦长，体形更加纤细。

民居中除正房檐柱外，其他柱础以八面雕刻花草浅平浮雕的八棱柱式柱础最为常见，多用于倒座以及正房金柱。以王氏民居北院正房为例（图6-22），八棱柱式柱础露在外侧的三面分别雕刻梅、菊、兰，表达主人追求高洁情操的愿望。王体复院倒座也采用八棱柱式柱础（图6-23）。但王氏知府院南北厢房柱础以及正房金柱柱础与别处不同，为矮扁的圆鼓式柱础（图6-24）。

图6-25 王氏民居北院厢房门枕石　　图6-26 王氏知府院大门门枕石　　图6-27 郑氏由义院厢房连理门门枕石

三、门枕石

位于门两侧抱框下方的门枕石，是建筑大门的组成构件，俗称"门墩"。门墩多用石料制作，一头在门内，用于承托门扇的转轴，另一头在门外，起平衡作用，从而使大门可以转动。

汾城古镇民居中的门枕石简单大方：一般为长方条石，正面为方形，雕刻纹样。民居厢房的连理门几乎都采用这种形式。例如，王氏民居北院西厢房连理门的门枕石（图6-25），简单的长方条石，正面采用线雕手法

图6-28 城隍庙正门石狮子门枕石

雕花，经过多年风雨侵蚀，现在只能辨别数层花瓣。王氏知府院大门门枕石亦为长方条石（图6-26），稍为复杂的是正面采用浮雕，雕刻有两层花瓣的石花。郑氏民居"由义"院厢房连理门门枕石正面、侧面均有浅浮雕，正面为草龙纹，侧面为牡丹花，表达宅主祈求富贵吉祥的心愿（图6-27）。

古镇中最为精致的门枕石当属城隍庙正门的石狮子门枕石（图6-28）。狮子性凶猛，常用作护卫大门的神兽。城隍庙正门门枕石上的两只石狮，情态栩栩如生，左为雄狮，足按绣球，右为母狮，脚抚幼狮。石狮下的基座上有精美高雕，正面为"马上封侯"图，一只坐于马背的猴子洋洋得意，寓意功名指日可待，侧面为"麒麟回首"，寓意鸿运当头。偏门门枕石十分简单，为素平长方条石。门枕石的形制变化又一次体现了古镇历史建筑中的封建等级制度。

文庙正门为棂星门，没有门枕石，二门门枕石为重修时简单的长方条石。社稷庙、关帝庙与县衙大堂正门均已毁坏，门枕石亦不知所踪，十分可惜。

四、影壁

影壁是独立于房屋之外的一段墙体。可位于大门内,遮挡人们的视线,保证院落的幽静隐蔽,称为"隐";也可位于大门外,标明大门位置,称为"避"。汾城古镇的影壁有多种形式:包括城隍庙外的一主二从影壁,文庙的八字撇山影壁和"一"字形影壁以及民居中多见的座山影壁。

城隍庙的影壁为古镇中最为宏伟的影壁(图6-29)。总体呈"一"字形,横向分为三段,中间为主、两侧为辅,为一主二从影壁。由于影壁装饰繁复,成为"文革"时期破坏的重点对象,现在吻兽龙头以及影壁中心的琉璃装饰已被严重破坏,但这座影壁恢宏的气势依旧。

中心影壁最为高大,装饰最精美。壁顶为悬山形式,覆灰筒瓦,兽面瓦当与滴水分别为绿色和黄色的琉璃瓦件。屋脊是以盛开的牡丹花及宝相花作为装饰的琉璃件,两端吻兽已遗失。檐下为砖石叠涩,有仿木构的砖雕:椽子、斗栱、博风板、垂柱与花板均十分逼真。壁座为须弥座,束腰部分分为14格,每格内都有不同的砖雕。壁身在左、右、上三

图6-29 城隍庙外中心影壁

边外围环绕的是与束腰类似的砖雕（图6-30～图6-33）。这座影壁向我们展示了汾城古镇的砖雕艺术。这些砖雕雕刻手法精细，内容丰富：动物有仙鹤、骏马、灵猴、麋鹿、吴牛，纹样有万字符、如意纹，植物更有牡丹、葵花，无不令人叹服。

壁心雕饰以龟背纹作底（图6-34）。中心为琉璃瓦拼成的光彩灿烂的壁心装饰。其左右两侧为一副对联：上联为"人化物物化人变化无穷"，下联为"生了死死了生生死不息"，横批六字已经难以辨认；这副对联发人深省，给人一种生命循环往复、物我相融的感

图6-30 城隍庙外影壁束腰砖雕（由左到右）

图6-31 城隍庙外影壁左围砖雕（由下到上）

图6-32 城隍庙外影壁上围砖雕（由左到右）

图6-33 城隍庙外影壁右围砖雕（由下到上）

图6-34 城隍庙中心影壁壁心装饰

受。壁心装饰由外向内，先是一圈蝙蝠，取"蝠""福"同音，为民祈福之意；然后为循环相连的回纹，回纹内左右两侧各四块琉璃文武官员图，上部为双龙戏珠高雕（图6-35），下部为寓意富贵的牡丹；影壁的核心又有一圈圆形回纹，其内为琉璃高雕瑞兽貔貅，为古镇镇邪祈福，背景为盛开梅花的梅树；圆形回纹外四角雕刻卷草纹。

两侧影壁大小相像，装饰却大不相同。两座影壁均为硬山形式，覆灰筒瓦。东侧影壁屋脊与瓦当滴水为琉璃瓦；檐下有仿木构的砖雕椽子、斗栱与垂柱（图6-36）。西侧影壁壁顶无琉璃装饰，檐下有砖雕椽子但没有斗栱（图6-37）。西侧

图6-35 城隍庙中心影壁壁心装饰墨线图

图6-36 城隍庙东侧影壁

图6-37 城隍庙西侧影壁

照壁壁身由正六边形砖拼成龟背纹，由图案重复形成秩序的美感。东侧照壁壁身以龟背纹为背景，中心原为琉璃瓦件，但已经毁坏殆尽。两座影壁的壁座均为须弥座形式，但西侧影壁的束腰小格内无雕刻，东侧还可以看到被风雨侵蚀严重的砖雕。

文庙棂星门外，为增加大门的气势，两侧设有八字撇山影壁。此影壁分为两部分，与大门紧密相连的部分与大门平行，其外侧影壁向外撇出。前者脊上有牡丹装饰，檐下有砖石叠涩与仿木构的椽子；壁座为须弥

图6-38 文庙棂星八字撇山照壁装饰

座；壁身以正六边形砖拼合的龟背纹为底，正中心有圆形琉璃装饰，外圈是梅花和宝珠组合成的边，内部以从底部中心向外伸展的牡丹花与艾叶为背景，正中心为团于繁茂花叶上的游龙，神采奕奕（图6-38）。后者装饰较简单，壁身为简单整齐的龟背纹。

文庙对面有一座"一"字形影壁（图6-39）。悬山顶，覆筒瓦，屋脊有高浮雕的牡丹花饰。檐下为砖石叠涩，正面雕刻有仿木构的椽子、斗栱、花板与垂柱。其形制可与城隍

图6-39 文庙棂星门对面的"一"字形影壁

图6-40 郑氏书房院座山影壁

庙外中心影壁媲美。可惜壁身被挂上条幅，无法看到其中心装饰。但从四周小砖雕来看，雕工精细，内容亦十分丰富。

除了公共建筑中出现的影壁外，我们在民居建筑中也发现了三座影壁。在普通四合院住宅内，由于占地不大，房屋连接紧凑，所以影壁多附设在墙面上，成为贴附在房屋墙上的一层装饰，称为"座山影壁"。

郑氏民居书房院的座山影壁为内影壁（图6-40），位于院落内，正房对面的墙上。壁顶为悬山形式，有筒瓦覆顶。正脊为寓意富贵的牡丹高雕，吻兽遗失。檐下雕刻有仿木构的椽子与博风板。壁座为雕有卷草浮雕的几座形。束腰部分有砖雕，采用浮雕手法雕刻盛满柑橘、佛手、石榴、寿桃这几种水果的果盘图案，表达宅主祈求福寿喜、多子多福的心愿。壁身为方砖斜砌的龟背纹。这个影壁虽不大，但十分精致，为整个院落增添几分古朴。

郑氏敦朴古风院的外墙上亦有一座座山影壁（图6-41）。据宅主人讲述，该影壁正对郑宅通往南城墙的一条小巷。可惜现在仅存壁顶部分。悬山顶，有筒瓦覆顶，正脊有花草浮雕，吻兽为仰望苍天的龙头。檐下雕刻有仿木构的椽子与博风板。王体复院东面墙壁南侧原有一座影壁，但现已毁坏，仅剩遗址。

图6-41 郑氏敦朴古风院座山影壁壁顶

五、石雕

1. 台基

汾城古镇内的月台基座均为简单砖砌，没有须弥座，边缘处采用条石加固。其特色之处在于，基座顶端的角石一般都有高雕瑞兽装饰。城隍庙献殿基座的台阶两侧雕有一对卧姿貔貅（图6-42）。相传貔貅可以辟邪、带来好运，故雕貔貅以祈福。其中，西侧瑞兽被风雨侵蚀严重，东侧却较为完整，它前脚前伸，趴在地上，后脚挠头，憨态可掬。

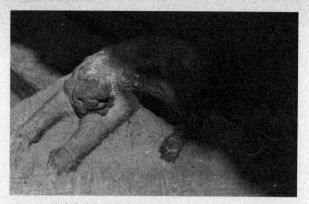

图6-42 城隍庙献殿基座东侧石雕

文庙大成门与正殿前月台转角处的角石则雕刻了卧姿石狮（图6-43）。正殿月台瑞兽雕刻毁坏严重，仿佛被人用刀切去一半，十分可惜。大成门月台转角处瑞兽保存较好，狮头卷曲的毛发也清晰可见。引人注意的是，此处除瑞兽高雕外，还在转角端部雕刻如意纹，十分别致，同时避免了尖角的出现。由这一个细部可见古代建筑建造之精美细致。

图6-43 文庙大成门月台转角石雕

2. 石栏板、栏杆

文庙泮池石拱桥的栏板、栏杆用石雕装饰（图6-44）。现存五块栏

图6-44 文庙泮池石拱桥石雕

图6-45 文庙泮池石拱桥石雕——莲花

图6-46 文庙泮池石拱桥石雕——牡丹

图6-47 文庙泮池石拱桥石雕——八仙花

图6-48 文庙泮池石拱桥石雕——菊花

图6-49 文庙泮池石拱桥石雕——梅花

板上采用浮雕手法，分别雕刻寓意纯洁清廉的莲花（图6-45）、富贵繁盛的牡丹（图6-46）、希望美满的八仙花（图6-47）、高洁傲霜的菊花（图6-48）、坚韧无畏的梅花（图6-49），这些有美好寓意的花形态各异、各领风姿，在枝叶的衬托下欣欣向荣，寄托了建造者的祝福。

石栏杆柱头雕刻姿态各异的坐姿石狮。由于常年的风雨侵蚀，损毁较为严重，但其眉头紧皱、大口微张的神态一如当年；石狮下面雕刻几形基座，几腿处线雕祥云纹，四面雕刻方巾（图6-50）。

图6-50 文庙泮池石拱桥栏杆柱头石狮

3. 石阶

在汾城古镇的民居中，还有一处比较有特色的装饰构件——石阶，通常为一块带有石雕的长方条石，用以辅助踏上建筑台基。

王氏知府院内的石阶正面雕刻分为上下两部分：上部雕为四格，每格内雕刻形似灯笼锦的纹样；下部两脚雕为兽头。上面平整，为踏面（图6-51）。

在郑氏敦朴古风院内现存三块石阶，均只在正面有浮雕。原正房台基下的石阶（图6-52），正面中心雕有口衔环兽头，两侧雕回纹。另外两块已经不知原来的位置：一块为素平面，仅在中心雕刻"麒麟回首"高浮雕（图6-53）；另一块正面雕刻两条草龙，中心雕刻难以辨别（图6-54）。

图6-51 王氏知府院正房石阶

图6-52 郑氏敦朴古风院正房石阶

图6-53 郑氏敦朴古风院石阶一

图6-54 郑氏敦朴古风院石阶二

图6-55 郑氏由义院正房石阶

图6-56 郑氏由义院东厢房石阶

图6-57 郑氏由义院散落石阶之一

  郑氏由义院内正房及东西厢房台基下均有石阶，除此之外还有废弃石阶三块。正房石阶雕刻已模糊不清（图6-55），仅可辨别正面中心为兽头浮雕，左右两侧还各有两块浮雕。东厢房石阶亦采用浮雕手法，中心雕刻莲花，莲花两侧为两条草龙，最外围雕刻回纹（图6-56）。西厢房石阶被风雨侵蚀较为严重，仅能辨别出上面的草龙浮雕。散落的三块石阶均是以回纹浮雕为衬，中心雕刻植物、动物纹。以其中一块为例，中心采用高浮雕手法雕刻"麒麟回首"图，四周则用浅浮雕雕刻回纹，雕刻手法的变化突出了中心图案（图6-57）。

4.石柱石墩

  文庙的石质棂星门，由上到下均由石雕装饰，尤以支撑石门的斜石柱及固定斜柱的石墩为装饰重点。斜石柱上雕刻盘旋而上的游龙浮雕，龙鳞、龙鳍、龙须、龙角、龙眼，纤毫入微，栩栩如生，从祥云中腾空而起（图6-58）。

图6-58 文庙棂星门斜石柱浮雕

图6-59 文庙棂星门东次间东侧石墩

图6-60 文庙棂星门明间东侧石墩

与斜石柱相抵的石墩,用以防止石柱外滑,雕刻成卧狮的姿态,朴实大方,并且几只卧狮神情略有不同,有的牙关紧咬,有的大口微张,仔细琢磨,乐趣无穷(图6-59、图6-60)。最特别的是西次间西侧的石墩,雕刻为母子两只,小狮卧在母狮身畔,憨态可掬(图6-61)。

图6-61 文庙棂星门西次间西侧石墩

5.其他

魁星楼还有一处十分精巧的石雕(图6-62)。三块曲石拼合成拱门洞的装饰,正面采用多层次高浮雕的手法,雕刻了一幅二龙戏珠图。层次分明,惟妙惟肖,二龙从祥云中争相而上,细致传神,十分具有保护意义和研究价值。

图6-62 魁星楼石雕

六、木雕

汾城古镇的木雕是其装饰艺术的一项重要内容。古镇中公共建筑保护相对较好,其中保存大量木雕。这些木雕精雕细刻,技法娴熟,雕刻内容丰富,活灵活现。

1. 垂柱

垂在半空中的柱子称为垂柱,垂柱的下端是古代的能工巧匠们施展才华的地方,被雕刻为各种形状的柱头。汾城古镇的垂柱多见于庙宇建筑中,形式各异。

社稷庙献殿的垂柱最为集中,其立柱内侧的梁枋上共垂下14根垂柱。四角处最大,底面雕刻菊花,四周以多层花叶作为装饰(图6-63)。面阔方向前后各为3根,四个侧面雕刻卷草纹,底面为八卦(图6-64)。进深方向两侧均为2根,四个侧面雕刻回纹,底面雕刻梅花(图6-65)。这些垂柱的设置及其精美雕刻,不仅令戏台屋面结构更加合理,更为其屋架仰视面增色不少。

社稷庙正殿檐廊梁架下也有垂柱,底面雕刻成莲蓬形,九颗莲子栩栩如生,侧面雕刻四层莲花瓣(图6-66)。

2. 花板

花板为雕花木板,没有结构上的功能,

图6-63 社稷庙戏台四角垂柱

图6-64 社稷庙戏台面阔方向垂柱

图6-65 社稷庙戏台进深方向垂柱

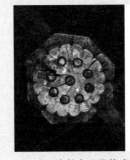

图6-66 社稷庙正殿檐廊垂柱

纯粹是一种装饰性构件。正因如此，花板可以应用到建筑中的不同位置。汾城古镇作为曾经的太平县，花板为十分普遍的装饰构件，尤其多见于檐柱梁枋下。不仅仅是在公共建筑中，民居建筑中的花板雕刻同样十分精美。

图6-68 社稷庙正殿檐柱明间中心花板中心雕饰

图6-67 社稷庙正殿檐柱明间中心花板

（1）柱间花板

柱间花板常见于汾城镇建筑檐柱之间，是建筑立面装饰的重要内容。不论公建还是民居都有十分精美的实例。

社稷庙正殿檐柱间的花板最为精雕细刻，是工艺十分复杂的多层镂空透雕。明间花板雕刻从花枝中穿行而过的双龙（图6-67）。双龙雕刻得栩栩如生，纤毫毕现，龙身卷曲游动，龙爪苍劲有力，龙眼炯炯有神（图6-68），花草亦是活灵活现，纤细的花枝、卷曲的花叶以及层层的花瓣均雕刻得惟妙惟肖。十分可惜的是中心的部分被毁坏，让我们唏嘘不已。东西次间的花板与中心略有不同，二龙以祥云纹为底衬，中心部分雕刻宝珠，宝珠两侧雕刻带翅膀的飞鱼，组成一幅二龙戏珠，同样是巧夺天工（图6-69、图6-70）。

社稷庙献殿南面的花板采用单面镂空透雕，雕刻精细入微，寓意也十分美好。正面

图6-69 社稷庙正殿檐柱西次间花板

图6-70 社稷庙正殿檐柱间西侧花板中心雕饰

明间花板两侧雕刻卷草草龙纹，枝叶繁茂，层层叠叠，中心则雕刻福禄寿三星，笑容满面，十分生动（图6-71、图6-72）。其左右次间的花板以草龙纹为基础，中间和两侧亦分别雕刻福禄寿三星，表达了人们祈求福禄寿的心愿（图6-73）。献殿北面的花板亦是单面镂空雕，在多层次的草龙纹的基础上，雕刻博古瓶以及书卷（图6-74）。

城隍庙山门正门上方

图6-71 社稷庙献殿南面明间柱间花板

图6-72 社稷庙献殿南面明间柱间花板中心雕饰

图6-75 城隍庙山门中心花板

垂柱间的花板有上中下三层（图6-75）。最上层分为五格，每格内采用高浮雕的手法雕刻花枝；中间一层分为三格，同样是高浮雕，两侧为凤凰，中间雕游龙；最下一层花板雕刻寓意富贵盛世的牡丹，枝叶层叠茂密，花开正盛，可见古时匠人之技艺娴熟。

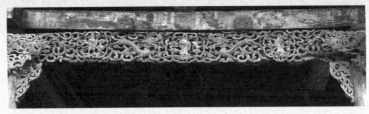

图6-73 社稷庙献殿南面西次间柱间花板

图6-74 社稷庙献殿北面明间柱间花板

　　偏门檐柱间的花板亦采用多层的高浮雕，从梁头延伸出枝蔓，牡丹盛开，花丛中掩映着一左一右两个龙头，正中央为一朵牡丹，花上站立一只仙鹤。雕刻层次丰富，内容寓意美好有趣（图6-76）。戏台正面最前方两柱间花板同样是多层的高浮雕，其上雕刻枝叶繁茂、牡

图6-76 城隍庙山门檐柱间花板

图6-77 城隍庙戏台正面明间花板

图6-78 城隍庙戏台正面明间花板中心雕饰

丹盛开的胜景，正中央雕刻寿星，寓意富贵多寿（图6-77、图6-78）。

王体复院是汾城镇现存民居建筑中木雕最为精细的院落。其正房檐柱间的花板，均采用单面透雕：在浮雕基础上，镂空其背景部分，其后另有一块木板作为背板。这三块花板，主题相同，以博古纹为主，拐子龙纹及草龙纹作为陪衬。以明间花板为例（图6-79）。共有九件博古器物，中间最大，其他一大一小相间布置。中间的三脚宝鼎上雕刻麒麟回首，栩栩如生（图6-80）。两侧各为一个小博古瓶。再向外，左右两侧分别雕刻仙鹤和麋鹿，各驮一个博古盆。外侧又是较小的博古杯。最外侧又为宝鼎，其中右侧宝鼎上还雕刻了坐姿的狮子，栩栩如生。东端还有一块木雕的题词"寿同山岳永，福共海天长"（图6-81），表达宅主的美好心愿。

王体复院的倒座也有三块花板，均为浮雕，花纹也较正房更为简单，但同样十分精致。明间花板最中间为寿字，左右为书画卷博古纹，卷草纹为陪衬。次间的花板则只有卷草纹雕刻，但卷草雕刻得更加伸展繁茂。

王氏知府院正房现存两块花板，采用高浮雕手法，雕刻花草。明间两柱间的花板除雕

图6-79 王体复院檐柱明间花板

图6-80 王体复院檐柱明间花板中心三脚宝鼎

图6-81 王体复院檐柱明间花板东侧雕饰

图6-82 王氏知府院正房檐柱明间花板

图6-83 社稷庙戏台梁头花板正面

图6-84 社稷庙戏台梁头花板透视

图6-86 社稷庙正殿檐柱梁头花板正面

刻花草外，还雕有两只仙鹤，寓意延年益寿（图6-82）。南北厢房檐柱梁枋下同样有花板，但仅有简单的浅浮雕。

(2) 梁头花板

在汾城古镇中，我们发现，在房屋的檐柱上，有时会露出纵向梁枋的出头，在出头处安一块大小合宜的雕花板，称作梁头花板，与梁柱间的雀替、花牙子一起成为房屋正面的装饰物。

公共建筑以社稷庙戏台的梁头花板为例（图6-83、图6-84）。纵向的出头板采用透雕手法雕刻卷草纹与莲花。横向梁枋的雕花板同样是透雕，雕刻艾叶，艾叶可以防瘟疫，意为祈福保平安。出头板下面的斗栱正面雕刻带翅膀的飞马，上部配有祥云纹。斗栱上的小花板雕刻镂空如意纹。再下部的牛腿则为莲花座形式。整个梁头花板雕刻精美，寓意吉祥平安。

图6-85 社稷庙正殿檐柱梁头花板侧面

图6-87 王体复院正房檐柱梁头花板侧面

社稷庙正殿的檐柱上也有梁头花板（图6-85、图6-86）。出头板上雕刻卷草纹、莲花，在此基础上雕刻了一条小龙。横向梁枋的雕花板则为镂空回纹雕刻，回纹上同样有一条小游龙。两处的小龙均雕刻精细，栩栩如生。出头板下部的斗栱正面则雕刻麒麟回首，被誉为仁兽的麒麟神态毕现。坐斗上的小花板则在回纹的基础上雕刻博古瓶。再下方的牛腿则满满地雕刻了祥云纹。在小小的梁头花板上，就雕刻出如此多寓意吉祥的意象，不能不让人叹服。

民居中以王体复院正房檐柱的梁头花板为例（图6-87、图6-88）。纵向的出头板采用多层次深雕的手法雕刻草龙与牡丹花，构图精巧，寓意富贵吉祥。下部牛腿同样采用多层次浮雕手法雕刻祥云纹。遗憾的是横向梁枋的雕花板已经遗失，但还能看到两块板插接的插槽。

3. 雀替

雀替作为中国古建筑的特色构件之一，用来缩短梁枋的净跨度，从而增加梁的跨度，减少梁与柱相接处的剪力，防止横竖构件间的倾斜变形。汾城古镇的雀替形式多样，比较有古镇特色的一种雀替形式为小斗栱式。即在雀替处放置一个小斗栱支撑花板或额枋。

以文庙大成门雀替为例（图6-89），坐斗坐在从柱中探出的木构件上，横向的"栱"为柱间花板，纵向的"栱"演变成一小块花板，采用镂空雕的手法雕刻卷草纹。这样的雀替，虽然没有传统意义上的雀替雕刻复杂，但以构造之美取胜，几个构件的搭接就简单地勾勒出了中国古代建筑中斗栱的意向。

除去上述小斗栱式雀替，汾城古镇中还有很多常见形制的雀替。以社稷庙戏台雀替为例（图6-90），采用多层次浮雕手法雕刻卷草纹和牡丹花。值得一提的是，这个雀替无论是雕刻手法还是雕刻内容，均与其承托的花板一脉相承，十分和谐。

七、铺首

汾城古镇的铺首样式十分简单，平面主要分为长方形与圆形两种。其共同特点为：没有多余装饰，一般仅为简单形状加铜钉点缀；没有半球形突起；设穿钉栓门闩挂门环。如图6-91、图6-92分别为王氏民居北院的圆形铺首与

图6-88 王体复院正房檐柱梁头花板透视

图6-89 文庙大成门雀替

图6-90 社稷庙戏台雀替

图6-91 王氏民居北院厢房圆形铺首　　图6-92 郑氏"由义"院厢房长方形铺首　　图6-93 某古院大门铺首门环

郑宅一院落的长方形铺首。由以上照片我们可以看出,汾城镇民居建筑的铺首虽然简单,但比例合理,十分大方。

在汾城古镇东北区域一座无法考证的古院大门上,我们发现了更为精细复杂的铺首(图6-93)。平面基本为菱形,四角用如意头作装饰;中心突起为半球形,设穿钉挂门环。下部则为蝙蝠形状。整个铺首布满铜钉作为装饰,寄托了当年宅主人祈求如意福寿的美好心愿。

八、匾额

在中国古建中匾额一直具有十分重要的人文意义。家家户户大门加匾题字亦为古太平县民居的一大特色,并且悬挂匾额的传统一直延续到现在。略为遗憾的是,在"文革"时期,为除四旧,很多匾额遭到了破坏。例如王氏民居北院二门的匾额,被红卫兵糊泥,现在原匾额位置所书"朴素"二字为"文革"时期所书,体现了那个时代的文化特色。所幸,虽有损失,仍有许多人文意义巨大的匾额存留下来。

王氏知府院大门的匾额有砖雕的"攸宁"二字(图6-94)。《诗经·小雅》中有句:"殖殖其庭,有觉其楹。哙哙其正,哕哕其冥。君子攸宁。"其意为:宽敞平正的大厅,

图6-94 王氏知府院大门匾额"攸宁"

图6-95 王体复院偏门匾额"循理"

图6-96 王体复院偏门匾额"处譱"

图6-97 王体复院偏门匾额"积庆"

高大结实的柱子，昼与夜都显得光明正大，王君在这里居住得非常安稳。宅主选用"攸宁"二字作为大门匾额题字，表达了宅主安居乐业的心愿。

王体复院的宅主王体复为太平古城当年的著名文人，因此院内匾额很多。现存会客院正房左右两侧的偏门上均有匾额，为浅平浮雕的石匾。右侧匾额书"循理"二字，取自《荀子·议兵》中句："义者循理，循理故恶人之乱之也"，其意为依照道理或遵循规律（图6-95）。左侧匾额书"处譱"，譱古义为善，处善意为人处事要善良、真诚（图6-96）。"循理处譱"四字表达了宅主处事为人的准则。

王体复院的中间院落现已毁坏，但西侧偏门的东西两面均存有匾额。西面石匾采用凹雕手法雕"积庆"，指积攒积累喜庆之事（图6-97）。东面石匾雕浅平浮雕"会福"，会古有聚合之意，指福气汇聚于此（图6-98）。"积庆会福"又抒发了宅主期盼幸福美好的心愿。

郑氏"敦朴古风"院的大门匾额除题字外还有年份（图

图6-98 王体复院偏门匾额"会福"

图6-99 郑氏"敦朴古风"院大门匾额"敦朴古风"

图6-100 郑氏"由义"院大门匾额"由义"

图6-101 当铺院大门匾额"芙瑞"

6-99)。石匾书"乾隆甲午菊月 敦朴古风 冯元祥题书"。可以从匾额时间推断该匾立于乾隆年间1774年农历九月。清王士禛有诗句:"居人太古风,但解数鸡豕。语我种植法,敦朴有奇理。"诗句中描写了居民淳朴的民风,此处敦朴古风亦取宅主敦朴善良之意。

图6-102 当铺院大门匾额"宁远"

郑氏"由义"院西侧偏门外有匾额书"由义"二字(图6-100)。《孟子·离娄上》:"吾身不能居仁由义,谓之自弃也。"意为遵循道义。

当铺院外墙上现存两块匾。"芙瑞"匾为砖雕,芙谐音福,瑞寓意瑞气,取福星高照、瑞气临门之意(图6-101)。"宁远"匾则为石雕,取宁静致远之意(图6-102)。

在汾城古镇中,还有许多散落在各处的,具有收藏价值的历史匾额,下面我们将列举几个有代表性的匾额。"凝庥"匾——砖雕匾额,凝义为凝固,引申为永恒,庥是

图6-103 散落匾额"凝庥"

图6-104 散落匾额"凝祥"

图6-105 散落匾额"乐善"

图6-106 散落匾额"惟德馨"

图6-107 城隍庙戏台左侧匾额"扢雅"

保护的意思；二字合意为永恒的保护。表达了宅主希望得到上天庇佑，永葆幸福生活的心愿（图6-103）。

"凝祥"匾——采用阴雕手法雕刻的石匾，凝意为凝聚、聚集，祥意为吉祥，为凝聚吉祥和瑞气之意。苏轼亦曾作《凝祥词》，可见颇有来历（图6-104）。

"乐善"匾——线刻石匾。乐善出自司马迁《史记·乐书论》："闻徵音，使人乐善而好施；闻羽音，使人整齐而好礼。"意指乐于行善（图6-105）。"道光五年七月立"，"主人贾寅书"。

"惟德馨"匾——浅阴雕石匾（图6-106）。惟德馨三字取自刘禹锡《陋室铭》："斯是陋室，惟吾德馨。"表达宅主志行高洁、惟德馨的心愿。这块匾与其他匾额不同，四周有回纹以及花纹装饰。立于"乙卯夏四年"。

在公共建筑中，同样有很多匾额。城隍庙献殿西侧角楼匾额上题"警聩"二字。意为发出很大的声音，使昏聩的人觉醒。取警醒世人之意。在城隍庙面向戏台左侧匾额题字"扢雅"（图6-107）。扢意为擦拭，雅指《诗经·大雅》与《诗经·小雅》。扬风扢雅意为探讨风雅，比喻探讨品评诗文。出自清·赵翼《廿二史札记》卷三十："诸人尝寓其家，流连觞咏，声光映蔽江表。此皆林下之人扬《风》扢《雅》，而声气所届，希风附响者，如恐不及。"

九、门扇格扇

汾城古镇中的窗格门扇损失较为严重,公共建筑中现存的门窗几乎均为后来维修时加设,仅在居住建筑和商业建筑中有部分存留(图6-108)。古镇民居中,一般正房与倒座明

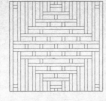
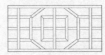

图6-108 汾城古镇中常见的窗格纹样

间的门扇采用格扇式,现在王氏民居北院正房以及王体复院倒座保存较好。

王氏民居北院正房木格扇现存四扇,门扇上窗格仅用横竖木条的分割变化,形成菱形图案,此例采用简单的秩序形成丰富的图案,简单又不失丰富(图6-109)。其上部

图6-109 王氏民居北院正房木格扇

图6-110 王体复院倒座格扇

图6-111 王体复院倒座步步锦窗棂格

窗扇中心为方格纹,四角加上斜木条,又形成八边形格纹,方格纹与八边形格纹重叠交错成序,组成"龟背锦窗棂格"。

王体复院正房格扇已毁,但倒座格扇保存较为完好(图6-110)。最外侧两扇为实心格扇,扇心为一整块木板,板上采用木浮雕的手法雕刻对联,体现了王体复院的书香气息。现在上联已经遗失,下联书"诗书为弓冶赖此传家",表达宅主重视诗书,鼓励后代努力治学之心愿。其内侧两扇用横竖木条形成一码三箭窗棂,利用木条的密与疏形成方格图案的变化。

王体复院倒座还有"步步锦窗棂",横竖棂条按一定规律排列,组成优美的图案,并且有"步步高升,前程似锦"之美好寓意(图6-111)。

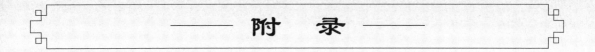

附 录

附录1 历史建筑测绘图选录

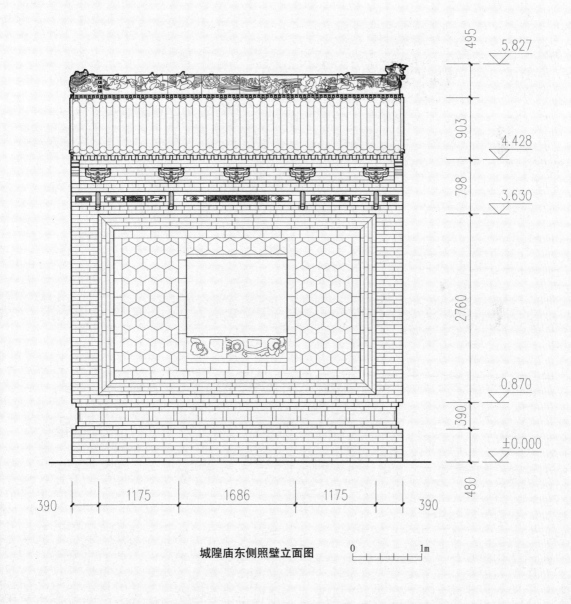

城隍庙东侧照壁立面图

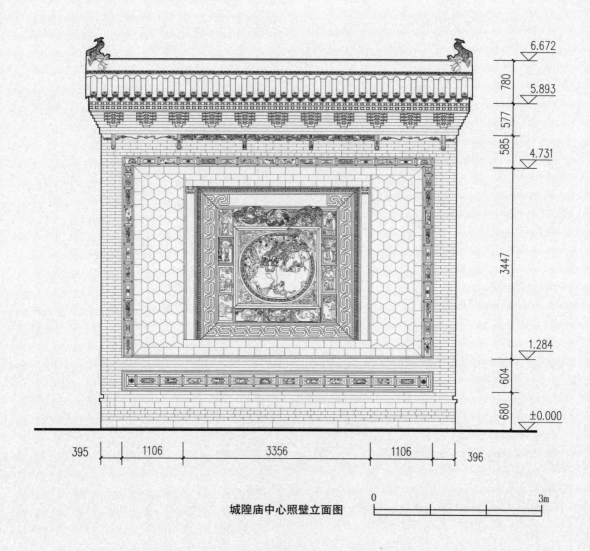

城隍庙中心照壁立面图

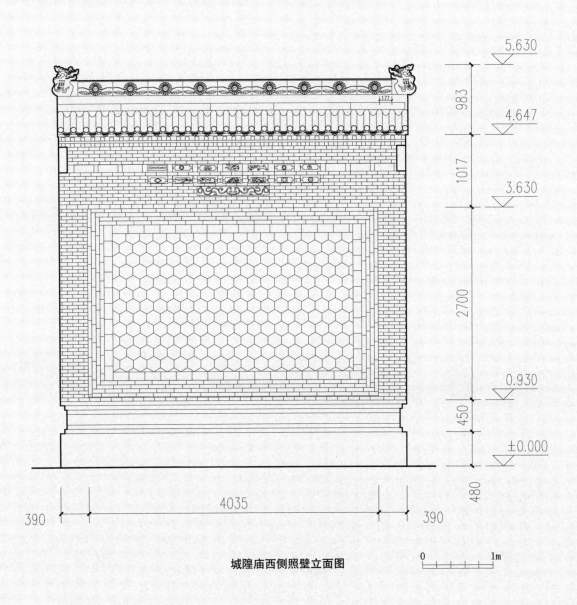

城隍庙西侧照壁立面图

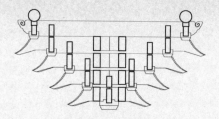

鉴察坊中心斗栱A-A剖面图

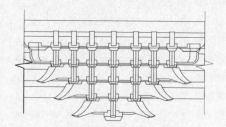

鉴察坊中心斗栱正立面图

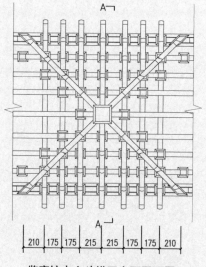

鉴察坊中心斗栱正立面平面图

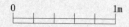

翊镇坊正立面平面图

翊镇坊侧立面平面图

附录

205

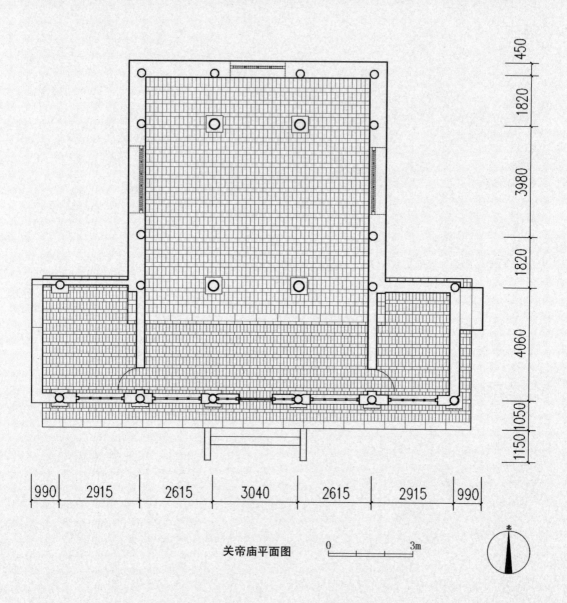

关帝庙平面图

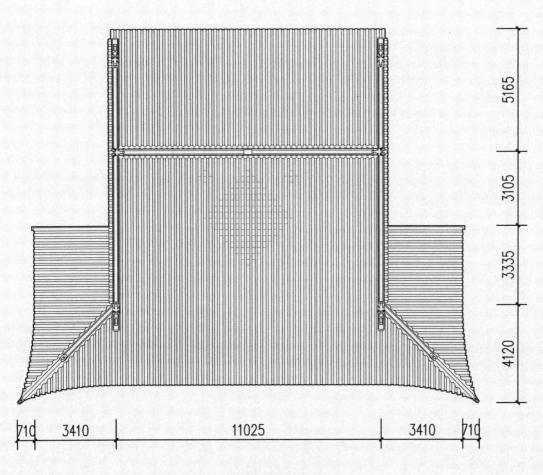

关帝庙屋顶平面图

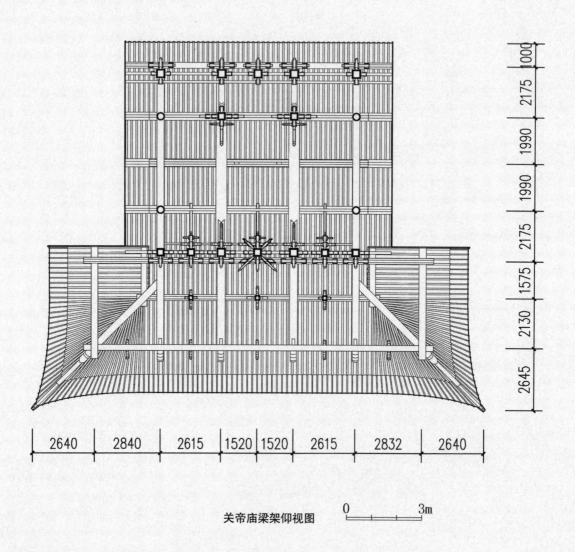

关帝庙梁架仰视图

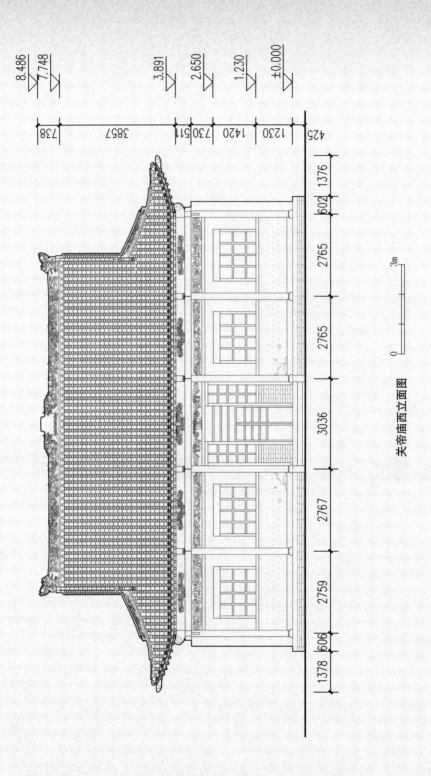

关帝庙西立面图

山|西|古|村|镇|系|列|丛|书

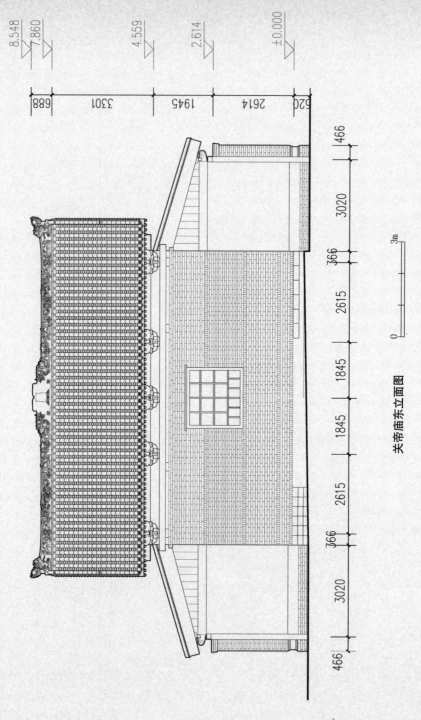

关帝庙东立面图

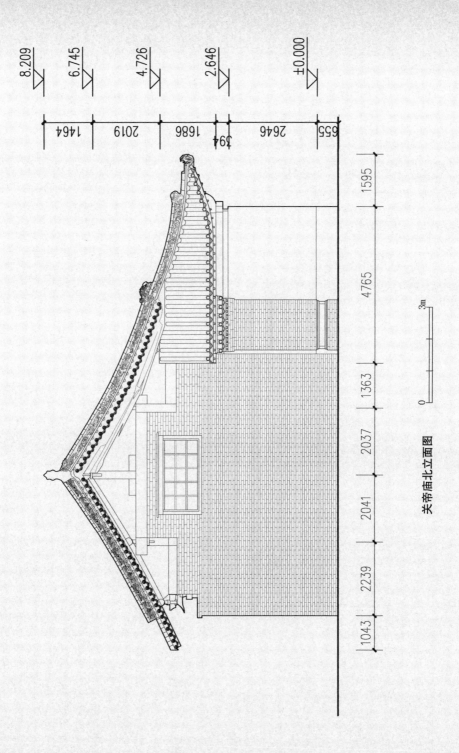

关帝庙北立面图

附录

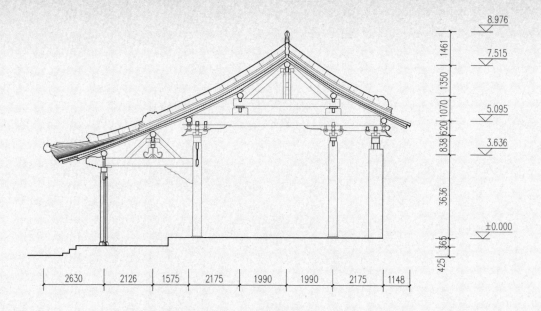

关帝庙纵向剖面

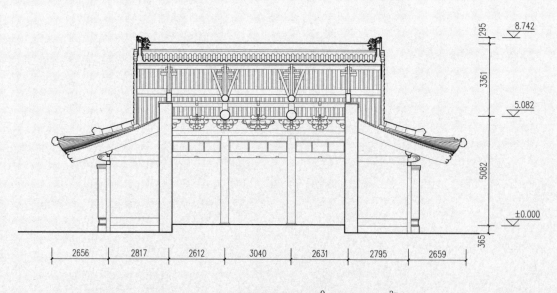

关帝庙横向剖面

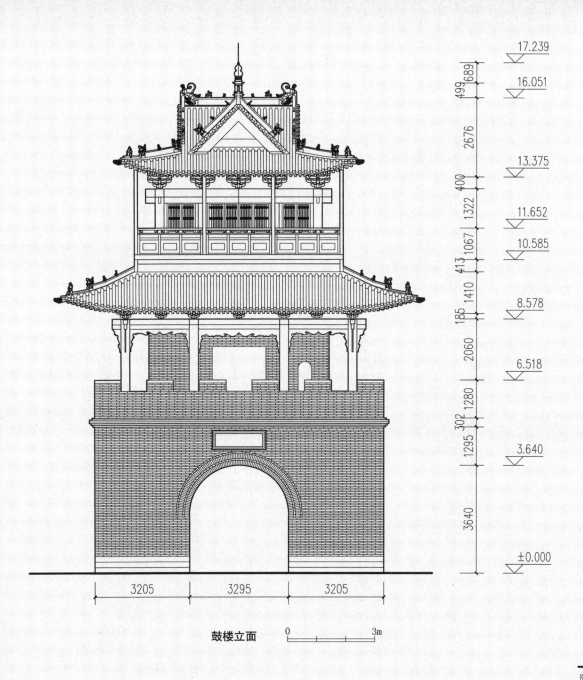

鼓楼立面

山|西|古|村|镇|系|列|丛|书

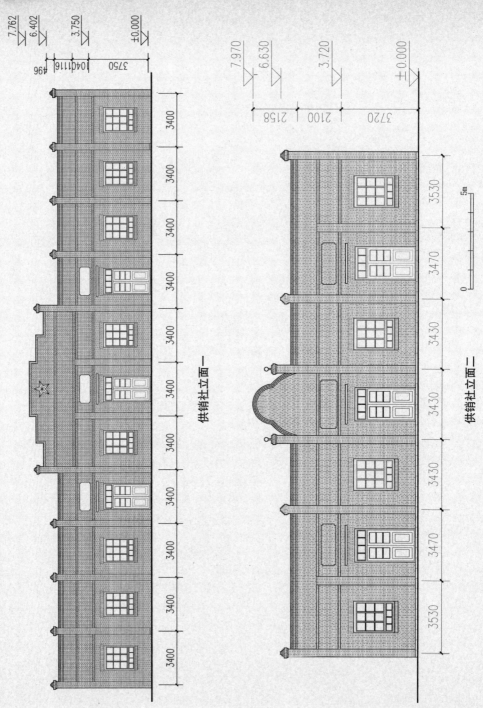

供销社立面一

供销社立面二

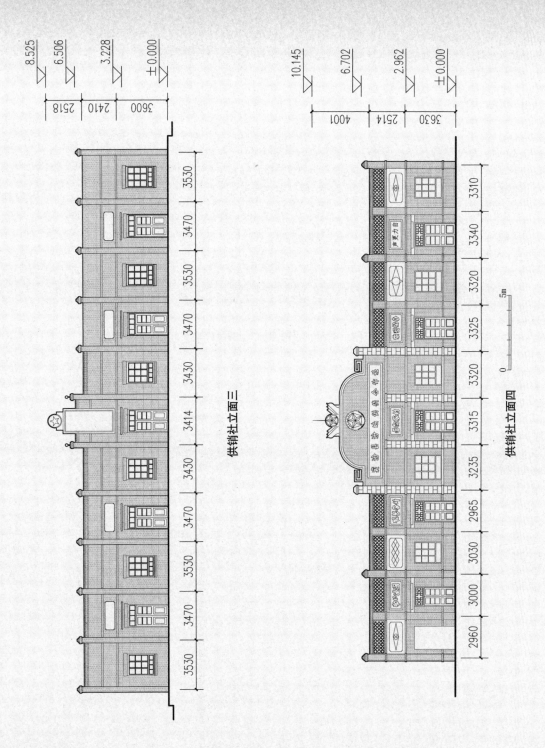

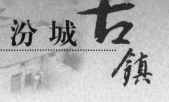

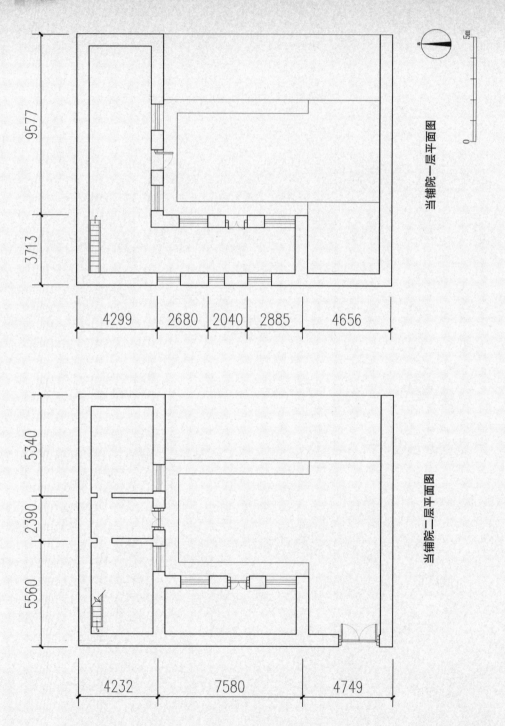

当铺院一层平面图

当铺院二层平面图

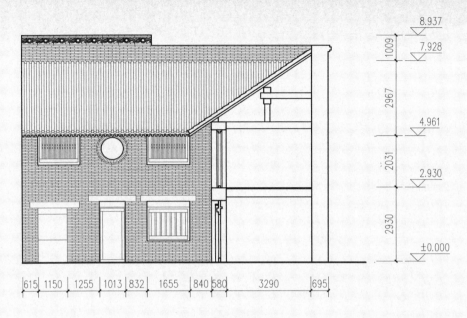

当铺院纵剖面图

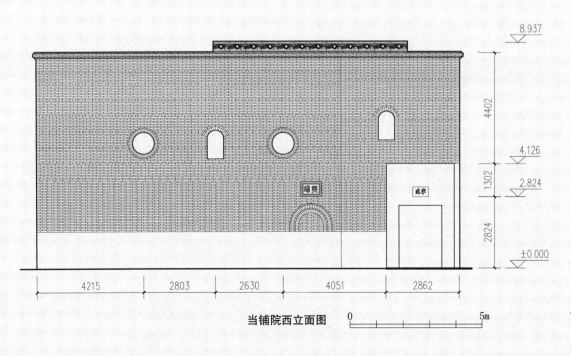

当铺院西立面图

山│西│古│村│镇│系│列│丛│书

当铺院横剖面图

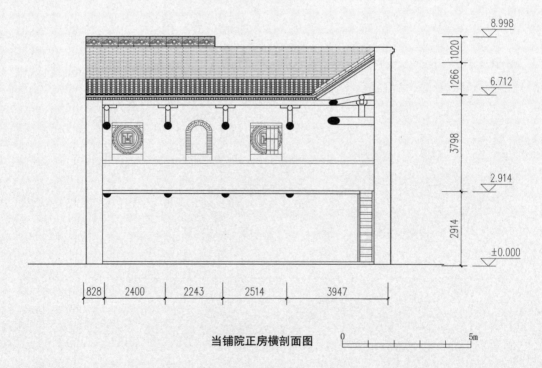

当铺院正房横剖面图　　0　　　　5m

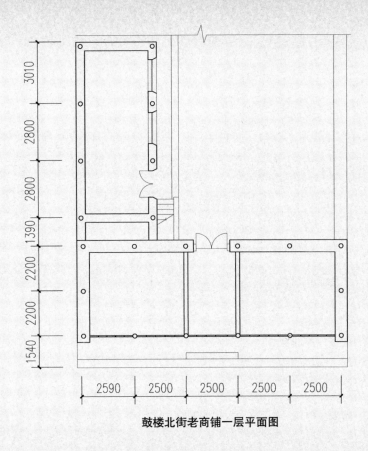

鼓楼北街老商铺一层平面图

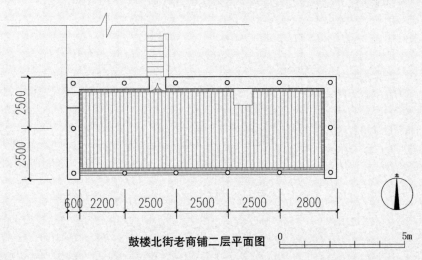

鼓楼北街老商铺二层平面图

| 山 | 西 | 古 | 村 | 镇 | 系 | 列 | 丛 | 书 |

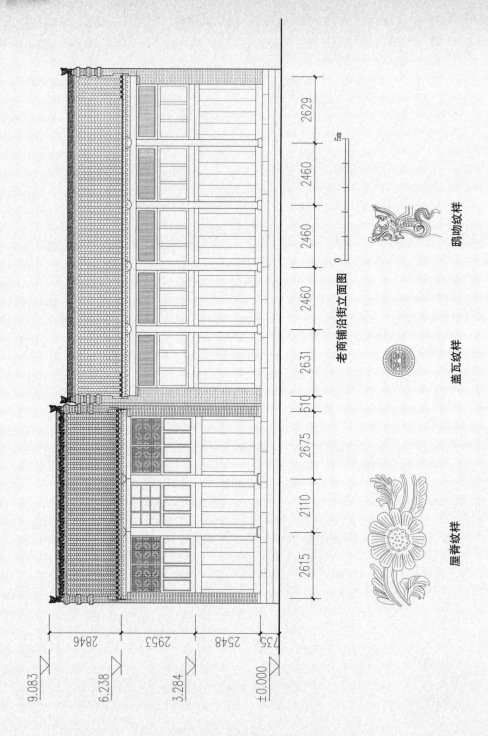

老商铺沿街立面图

鸱吻纹样

盖瓦纹样

屋脊纹样

鼓楼北街老商铺剖面图

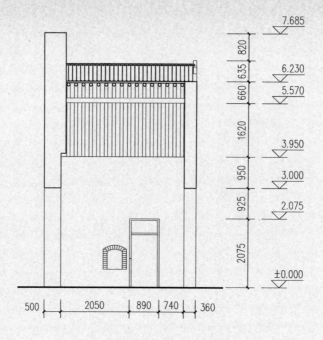

解放门楼A-A剖面图

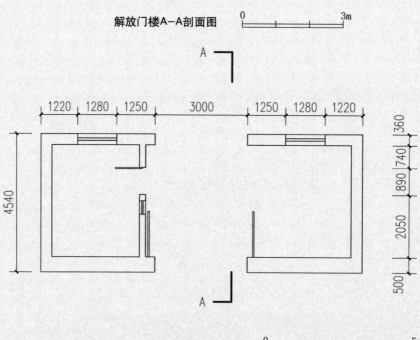

解放门楼平面图

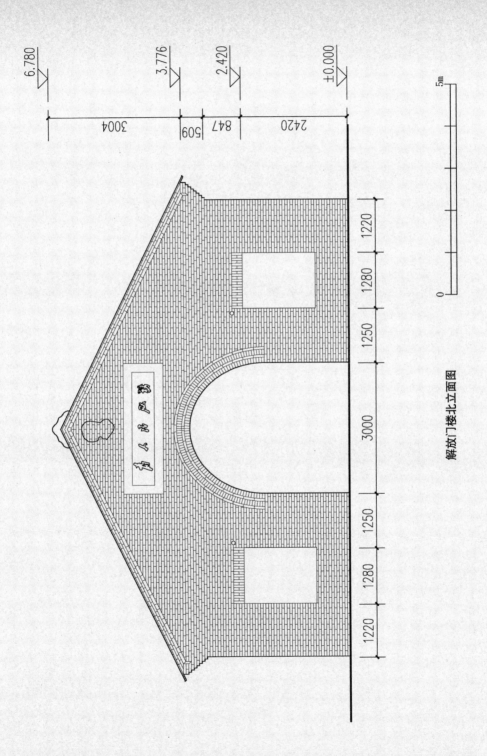

解放门楼北立面图

山|西|古|村|镇|系|列|丛|书

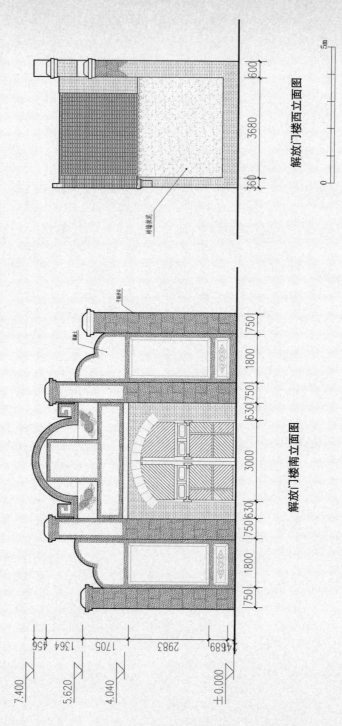

解放门楼西立面图

解放门楼南立面图

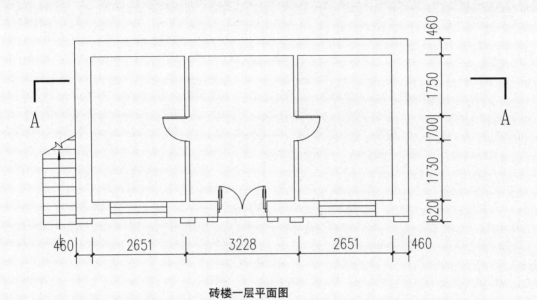

砖楼一层平面图

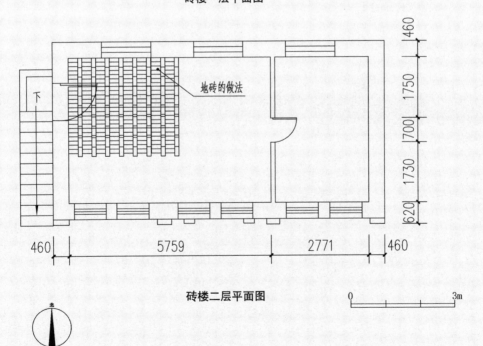

砖楼二层平面图

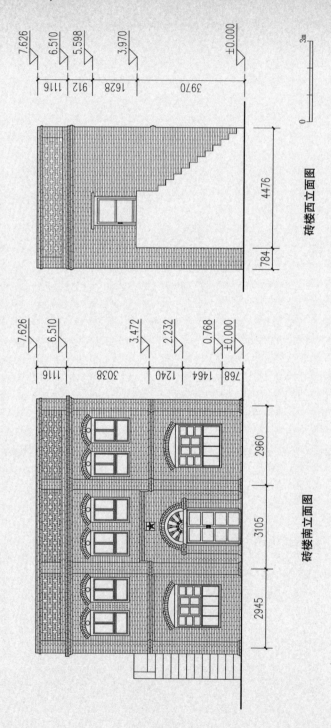

砖楼西立面图

砖楼南立面图

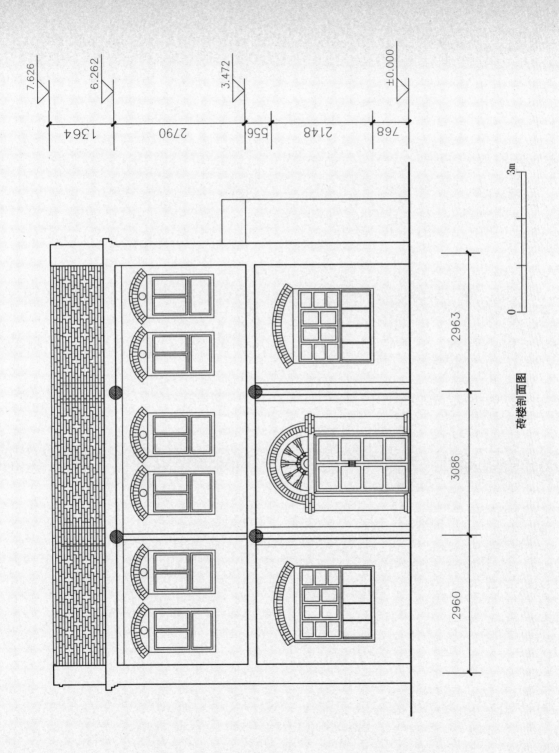

砖楼剖面图

汾城古镇

山｜西｜古｜村｜镇｜系｜列｜丛｜书

汾城居民楼立面图一

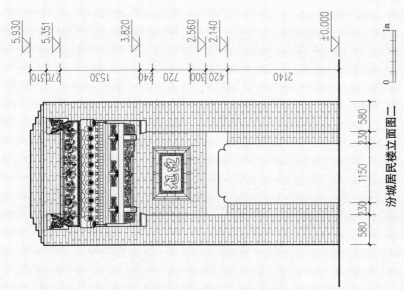

汾城居民楼立面图二

社稷庙大殿次间花板图案

附录

附录2 石刻碑文

一、修城碑记

修县城记（明邑令 魏公韩）

太平县城，修于崇祯四年。以流寇入境至城下者三，土墙低薄，不足倚赖，心甚忧之。采石为基，累以砖。自雉而下，计高四十一尺；上广，三十尺不等，围长，一千四百步有奇。门有四，南北层楼伟峙，其以耸具瞻也。约縻金钱三万五千，官之设措者一二，一时乡绅士民，无不踊跃搜金以应，不敢问诸公帑。人力辐辏工起神速。兵荒之后，借此以全活数万，境内熙如。太平其自兹享宁宇矣。董若役者，主簿谢大赞，典史陈君恩，学谕王政修，训导盛宏祖，泪生员，省祭，居民，咸有成劳。邑令魏公韩为之经始，爰记其年。

修县城敦劝文（明邑令 魏公韩）

兵荒迭至，讵不关情？而焚杀过多，尤当痛念！善战不如善守，即一里一村，各宜防护，岂根本之地，不总计所以万全乎？城筑兹举，事不容缓。明知财尽民穷，只得剜肉实腹。伤心前事，勉力后图。无凭愚见，但曰各保各村，毋执悭心，推曰众人众事。有城邑，而后有村庄；有性命，而后有财帛。孰重孰轻？谁急缓贫？人几钱几两，数虽约而又已高，则抔土可以成山，不嫌其少。便家输百，助愈广而功愈宏，则独柱可以障澜，更愿其多。总之，不分厚薄，各如其力。过于力者为智慧，为尚义，不如力者为鄙悋，为败事。定为三则，共矢一心。须念本县在任之数，何难侥幸卸肩？尔等祖宗之国难离，只得勉强从事。一劳永逸，虑始善终，哀在同舟，劝成此度。上则数百金，中则数十金，下则数金。

详请修城文（明邑令 魏公韩）

太平，弹丸邑耳。姑山西逼，豁都、尉薛诸峪口，为贼出没之地。贼渡河即入山，出山即扰县，势所必然也。自崇祯三年三月内，贼至县界，焚掠诸村，及今已近一年。无论庐舍灰烬，人民逃亡，即县城被围，亦已三次矣。职竭力死守，幸保无患。然而土墙低薄，岁久倾圮，上无可恃之险，而下有可乘之隙，回首往事，肝胆俱碎。倘贼玩其易攻，民复骇其难守，进则无兵，退则无据，职将何策以处？此即事败之后，绳职以法，于朝廷之疆土、人民，其奚所补哉？前蒙抚台疏言，蒲、永、隰、太，土城低薄，采询道议，欲留上班军壮，分派修缮。且云蒲、永境内所产松柏，足以变价，其隰、太，一无所有，竟付之莫可如何之数。言念及此，真堪痛哭。矧职当惊魂丧魄，九死一生之际，敢不为地方生灵，图万全久远计耶？第兵火之余，民力困竭，职用意抚循，量其多寡，每村给仓谷数十石，即令一面煮粥，一面动工，见今筑治堡城二十四座。至于县城，工大用繁，殊为不易。即以所费计之，必三万五千余金，而后可以有济。遍搜神庙树木，人约不满千金，遍查神庙会银，大约不过一千五百金，空间官地变价，大约不满一千二百金，派及城中房地，大约可得三千金，多方劝助，大约可得七千金，总计一万三千余金。阖县之膏血，更无复有丝毫渗漏矣。其余所缺，则不得仰吁上台,倘照题将本年上班民壮工食一千二百余两存留修缮,此一助也;腹里州县,积储仓粮,大县拨发一二千石,中县拨发六七百石,共得四五千石,此又一助也。如此将近两万之数。卑职勉强举事,俟其工起过半,大声疾呼,蚊力一奋,则庶几乎成矣。今已于本月初三日破工起土,开山凿石,开窑造砖,各项钱粮,已令诸督工生员,陆续催攒。祇是剜肉充腹,十分艰苦,难已措手。伏惟俯念地方准留班壮,并查发州县仓谷,则存活万人,即恩垂不朽。若少不急图,恐为蒲、永、河曲之续,又非万金所能收拾也。

修县城募疏（明邑令 魏公韩）

秦贼入晋,太平受祸更惨。余令兹邑,诸君子议修建城垣为备,因为募疏叙之曰:平固晋伯之遗,形胜巍峨风气勇敢。以承平日久,人不知兵,至流寇屡犯,且逼城矣。城虽壕深可恃,然土薄易圮,堞虚易倾,胡足赖也。履霜知戒,矧创艾之余乎?平之君子,忧深思远,欲以砖实其外,是善建置于不拨矣。奈时诎举赢,工多费繁,库无遗镪,仓鲜积粟,惟正之供,又不可请,则趑趄实甚。过此,玩则益愚,坏且勿救,又安可训哉!计当费金钱三万五千缗,即官树基地在官者罄尽,不过得十之二。余与国人谋之,守堂奥何如守门户,固边幅当先固根本。千百年血食祖宗之居,神式凭焉,奚可忽也?万一骨之不存,皮将安附?人有含珠死者,或剖其腹,窃珠以去,深足为戒,国人当猛然省矣!不可与虑始,而可与乐成,图其成,当自今日始。

修县城记（明尚书 刘春 东川）

正德辛未,盗起畿辅,延蔓山东西,河南北,民罹荼毒甚矣。太平,山西壮邑也。壬申夏,龚君进以进士尹之。甫莅任,即周视城垣,咸坍塌,仅存畛域,行人往来,视若径然。城门则风雨上傍,不可栖息。慨然叹曰:"《礼》以城郭沟池为固,而《易》称重门击柝以待暴客,则城池之利害,所系于民大矣。今若此,吾民何所恃以保障民以官而安也,民不获保障,则吏于其土者,亦何所恃以晏然居于上乎?"乃谋于僚属克合,爰进诸耆老,语以修筑曰:"吾非厉民也,所以保民也。"诸耆老举忻忻然曰:"是乃吾民所欲为而不可得者。"于是计公帑之积若干,又听富民之义助者若干,而不强其所不愿。遂遴选于庶人在官者,俾易材木,伐山石,陶甓瓦。而委阴阳官路引泊,义官毛彪、李景阜等董其役。爰度长短,揣厚薄,计程力而分授之。其城筑土为基,以石夹甃。其门有五,仍其旧也,乃若规模宏丽,上各架楼,门各命名:南曰迎恩,北曰拱辰,东曰镇安,曰永阜,西曰顺化。此一时之创建也,可以远瞭望,司启闭、且令击柝者,亦借以栖息。于是城堞言言,楼观突起,巍然为一邑之雄。居者有所恃而不恐,暴客悚然无敢犯矣。是役也,经始壬申十月之吉,浃岁复一月有奇讫工。已而君以贤能更高平邑民咸相与咨怨,谓为高平所夺也,乃指城相语曰:"吾民不复沾公之惠矣。顾吾等恃是城以奠居,则其贻泽盖不以去而泯,盍思所以图之。则继之者咸思修葺勿坏,庶公之功,其永垂不朽乎!"遂丐举人柴选、马聪,谒余书其事,以君余所取士也。比闻盗起,圣明轸念,急诏抚按诸臣,预防擒捕。故凡州县守令之不失事者,咸以有备,若城池其一也。否则不死于城守,则惟遁逃苟免,卒亦法无所贷矣。其以死守者,固有出于仓卒不及备,而亦有概视不设备者,则城郭不完,岂但民之害哉?国势之轻重,盗贼之强弱,于是乎系,而不可以弗戒于素矣。君乃能汲汲仰承明诏,以兴是役不少暇,可谓知所先务者,是不可不书。余闻君廉勤惠爱,孚于上下,而为之有渐,故虽起工动众,人不告劳而益劝。比修城之余,又修文庙两庑,作兴士类,建演武亭,以校阅士卒。凡有利于民之事,不少逊避。其操尚兢兢惟癏旷为惧,求不负于官焉。以不系于城池之役,不书。然即是概之,固可得其余矣。君字思忠,系出高安世家。其相是役者,则县丞李杲,主簿贾燧,典史张景和,继君而终是役者,则新尹盛君琛也。

修县城记（明佥事 李铖 邑人）

太平城，周以里计者八，高以尺计者二十奇，池深半于高，西临山，东滨汾水，一形胜地也。肇迹于我国朝初，迄今百六十余年，重修者不知其几。正统己巳，土木之变，成化甲辰，人民相食，尝大兴作。时无其人，苟且粗略，率无经久图，故无碑刻纪述。历岁滋久，官民无考，厥后随修随崩，应檄塞责而已。正德壬申，山东盗起，卒然流来，官民戒严。时高安龚君思忠宰邑，亦有赫赫声。严限修筑，人望其大有为，恃以保障。惟立东西城楼二座，余乃易旧为新，以终其事。刘太史碑记在焉。嘉靖癸巳，关内耿公，奉天子命，简令吾邑。居民习于水土。性好争讼，且粮差繁剧，久称难治。至视事未期月，法其大奸，恤其小过，一时治化风行。民素不良者，举驯然入于善。时岁凶，小民苦于田间之盗。公下令曰："二麦将熟，不许人看守，后盗者，我当赏之。"百里之内，各相安枕，举无穗失。乙未秋，偶尔盗起，居民惶惧。公曰："是在我。"差人严捕，仍专意修城，以求坚久，为居民利。于是陶砖于冶，运炭于山。夫取于民第，上中下而多寡之，人心悦服。工取于能，不限其数，计工与之值。由是壮者效力，能者献技，仍私相纠曰："公为民惠，以兴是役，逸道而使民也。且日食我，我负之不祥。"夫乃自益人，工乃自益匠，子趋父事无异也。兴工于八月二十二日庚戌，讫工于九月初八日丙寅，先后两旬告成。诗曰："四国于蕃，四方于宣"，耿公有矣。公名儒，字季纯，奉天武功人。城成后，又环植小柳凡三百有八株。他日柳盛又为城蔽，后人当知为耿公柳云。

二、城隍庙碑记

重修城隍庙记（王椿）

城隍之祀，盖经籍靡所考稽。亦越自古体国经野，建设都邑，筑城浚隍，以为民卫，是其有功于民也，不坛壝而庙貌俨之，所以来远矣。洪武初，正厥祀典，著在令甲。有司初履任，必斋谒与神盟，要以廉洁慈祥，无敢背约。每月朔望有常仪，值旱涝疾疫，必依之以祷，所系不綦重欤？吾邑城隍庙，在县治西北角二百武许，创立有年。迨隆万以来，日久颓圮，不无风雨之患。余癸亥秋，服官银台，公差过里，一谒神祠，咨嗟太息者久之。既事竣北上，心愈不自安。谋于慈闱卫太夫人，捡囊中获十数金，并助布若干匹送之庙，将倡好义者。已，信士某等，爱禀于邑主马侯，马侯曰："此吾责也"，捐俸金五十余劝。一时像属，乡绅、士庶之佐成者，骎骎齐赴。寻，马以艰去。嗣署篆卫侯，汉中赵侯，燕都刘侯，关中李侯，相继督之，乃称完美焉。入而瞻礼者，罔不肃然易观听而敬事之矣。工始于天启三年冬，竣于天启七年春，前后三载。共计建修殿廊一百五十余间，增塑神像三百一十余尊。

重修城隍庙记（明参政 张云翼 邑人）

汉董江都曰："天者百神之君也，事天不备，虽百神犹无益也。"盖以万物本乎天，首尊天，固也。顾物有所本，亦有所成，因以知天乃人之父也，地乃人之母也，城隍则乃保障也。保障阽杌，父母震惊，子孙黎民之不保，国之殆也。故先王崇郊礼以祀天，陶匏素车。至敬不文，旒十二而取象者，惟戴天之一人。下此而有国社，有里社。夫社祀地，地所以承天也。十二国以及外方，实惟灵荷。凡莅斯民土者，能承其功施，而亲其气体，故设社。至于城隍，地之类也。我太祖为之差其爵：于都门敕总威灵公，于省敕大威灵公，于府敕威灵公，而州则灵佑侯，县则显佑伯。非典荐杀也，由大而小，由近而远，皆以分上帝之明威，而广其寄托也。《易·地天泰》卦上爻曰："城复于隍，自邑告命。"象曰："城复于隍，其命乱也，告命所以治之也。"于是，知治之义大矣哉！其道关裁成辅相，而其权分幽明，幽鉴之，明应之。总之事归于理，气通于机，顺地以奉天，奠皇图于永固焉耳。是故人有善恶贞淫，法有刑威庆赏，甚至忧凶夭乏，与夫康和荣显，相隔渊泥。皆天之培夏，地之变流，而城隍实阴骘予夺之。果若是，是亦百神祸福之说也，而何与于国？非也，闻之人作凶德，鬼神暗祸，丧乱宏多，万物不化。试就一邑之中，推之天下，强凌弱，智欺愚，贵而亢，才而傲，富而骄，邪攻正，小加大，疑忌猖獗，张军卫外，贼反在内，天遗灾青，地生反物，而旱干水溢，殃咎乃至，城隍几不能为之主矣。惟是幽鉴明应，则事归于理，而暴乱不作，气通于机，而寝患不加。地位于下，天位于上，万物育乎于中，国家可长无事矣。故城隍之祀典，吾谓直可与郊社并重。而其神与民尤亲，何也？水、火、木、金、土，民之日用也；貌、言、视、听、思，民之恒秉也；雨、旸、寒、燠、风，阴阳之化也。惟民配阴阳之动静，惟城隍为民之聚族托止，惟伯生为民父母而通民性情之故，故梦寐食息，神相告之，以济民行，以明失得之报。非若夫地之寥廓而不可偏，天高而不可听卑也。然而地天之事，实统于此，先王之意，固深远哉！虽然，吉凶利害，在于冥冥不可见之中，人虽多受其庇，何从知之？然以诚一洁涓，体先王之意而奠礼之者，不敢不以因循苟且置之。吾邑城隍宇官亦匪隘，周地颇广，迩年来倾圮垢，不堪妥神。作善者，募而增饰之。适予滇归，助金若干，母郭氏偕眷属氏，助布若干。历诸父母公，凡三易草木，厥功告竣。而前后左右，楹栋琉璃丹垩之多寡，尽载之南仆寺丞、王公记中，可指而数也。予复爱？所祈者，伯以父母之心，行鬼之道，御灾捍患，易妖孽为祯祥，国家实嘉赖之。

重修城隍庙记（明员外 郭卫辰 邑人）

平城隍庙，修之历数年，所有司者不一，公重饰增拓，视邻封称甲，其制度邃窈，规模宏恢，亦既有以妥神之灵，穷人之目矣。观止矣，所阙者仅万一之耳。天启七年，丁卯春正月，郭子代笔士心之。以有先纪备者，故未复仆指数，明年戊辰告成，适新天子改元也，诸董理省察三院首事人，又谋立石，托郭子文。郭子曰：圣明在御，百神作祥，上下协应，利及家邦，矧兹庙貌一新，则神之佑平、障平、奠平者宏多。敢不约厥土木，计厥岁月，陈厥人事，为神诵美。然神正祀司社稷之安危者也。至于善恶果报，又每每不能逃，百姓畏礼瞻祷，若不知其为社稷设，止为百姓谋者然。然则，即就百姓之灾祥，以言鬼神之情状，而神不其昭彰乎？不必也，神道幽渺不易窥，即言之极详、极迩，令百姓周旋奉将，亦恍惚揣摩，卒难与凭。且将久而疑其不经，以玩忽之者。有之不可训也，何也？神无心福极，听其自取，兼之迟速颠倒，理数之关，冥冥亦不能执也。若然，莫若舍神而言人。粤之古传记，凡聪明正直之神，皆聪明正直之人为之也。盖生尽其道，死见其光，阴阳之妙也。是故，面目发肤，人也，饮食作止，人也，视、听、言、貌、思，人也。其间之融通无碍，变化不测者，隐然各具一神也。一二、二一，幽明歧之不得第。人不自尊，或蒙以昏愚，或凿以识见，或役以才力，烁以气炎，或利诱，或害惊，或锢于情欲，怪逆百出，功过相参，其神日迷，其行日贰。贸贸焉求济于冥冥，善者恃之，恶者邀之，希觊侥幸，而休咎吉凶，尽付之神之降鉴。有响应不爽者，怵戒局门踣，若无地可容。呜呼！神岂故德善而仇恶哉？有反复靡常者，骇惑怨恫，恨神之不公，不能壮贤良之志，褫奸雄之魄。呜呼！神又岂故予恶而夺善哉？则何不反而取之人。人惟一心，为善恶根：一念和顺，景星庆云赤兔白鱼皆其应也；一念乖戾，山童海赭，妖孽扎厉，皆其应也，况一身之得失成败，夭寿延绝，有不招而集之者与！何也？人之神在故耳，是所当息息依之者也。今人不解此义，并不信此义。每见见官者，衣冠楚楚，步履端祥，词气屏而不息，惟恐开其罪谬。当其见神也，则异是。是岂不知神之福极，更有甚于官之荣辱，不过谓官报显，神报隐，谨显而忽隐，心之敬肆攸分，即神人两不相接也，犹然整饬庙宇，丰洁享祀，施金帛，供香火，做道场，洒扫启闭，晨钟夜鼓，曰：“吾能事鬼神"，不亦诞妄也乎？无他，以神祀神，不以人祀神也。使以人事神，则信乎天下无

神非人,亦无人不可以作神。故无论富贵人、贫贱人、匹夫人、匹妇人,当身所具通理,凡孝、弟、忠、信、礼、义、廉、耻,一切方便、平等之事,不始虔而终怠,不貌是而衷非,不饰广众而情幽独,是谓至人,即是谓真神也。由是以人之神,应神之人,呼吸元冥,动静性命,神人之际,微矣哉!未也,天处乎上,人处乎下,神行乎其中,天神人又相成者也。然而神藏于人,人生于天,是天又人神之总也。气类相通,风、雨、露、雷、生、杀、出、入,神效之,而人承之。人苟善,人之生则有以极神之道,还天之体,而操天之权也。天权在人,将栽培倾复之数,天不能主,而婉以从夫人矣。夫天且从人,而况于鬼神乎?况于鬼神之福极,能转移乎?人天之际,繄又微矣哉!

三、文庙及儒学碑记

太平县重修庙学新建尊经阁记(明中丞 王体复)

盖吾太平庙学,其来久矣,而武侯修之,若尊经阁之建,则自武侯始。侯莅邑之年,是为万历甲戌。初谒讲之日即周视学官,叹曰:"兹基址虽宏,而创制未备,规宇似称而损圮滋多,非有司者之责乎?吾将兴之矣。"其明年乙亥,政通人和,诸废渐举,遂谋诸寮佐师生,欲一新之,且曰:"经者,圣人载道之具,致治之资,我祖宗颁示,学校使士子诵习讲明之,异日出而用世,将持以宣弢理道翊赞至治也。今他庠多有尊经阁,而太平独无盍图之。"佥曰:"可"。乃自捐俸金,又榜诸通衢,曰:"愿助吾资者,惟力是视。"邑中衣冠大姓,父老子弟,皆欣然如令。于是鸠工抡材,贸采陶具。首大成殿,易脊兽以琉璃,施栋楶以丹碧,敬者正之,动者坚之。次廊庑门墙,次堂斋衙舍,笾豆罍爵,皆焕然维新。乃移启圣祠于殿东北隙,而以祠故基为台,台上为阁。计台广一百五十尺,阁高五丈,居殿之后,匾曰"尊经",巍然屹立,伟然壮观矣。工始于乙亥之六月,成于丙子之三月。役取诸在官,民罔知劳。金取诸应募,人不为厉。工且毕,而侯以才堪边剧。调永平之卢龙,去之日士民攀留,不可得。先是赞侯举事者:教谕王君栋,训导郭君鸾,荣君可因皆续去。越五载,辛巳,教谕林君,训导吴君、张君,始与诸生曹子廷宣,张子检身,张子其实等,议请于邑尹胡侯曰:"武侯之修庙学,厥绩大矣,而无以表之,去思之谓何?且兹庠科第自丙子后,彬彬盛,奚可诬也?"胡侯许焉。遂走书崆峒山下,征记于予。予惟帝王之治天下,本于道,帝王治天下之道,载诸经。删述之而垂,宣万世者,吾夫子之功也,阐明之而羽翼斯道者,诸贤哲之力也。自汉以来,非无英君谊辟,而崇报之典有未尽。况乎石渠白虎,搜罗博矣,而播示弗公,洛阳新安,著作精矣,而表章弗至。迨我朝圣祖神宗,创下功令,敬敦祀事,广励学官,如钦颁五经四书、性理大全及御制诸书于天下学校,以兴起斯文,功高千古,士何笃幸。顾有司者率急薄书而缓弦诵,先期会而后骏奔,则仪度多阙而化理未孚。武侯是举,盖识其大矣。其有功于圣贤,有补于朝廷,殆亦宏且远哉!胡侯与诸君,亟欲记之,以彰其盛,是皆心武侯之心者。教化行而习俗美,师道立而善人多,端有赖也。若夫穷经致用,幼学壮行,则于吾党之士,宁无厚望矣乎?武侯名成甲子,乡近北地宁州人,今升知胶州侯,才莹绩多,兹不具载,载其在学官者如此,他如创置学田百余亩,每岁计其租入玖两余,以为诸士子月考供应之费,其受赐盖无穷矣。虽成之者黄侯,而始之者实武侯也,故并及之。是为记。

万历十年岁次壬午十月吉旦立石

重修文庙碑记(邑令 李实好)

昔柳河东渭:"赞夫子之道,如誉天地,褒日月。"而其柳州庙碑则曰:"仲尼之道,与王化远迩。"夫言道兼言化者何也?我国家深仁厚泽,沦肌浃髓,迄今将二百年,化可谓盛矣。而以时表章圣学,典秩备至,视前汉、唐、宋、元、明,有加无已。则岂非道为化宰,化以道行,必道尊而后化无不洽也哉！余莅平伊始，展谒圣庙，殿檐颓圮，惕然见其不可不修，而又不可率为修也。搜读旧刻，则自康熙四十七年顾尹修后今已百余年矣。爰访两学张公、阎公、典史刘公，合邑绅士议其事，即出俸二百金为之倡，诸绅衿踊劝捐，得金八、九千两，本年三月起工，逾年六月工成。其重建者大成殿及各处，皆照旧制。其创建者庙东文昌三代祠，栋、楹、阶、阢、飞檐重阿，凡一切木石瓴甓，添易者十之七八。采金物料，费数十金。琉璃陶器，用数百工。既藏事，八月释菜之吉，用安神栖，罔或不蠲。夫以余才庸性拙，讵谙工程？而经理诸公知余弟允师，素多材艺，使董其事。鸠工庀材，多出其手，故能事半功倍。嗣后庙貌壮丽，垣墉完固，多历年所而不敝，则窃有可自信，而与人共信者。且夫圣道王化，孰非以为民哉？继自今观斯庙者，知推尊我夫子，翕然奋其感兴化之心，则柳州所云："德大道明，学者道尧、舜、孔子，如取诸左右。"善乎，欧阳氏之言曰："听歌饮酒，颂天子太平之功，而思咏贤侯之遗爱。"余何敢，抑不能无望于后之人之同心兴起者。爰将布施姓名，大书深刻，以示后而劝后，亦期永兹绪焉耳。

嘉庆十有九年岁次甲戌桂月穀旦

重修圣庙并建奎楼碑记（邑令 章寿嵩）

窃思有教化而后有风俗，有风俗而后有人心。然则，欲人心之厚，风俗之纯，则必自学校始。太邑学校未详肇造何时。考旧碑所载，重修于前元至正六年，继修于有明正统五年，我朝顺治、康熙间，历加增修，至嘉庆甲戌而规模大备，迄今已五十有二年矣。余于今上御极之二年，来宰斯土，每于春秋之祭，朔望之期，成礼后，即巡览周视，见夫墙垣有坍塌者矣，丹漆有剥落者矣，殿庑有不敝风雨者矣。以作人之地，而荒芜若此，其何以兴教化哉？遂窃窃然以兴举为已任。然而信未孚而兴役，或且以为厉民也，情未惬而捐资，或且以为苛派也。于是缓征输，劝合甲，议除积弊，赈济困穷，凡有益于斯邦者，皆黾勉而力为之。越二年丙寅，虽不敢谓信之孚，而似皆不我疑矣。虽不敢谓情之惬，而似皆不我背矣。有所兴举，皆相洽以诚，不以余为厉且苛矣。此岂非教化之当，兴神明之默，相而使辅吾志者之成吾志哉。因与张艺圃，张春涛两署正，陈敦五、孝廉李午亭、大尹师雨村，史锡三两部郎，刘仿裴广文，贾潜斋，郑石臣两明经诸绅士，协谋经营，劝捐筹款共勷大功，而诸君不谋而合，皆踊跃从事。斯议一出，四乡输将恐后，旬日间竟得三千余金。斯邦人士好善之诚，可概见矣。爰卜吉期兴，工自五年九月经始，至六年十月告成。蠹者易之，敧者直之，□者黝者，齐之饰之。复于巽方添造奎楼一座，位置虽仍其旧，而巩固壮丽视昔有加焉。连类而及书院、考院并前后学官、斋舍，俱各次第营修，焕然一新，皆无渗漏之虑。焉工竣之日，诸君谓余曰："学校之不饬，久矣。今幸鸟革翚飞，兴作之绩，不可无述以告来者。"属余记之。余曰：于戏，是举也，岂特肃观瞻，邀名誉云尔哉！抑以为风俗教化之源，不可不严且肃也。况大邑姑山毓秀，植培胥本尼山，汾水光荣，恺泽端由泗水。从此多士藏修息游于其间，将羹墙见圣，早夜思贤，以德行为根柢，以文艺为阶除。异时，处为名儒，出为名臣，胥卜于此矣，岂特肃观瞻，邀名誉云尔哉？余不敏未足以阐发其绩，而窃幸余之志竟成，尤幸诸君之能成余志也。于是乎记。时司铎者为李公硕甫，司训者为白公梧冈，及鸠工捐资诸贤，例得备书于左。

大清同治十年岁次辛未仲秋吉日立石

重建文庙记（至元十年 元衔史 王恽）

二帝三王之道，逮孔子而后明。然师授私淑，传之后世，俾彝伦攸叙而不斁者，七十子与有力焉，是则配侍于圣人也宜矣。太平晋国故封，今为绛之剧邑，襟山带河，冲会南北，故其俗率勤俭刚毅，忧思深远，有陶唐之遗风焉。为县者必欲明伦复古，吾夫子之教，其可后乎？县有庙学旧矣。国

朝以来，具法官而虚两序，春秋典献，自侯以降，位设牖下，其于典宪，是殆阙然。迨至元八年夏，进义副尉平遥任兴嗣来主县簿，睹其如是，惕然兴感。乃祗会教官张铸、孙天铎、贾彦良，洎邑之士人，相与庀材僦工，经营以方，不期月而告成厥功。凡为室东西各五楹，翚飞翼棘，焕焉维新。遂图七十子肖像于壁，元哲当座，素臣俨如，载尊载仪，咸列斯官。吁其伟说！以至元癸酉秋八月释菜之礼，用安神栖。邦人向化，士兴于学。若任君者于承宣之职，可谓知所先务。爰作诗以歌之，其辞曰："元圣垂教，先天后终。用广发越，群贤之功。于赫鲁语，如日在空。建极明治，万古攸同。宜其报礼，极炽而隆。奕奕两序，厥功固微，小善罔弃，大焉可希。刻诗庙门，来者庶几。"

重修文庙劝输文记（邑令 卢易）

今天下郡县，所以崇庙貌而洁蒸尝以祀夫子者，非徒礼也，而人文亦系焉。余不佞，于客岁仲冬，叨莅斯土，见姑山送翠，汾水罗清，知笃生必英锋淬利之士。越今年又当丁酉，槐途作色，桂苑吹香，倘得豹变鄂奋者，连茹富邻，至快也。则学官安得不一修饰以作前茅也！况今圣天子定鼎十四年于兹，易干戈而为礼乐，思崇德作人，敕天下郡县悉行修葺，且俾速从事，申谕抚按考工：朕用是将殿最汝守令也。余不佞更滋惧矣。遂同本庠宋李两先生，诸乡先生，通学诸友谒庙，见殿庑颓圮祭荐无位，斋舍赤地肄习无所。咸云岁久屋老，常有震陵之忧，踵以己丑小丑窃城，愈蹂躏至此。私心怃然概之，又何以仰答圣明休怀哉？顾度材计工，约费二千余金，既不能为无米之炊，又不能作孤掌之鸣。恭诵圣敕，俾乡绅士民，悉皆捐助，以襄厥举。余不佞，亦曰：唯乡绅士民是赖耳。若果旦暮南金着，异东箭表奇，圣天子之庆赏，诸君子之赐也。

大平县修崇文庙碑铭并叙

窃谓大成殿堂廊庑者，乃国家之清庙也。盖圣人之道，同乎天地，无不持载无覆帱，如四时之错行，日月之代明。物并育而不相害，道并行而不相悖，其为君臣、父子、兄弟、朋友而足法，故用之邦国焉，用之乡人焉。如用之，则百揆时叙，四裔来宾也，不尔朝廷。紊而纪纲乱，风雨□而气运乖，则臣弑其君者有之，子弑其父者有之。是百王之大法，万世之良规也。昔圣人为鲁司寇摄行相事，不三日诛少正卯而国宁矣，不半载，路弗拾遗而齐畏焉。故归女乐以沮之，讵非同乎，天地用乎，邦国之验与所以为国家之清庙者然也。然而海宇之间，诸庙堂者多矣，惟我皇元奄有天下，唯圣人大有功而补于世，载在祀典春秋二丁致祭，庙宇或有疎漏，仰各处提调文资，正官随即修，治厚之道也。迨至正甲申四月十有一日，达鲁花赤张也，先不花承事来宰是邦，县尹栢承德，主簿郭进义，张公，赋性聪明，处事刚毅，慨然有兴复之志曰："斯庙之弊也，盖年深而雨剥，日久而风剥，以致檐颓瓦坠□偃栋摧者，耳若不起废实，负圣天子之颁诏，可坐视而不为乎？"公乃率僚佐，嘱司属破俸金以开筵，邀宦门而助力，是故送钱帛有者，鏸米粮有者，于是屠村以命匠陶瓦而埏坯，翻正殿玉□，撑其空修偏廊翠□，凝其日其者之也。□然焕然更。乃垒圈庭之高壁，坚凌霄之巨门，乃乎讲堂斋厨无不完焉。其美之也，丹然而垩然，过客瞻仰无不敬焉。呜呼！前日之弊，今日之新，□谁之力，与非诸公钟天地之聪明之性，存仁恕刚毅之怀，孰能与于斯乎？诚亦盛事也。前儒学谕杜云翼等感而议曰："今日之事，非数贤宰，何能为乎？"不镌诸石，大恩黩暗于其后，可胜计哉然。而教官孔思讷踵门而谒予，以记文见讬。予以学疎艺谫不获，固辞因即其事而为之，且铭之以辞。其辞曰："大哉！孔子孰同伦唐虞汤武之为，君包罗天地道，何在夷感德，而来宾。后世帝王，耻以则环海之里，安斯民，国家莫献了不替，四时致祭秋及春。"嗟哉！殿宇且疎漏诸公着力翻为新，时人只恐久湮灭，征予作记，述其文。一镌诸翠琰傅不朽，姑山汾水声无垠。

石棂星门记（明侍郎 李浩）

学校，政之首务也。维时守令视为具文，莫知所崇。急催科者蒙课最勤，送迎者获褒荣、上下相习，靡然成风。以故教泥于不行，儒术疏略。振而起之，其亦有待也哉！太平盛侯琛、以卓荦明敏之才，来尹是邑。越明年政通人和，百务毕举。乃谂于众曰："吾夫子庙，虽前尹营治，栋宇森严，无事改为。独棂星门狭陋弗称，泮池废弛，未可以妥圣灵、协众望。兹琛日夜萦心，不遑宁处者也。"县丞李君皋，主簿吴君谦，典史张君景和，闻而是之。乃偏请于当道，当道咸可其议。遂相与赞成克合焉。柱梁以石，浑若天成，昭其固也，刻以云龙，昭其象也。饰以金碧，昭其文也。甃之以池，横之以桥，昭古之遗制也。不取公帑，不病农时，未数月而厥功告成。盛侯曰："是可以崇道教，风士民，施及后世尔矣"。于是教谕任君侃，偕其乡进士马君聪，生员贾冲等，来恳余文，以识诸石。予惟三代而上，教本于身，故其化神；三代而下，教寓于法，故其化悖。神则通，悖则滞。至于后世，诗书之道废，上不知所教，下不知所学，乃并其法而亡之矣。今代上有明天子以立教，下有良有司以振作，人法具备，恩义兼隆。士之沐教育者，其有所感而兴起乎。崇节义，薄利达，以无负于所学，是固明天子立学之意，亦盛侯作养之意也。呜呼，其尚永念之哉！

重建启圣祠记（明御史 李承华）

帝王之治，政与教而已。政以道民生，教以复民性，政特弼，教之不逮尔，教尤重也。古圣人继天立极，矢言垂训，迪民彝而约归于中，率是道焉。我皇上御宇之五年，政一教洽，从儒臣议，正祀先师典。乃又追崇其所自出，诏天下建启圣祠，祀启圣公，配以颜曾思孟诸先子。于戏！此旷世之盛典也。盖圣天子以政正民，广心之仁，以教协民，因心之孝。政教溥其施，而仁孝崇其本，天下之风俗一道德同，由此其选耳。士生斯世，何甚幸与！太平，平阳巨邑。旧祀配制卓隘，日益就圮，岁有祀事，登降弗称，甚非所以广德意而宣礼教。己未秋，刘侯筮仕来宰邑，谒且莫，顾寮佐曰："此追崇懿典，圣教所由基，彝伦重地，敷政之首务也。乃敝陋尔尔，非典祀者责耶？盍新之。"既而曰："时诎举赢古训所戒，信而后劳，圣人取焉。余其俟之。"越二年，辛酉，政通民和，百度振举。乃予计公贮蓄财，伐石运垩陶甓，首葺大成殿，厘祭器，已卜殿北垣地，营方鸠工，构祠三楹。力取于在官之役，民罔知劳，费给于听讼之人，公无所损。奂址崇基，宏中炳外，巍如翚如，临之翼如，备仪妥神，庶其成享矣。夫建祠所以兴教，兴教所以作士，作士所以率民。士民感侯以礼教率之也，咸嘉乐焉。惧其久而或泯，偕训导秦君文献，生员郑良臣，梁邦直来征余记。慨自上之以簿书期会，最郡邑也。守令者恒狃，近利于催科刑罚，俛焉求以自暴。能厚其生而养以导之者，慨乎无闻也。矧曰齐之以礼，使民日复其性，为树风观化之计者哉！我皇上仁孝治天下之心孤矣。今侯爱民礼士，起敝振颓，翌化宣猷，节费汰侈，敦教化之原，树久远之规，非违众自信，不急声闻者，能如是乎？不然，需侯之才，簿书期会，以塞责而自售，奚汲汲焉任难举重，反俗吏所不暇者之为慊哉？肆余为之记，俾邑士若民，及嗣令者，知祠为圣天子仁孝之所推，政教之所由兴也，相与保厘而尊祀之，以嘉惠元元于无穷，则兹祠之建，不为无益矣。刘侯名廷之，丁酉科贡士，保定唐县人。

重修儒学记（邑令 顾钦）

汉、唐、宋、明以来，制诏天下郡县以立学，盖史册相望矣。夫岂聿新庙貌，仅以彰崇儒重道之义，亦曰圣人距人不远，像型俨在，学者宗之以进德修业云尔。惜乎人之徒事于庙貌也，惜乎人之并忽于庙貌也。晋之俗"俭不中礼"，而平邑尤甚。诸凡因陋就简，独于夫子之庙，巍焕有加焉。稽其营治之绩，修大殿，建两庑，移贤宦两祠于戟门左右，且于文昌祠则扩而新之。盖前令李公讳清铠者捐俸劝输，以倡盛举，而司铎王公讳之瑞复区画周详，董成斯役，厥功伟矣。加以彩绘缭以花墙，文

以粉壁,则署篆李公讳绍祖之力也。有厥功未竣者,余续而完之。司铎牛公、高公,恐前人之有美弗彰也,嘱余为之记。余既喜庙貌之新,足以光俎豆,而又惧夫平邑之士,以为尊夫子者尽是而不思自奋也,因其竣事而谂,于士曰:"昔王介甫之记慈溪学也。以为立学之本,在乎材行,素定而施设,不待阅习而能。曾子固之记宜黄学也,以为大要使人人学其性,不独防其放僻邪肆。合二公之言,观之才德均出乎学之中,而不能外也。方今圣天子振兴文教,奖励实学,命郡县学官悬御书之匾,勒训士之文,无非欲得明体达用之儒,以为国家桢干。若徒弄笔墨,以邀利达,习词章而求荣显,无以赞休明而比稷契,实二三子之耻也。"司铎二公是吾言,因并述而为之记。

康熙卯十七年岁次戊子七月吉日立

重修太平县学官记（邑令 赵心抃）

天地载道者也,尧、舜、禹、汤、文、武、周公行道者也,孔子传道者也。道不传则不行,故孔子上承天地,远接列圣以一身而备参赞位育之功,能兼祖述宪章之谟烈,使道统昭如日月,人人共由,故尊奉为万世师也。然天地有坛,尧、舜、禹、汤、文、武、周公有庙,所以酬德报功也。孔子布衣,非天地可比,又无尧、舜、禹、汤、文、武、周公之位,亦有是庙,此何以故?况天地之坛礼,惟王者得以郊祀,尧、舜、禹、汤、文、武、周公之庙,不出京都。独我孔子则通祀于京国郡邑,岂非以立人之极,能集列圣大成,包神化而贯两仪也哉!夫圣庙何昉乎?昉于鲁哀公十七年,立庙孔子旧宅。自是之后,两汉则祀于辟雍学校,魏黄初元年,令郡国修起孔子庙。唐贞观诏郡县皆作庙,四时致祭,宋仍唐制,祥符、崇宁之间,加圣像冕服九章十二旒,殿名大成。元武宗置宣圣庙于曲阜,登歌乐。明洪武二年十月,令天下郡县皆立学,学皆立孔庙,礼延师儒,教授生徒。此历代尊圣立庙之大略也。我国家景运熙昌,皇上天锡智勇,执矩秉范,履中蹈和,恩泽加乎四海,而尤诞敷文教。崇道重儒,躬诣阙里展瞻拜之隆仪,摛宸翰之玉藻,修庙兴学,屡发帑金。罔不极其辉巍焕。区区汉魏以降,虽有祀典之崇,兴建之盛,奚足齐年方驾哉!是以天下学官,凡为有司,孰不仰体圣主右文至意、庙貌官墙,仪文俎豆,悉皆灿然一新,礼明乐备,诚圣道之光华再现也。太平邑属河东郡,山川衍丽,为唐尧故都,道统首发之区,然必得夫子而道始明,且星文居参之野,参为忠良孝谨之子、若无圣人之教,则忠孝流入于偏,庙学其可缓乎?邑有文庙儒学旧矣,递兴递废,随气运而盛衰。自国朝定鼎以来,顺治十五年,县令卢易重修之。康熙十七年,县令吴轸又修葺儒学。其文庙迄今三十载于兹矣,风雨所侵,日蚀月剥,墙倾而木蠹,安可不惕焉动心也?矧逢圣天子继唐虞道统,阐孔孟心传之时,且九有升平,闾井义安,心抃小臣若泛视官墙因循简陋,谊所不敢出也。乃谋诸学博王人凤、李应熙,洎邑之绅士,相与庀材鸠工。心抃先捐俸为倡,费不扰民,力不妨农。始事于戊辰仲秋,历二载至庚午之秋,方告厥成功。自大成殿及两庑,棂星门、泮池、戟门、启圣祠,文昌奎楼,明伦堂、讲堂、学舍,靡不修建,岿然翼然,井井然,熠熠然,丹镆之灿,梓材之良,如日中天,离明四照也。由今以往,庙学森严,文运丕兴,登贤升秀,自多伟人。若夫忠孝节义,勋业文章,虽出于学问天性,苟官墙废弛,械朴乏作,人之化鲜有奋焉而振起者矣。于戏!乾坤之所以得清宁于上下者,赖有道以维持之也。道不能自行,赖有行道之圣为之维持其间,若尧、舜、禹、汤、文、武、周公是也。程伊川曰"周公没,圣人之道不行。"吾夫子昭明大道,传于无穷。今日庙学遍天下,皆圣道遍天下也,庙学之系重也,如是乎。后来君子其尚永念之哉!兹役也,捐助、董事诸嘉名,悉镌碑阴,用垂永久。

康熙二十九年岁次庚午菊月穀旦

重修县学记（邑令 张若）

壬子之春,予受天子命,来莅兹邑。下车之始,瞻谒圣庙,凡庙中堂庑,礼乐之器,舍菜之具,时固未暇悉睹也。居越月，吏执文书以进曰："某日丁祭及期。"予肃恭将事，次第行礼。既退，诸生揖予而前，敬视庙堂规庑，则见大成殿后楹，倾颓将半，启圣祠狭隘，亦须改为；其明伦堂、尊经阁，旁及斋舍门墙，率多朽坏欹斜。予兹惧，而告诸生曰："废者理之，缺者葺之，任兹土者，责将安诿？"诸生亦各色喜，相励欲率作兴事。予时苦簿书丛脞抚字未遑，将欲图之，因屈于已力，而不能及。越三年，余谨捐食俸若干，集邑之人士而谂之。其闻之者咸虑用之不赢，共相劝勉而趋助之，财以不约而输，工以不发而赴。经始于乙卯暮春之初，岁尽而工讫。邑之诸生，咸请为之记。予因进而告之曰："太邑之学者，固多国士，而余之为令，虽万不及，古昔循良，忍令泮沼□官，鞠为茂草耶？今葺治之，以顺尔多士笃学向道之意。予幸睹厥成，肆业有所，师生有舍，岂惟尔邑人之幸，抑亦予之幸矣。方今天子位贤任能，广求旁搜，爱黜浮赢，用敦实学，尔诸生种学积文，宣明圣天子德意，诚千载一时也。虽然尔诸生知虔奉圣人，知诵读圣人之书，其可以拈弄笔墨，就务利达已乎？虽古之去今远矣，而其行可考而知，其事可取而法，讲而习焉，学而明焉。孝于尔亲，友于尔兄弟，和尔室家，信尔朋友。婚姻之际，交酬之间，丧祭之期，毋蹈非礼，毋犯非义。处尔乡党，见善相趋，见恶相戒。将一人之行修，而子弟率之，一家之行修，而闾里率之。由秀士而选士而进士，为天下国家用。诸生可不勉欤！"是役之成也，予固无能，百尔君子，展力克终。朴斫之工若干，搏埴之工若干，丹雘之工若干，取材用物之需若干，邑之某某捐银几千几百两，诸生某某，各董其事。至于礼乐之器，舍菜之具，予方欲整齐而修备之。诸尚其共为后劲。予愧不文，从诸生请，为志其大略，并尽所知以告云。

四、其他公共建筑碑记

重建社帝庙碑记

邑城南门大街迤南百步许，有社帝庙，不知建自何时，考碑记，一修于有明万历之四十三年，再修于我朝康熙之四十七年，至乾隆甲午重修。石坡余银卅九两有奇，合街公议一刘公士块冯公钟秀曹公桂馥三人，经理营运至乾隆五十季，共得本利银三百五十两有零。因庙地狭小，思阔大其规模，爰以六百余金，置买庙后谷姓地基。未及襄事而三公者俱相继物。故复议贾公、德元公、建与王公、生梅李公、寿达曹公、桂凤翟公、梅高公、延宾刘公、承基李公、敷谟郭公、绐阳高公、尚志胡公保障相与同心营运，至嘉庆十有六年，除还前贷积银几及三千两，始畅然曰："此可以继三公之志矣。"于是移基筑址鸠工庀材，重建大殿三楹，偏殿六楹，添建两厢房二十间，戏楼三间，大门楼房五间，油漆彩画辉煌映照，较前规模宏远实甚。工始于十六年之春，告竣于十八年之冬，共费金五千捌百有奇。嗟乎黄河之源，浆于星宿，其始仅可滥觞而众流会赴遂至浩渺无涯不可遏抑，今区区为金卅九两耳，而有刘冯曹三公，经理其始，复有诸君子赞襄于后，遂能共成盛举，为阖邑巨观猗与盛哉。先是契置谷姓地基，注明西北□有过路而西北俱占为私业，各执朱据过路，竟不复可辨。遂生嫌隙致滋讼端。余曰："诸公此举妥神灵而迓福祉，和翔殿宇喜溢街衢，实为千百季来未有之功，而缘此徵嫌琐垂兰臭乎？"曰谓世有高公振新、高公槐曰："即以尔家业凑一宽平之路，布施于庙中，何不可也？"高公唯唯欣然色喜，予亦不觉神动诸公落成，伐石以记，属予为文。余不揣固陋，谨次其颠末并将合街布施附志碑阴后之览者，或将有感于斯文。

邑人原任孝义猗氏天镇三县训导刘常棐撰，子癸酉甲戌科联捷进士嘉会书

皆大清嘉庆十九年岁次甲戌重阳月穀旦

重建鼓楼记（王夔曾 元亮）

楼以鼓名，分更漏也，而实为城邑之纲维，所系□重焉。旧构多历年所，圮毁日甚。鼎新之役，前任邑侯，率有志未逮意者，时实为之欤！我顾公初授兹土，晋接间度宇渊涵，虚中咨度。余因以修废举坠，具请于公。公莅任二载，急抚字，缓兴作，虽以余言为可采，而不轻举也。戊子夏，得邮问，董事诸公以楼方落成，录公碑记，而乞言于余。余闻兹楼之肇工也以三月，竣事也以六月。缙钱则括之间架，而不苦于输将，出纳则掌之绅衿而不假以胥吏。高大五丈余，广袤如旧址，而甬道则加扩焉。瓦甓木斫及各役之稍食，金钱共享若干缗。噫！以数十余年之废坠，一朝修举，俾城郭增其丽，廨宇壮其形，甲第于以连绵，商贾由于辐辏，而为四国之观瞻，万祀之砥柱。时为之与？抑人为之与？我公欲不居其绩而将谁归与？余既备员侍从，不获共勤盛举，然幸从诸君子后，奄观厥成，既乐颂公之绩，而又重违诸公之请，遂不揣不文而为之记。

重修大堂记（邑令 顾穗利）

道光辛丑仲伙，邑绅士有重修县治大堂之议。入冬兴工，明年六月既毕事。在事诸君子谒余为记。余愧不文，又簿领牵绥，未有以应。诸君子复相敦促，且砻石以待。余维是役也，诸君子相与筹度劝募，庀材鸠工，积日累月，其勤至矣。邑父老子弟咸量力乐输，踊跃趋事，以克底于成。前令吴公之重建斯堂也，不云乎"吾恶夫力诸众而功诸独者"，然则，今之述其事者，宜莫如诸君子与邑之父老子弟。余何言哉？顾既坚辞弗获，乃卒为书之曰：斯堂之重建，在康熙廿有一年，时故德州牧武进吴公轸为令。邑之乡先生御史王公夔曾为之记。其建置始末，以若堂之规制高广，已具前记者，不复赘。余独读御史所为记而慨然也。方是时，我圣清统一宇内，垂三四十年，邑经明季流寇兵火之后，休养生息，浡臻殷阜。志载吴公在县，百废俱举，凡有经营，不劳而集，县堂其一事耳。吴公固县令，亦以见吾邑人慷慨任事，急公向义之素。而御史记中，谆谆于民力不易用，兴废成毁之各有其时。俯仰今昔，有味乎其言之。今距吴公时又百数十年矣，风气隆隆日上，阀阅蝉联，科第接轸，文物甲于河东，懋迁达于中外。虽一二高门旧族，或此兴彼替，生聚孳息，物力繁钜，而殷阗蓄炽之名，播在四方。邑中遇有创置兴复之举，辄慷慨任事，急公向义如曩时，何其盛也！余以己亥秋，自太谷移剧于兹。会霖雨，堂圮其东偏，明年益甚。重烦民力，姑勉枝梧。又明年，愈发发不可恃。乃延访诸君子，倡募兴修：或撤而新之，或易而整之，或因仍其旧而增之饰。不一年，顿复旧规。凡诸役事，及综核出入，悉诸君子董理，不假吏胥。而余得坐观厥成，年丰人和，从容濡笔以记岁月，□谁之力欤？先是道光丁酉，今潞安郡丞，前令江宁陈公维屏，与诸君子创修试院，为生儒岁科试地，邑人便之。及今年余复与诸君子重修城东南隅之奎楼，以培启邑文风，皆赖诸君子始终经划，孜孜不倦，与斯堂先后告蒇，共享白金二千五百余两。诸君子文章彬雅，篆言纪事，当有撰作，以与御史相辉映。而谬以推余，将以在官言官。惟此缮完葺治，固亲民者所有事谊，不得默尔息欤？自非然者，将力诸众而功诸独，余何以为前贤谢欤？诸君子者：副贡郭汝楫、布理问郑兰馨、举人王善继、原任岢岚州学正刘尔常、拔贡梁栖鹤、举人张炘、原任怀仁县训导王乐善、举人史国璋、府经历高化鲲、廪贡王应宸、举人高振麟、举人王涌同。时官斯土者：教谕侯寿山、训导王梦奎、城守司贺荣安、典史陆效曾、史村驮巡检鲁绍连、例得并书。其捐资姓名、人数，具列碑阴，以谂来者。

察院改建试院记（邑令 陈维屏）

太平居参觜之次，为故绛之都。余自道光乙未，奉调莅兹邑，簿书之暇，升高以望，汾阴姑射诸山峙立西南，蜿蜒起伏，郁郁葱葱，其东北则汾水灵泉，泂□□薄，浴光景而蒸云霞。慨然想见文中以降，代有闻人，灵秀所锺，尚未有艾。及退考邑乘，则自国朝以来，成进士者十七人，登贤书者百四十余人,而领解者且四人。盛乎哉,士气伸,儒术正,风俗之纯茂,所由来欤!越岁丙申,以功令集邑童子,将局试之,应者七百余人。县署隘吏以例请假诸城隍庙,祠固宏敞犹以人满,增廪庐处之。几案皆诸童自携,风雨莫蔽而劳□可,念盖前令尹议建试院而未果也。试竣,亟咨于众,咸谓察院建自洪武七年,两修于康熙,乾隆年间,地颇广,屋渐圮,以建试院,计可两全。爰捐廉俸以为倡,邑绅耆共捐银一万有奇。建号舍于堂下,东西对峙,计三十楹,累砖为几,鳞次以坐,可九百人。围学前塔院中,以翔文光,曜奎壁焉。于是门庑、堂屋、庖湢之属,以次建修。既成,余与同及邑官士大夫落之,且言于众曰:"斯地固察吏之所也。士人自束发受书,即具有修己治人之责。故吏治之修,自士习始,士习之端,自童子始。国家以文艺取士,今日之坐而言者,他日将起而行之。盖将以察士者察吏,吏即因以察士者自察。则吾与都人士交相察者,正在斯堂。而后之以察吏至者,愈可因士以知吏,所关不綦重哉!虽然,童试之其疏,月课之期密,余尤愿修复书院,与诸君子讲习其中、砥砺切磋相期,以培养善气而美风化行,且有文中其人复出焉,又不徒科名鹊起,光耀山川矣。"是役也,经始于道光丙申七月望日,蒇事于丁酉八月中浣。凡捐输之姓名,既皆刊刻碑石矣。维时官斯土者:教谕马君良驯,解州人。训导张君五射,垣曲人。城守司贺君荣安,临县人。典史陆君效曾,顺天人。驿丞王君文焕,顺天人。董役劝捐者:则邑之按察司经历贾葆纯、守御所千总郑存志、副贡鄭汝楫、岁贡王国壁、布政司理问郑兰馨、解元署阳曲县教训张鸿举、举人任苛岚、州学正刘尔常、举人王善继、举人张庚午、拔贡候补兵马司副指挥梁栖鹤、举人张忻、举人署河南阳武县知县柴兰馨、举人任怀仁、县训导王乐善、举人史国璋、举人吴江元、府经历高化昆、举人贾宝书也。例得附书。

新建龙门书院记(邑令 张学都 燕山慢亭)

余雅嗜文史,敦学是遵。每闻先哲设帐谈经之地,辄孜孜询访,恨不得身当其际,质疑问难于其侧也。盖余先世闽居,少成,习惯熏染于考亭夫子之教泽旧矣。然其间亦有幸焉。向余初任仕途履河内,值许文正鲁斋之故乡,访之土人,得其生平之行事,既而亲诣墓侧,拜瞻之下,穆然想见其为人。及来太邑,而文中子先生教授之遗踪适在焉。是其徒董常、姚义诸君子所常从游而托迹者也。噫,是岂非大幸也哉!余性虽驽钝,既承当宪命,分治教之任,笃符兹土,而又幸前徽之不远,敢不深自刻励,求治本为往哲光,而旨汶汶焉任其湮没无传已耶?夫日事簿书案牍而置教化于罔闻,毋乃自甘固陋,以贻先哲羞,致负朝廷丰兴文教至意乎!然则,余之莅兹土也余之幸,实一邑之幸也。其旧祠距西郭数武,岁月既久,栋楹倾圮,蒿莱弥目,非所司之责而谁责欤?余用拓其基址,新其堂宇,春秋奠献,业有常矣。爰次第构葺,以两楹为学舍,中立讲堂,西侧为庖人治馔之所。召集诸生,论文课学,即颜之曰"龙门书院"。余将蓄余力,渐构亭阁,以息以游,以待后之锐志兴起者。俾河汾之业,不独专美于前日,则余之志也夫!

重建修龙门书院碑记(邑令 顾玉书 中州兰汀)

仰维光岳钟贤,风云从类,下润台骀,上曜实沈。依鄂公食封,西端苦县清虚,东南拱汾阴,北枕姑射,实实枚枚者,太平乡先生文中子讲道河汾之堂也。遐想曩所从游诸贤哲,文章经济皆各因其性之所近而造就之,果读何书遵何道哉?不解带者六年,继西河而续素王之业,克副乃祖康献公坤之师之箓,基太平者十二策,继伯益赞禹之学以致君。无忝乃父铜川令"事不师古"之谟,忠孝成德,体用一原,萧墙见几,屡征不起。见其大,则心泰。定以中正仁义无欲。故静道不行于开皇,效旋着于贞观,盛矣乎!斯文自任,果遵何道,读何书乎?迄今稽之,元元本本,总不离乎六经之续者,近是续者,绍闻衣德之谓。非拟经,亦非僭经,如孟子叙诗书,述仲尼之意。而子朱子称为隐君子"中多格言"者是也。隋唐之际,六经榛芜,非龙门中一章缝,何以缵坠绪开来学乎:然则,张学

都幔亭氏之额书院以龙门，可顾名而得其义矣。《小学立教篇》曰："先生施教，弟子是则。"夫岂仅月课高下，不知所学何事，不思读书何为，但傅经为文，期取科第，而忘裴绛州"先器识"之论哉？即取之，君子不贵，国家也安所用之！且夫，书院之设，熙宁后偏天下矣，而独白鹿为最着，则以子朱子讲实学，正学于其中之故。顾鹿洞规条载于《大学衍义》，何甚略于内外两篇，则施章枫氏阶梯之说宜复也。小学者，六经阶梯，作人样子。不培根何以达支？不基于弟子职，则五子之近思，且无阶可梯，遑问圣门堂奥？懿哉？各篇所辑，序不容紊。十三经之体要，揭于稽圣经订贤传之中，十七史之精华，萃于历代记接见闻之内。礼乐之用，莫先孝弟，六经之道，同归子臣。学者诚能津逮是书，以探源六经，则行远自迩，登高自卑，不第续经之余绪，而且续经之心源矣，岂不伟哉！夫师道立则善人多，师其乡先生，则兴起尤易。文中子既独为于举世不为之日，今圣天子崇尚经术，以实行风天下，士又幸而居游先生之乡，于所以续六经之意，不心通其旨而力行之，不几负前人目书院以龙门之义乎？自幔亭创建以来迄今几百年，后人有慕其德，而名为张公书院者，有览其地之胜，而更为姑峰书院者，余以为举非幔亭心也。余自翼城调任是邦，甫下车，谒文中像，达观周遭，见屋宇颓败，有志肆业者，几无栖息所。亟谋于邑士大夫以重建修为务。先是书院无食水，居者苦于汲不便。相其西偏隙地，继而得泉，甃以为井。其东崖多倾圮，屋其发□，因鸠工增筑，周缭以墙，为永固计。邑人或输金，或经营，期年工竣，轮奂一新。复颜以龙门旧名，从幔亭志也。至构亭于堂之左侧，名曰"拄笏"，为游息之所，是则幔亭碑记中，有志未逮，而幸余之克承其后耳。夫前人有良法美意，修举废坠，以嘉惠来学，此守土者之责也。若夫，日景仰于龙门，居有所，月有饩，讲贯有师。而德何以修？业何以进？余于二三子有厚望也夫！

重捐书院膏火碑记（邑岁贡 王升士）

国家崇儒右文，建立学校，定其课程，严其考校，典固钜矣。而省、府、州、县，其当事与斯文之责者，复体上意设书院，延先达绅士，课读讲解，宜乎教化日广，文章聿兴也。然学问之道，无上下尊卑，厥有同好。其愿力有补于课业，有资于人文者，是有志之所必为，亦当事之所乐与也。平邑城西文中子先生祠，由来已久。前幢亭张公补葺而扩大之，建立书院，诸生童讲学会文，集于斯焉。再经前任董公增修房屋，延师训课。一时绅衿殷实之家，复请于公，愿捐资斧，给膏火费，公许之。因即勉力为之，共集三千金，详明立案，每岁加一出息，以为师生修膳，庶不缺于供支，亦可历诸久远不废矣。乾隆庚午年，前藩宪朱，借公务将此银尽数取去，而束修膳费向之取资者，泯然无存。诸绅商闻而伤之，以为事无关有无之数者。其兴废成毁，不为意也，若事关斯文，其可兴不可废，当成不当毁也明矣。斯事已在兴成之数，何可任其废且毁也。因集同志，复竭力为之，现集一千七百金，每岁可得息银二百四两。虽一切取给于斯，尚未得为充裕，然公捐公办，所借以兴学育才者，前之盛举，庶不至有初鲜终矣。今逢新任父母雅意作人，力谋延师课士之法，吾侪其敢不体此意焉。盖兴教化以储人才，固邑父母之所廑念殷勤为之者也。而襄财施以襄义举，亦都人士之同德攸好，日起而大有功者也。惟愿同志公而无私，勿使再有兴废成毁之故焉，亦未必非斯邑人文之一助云。

重修书院碑记（陈维藩）

书院之设，自熙宁以来，几遍天下矣。其地异，其名亦异，太平书院名曰龙门者何？昔文中子避居龙门洞，韬光匿采，不以仕进为荣，始则设教河津，继则讲学太平。志仲尼之志，学仲尼之学。缵坠绪而阐微言，日与诸弟子明经论道。故其时通经之士，如董常、姚义诸先哲，多出其门，后之设书院者，额曰"龙门"，亦可顾名思义矣。当其创造之始，堂宇森严，号舍完备，宏规巨制，煌煌如也。踵其后者，则有张幔亭先生，见其久而圮也，复从而修葺之。嗣又有顾兰汀先生，更从而推广之。功成告竣，核有余资，构亭于堂之左侧，名曰"挂笏"。俾诸生于诵读之余，浚性情，拓胸襟，美哉，焕乎！抑何无微不至也。及后季弟剑芝，调任是邦，创建试院，剩有余资二千金，归入书院，着当典运用，以为生童膏火之资。彼时书院房屋，未甚倾败，故未补修。自此以后，历有年所，风雨漂摇，渐即倾覆。及环顾周遭栋宇，则半多摧折，号舍则全行倒塌，蒿莱弥目。致令有志肄业者，栖息无所，余心窃悯焉。夫书院为培养人才之地，目睹情形，咨嗟太息者久之。乃与在院诸生相议，众皆欣然乐从。盖凡属公事，独立则难支，众擎则易举。诸生有志未逮，于是纠合同人，四方募化，共得金四百余两。即择吉日，鸠工庀材，自乙卯六月起工，至戊午六月竣工。阙者补之，废者举之，昔之倾圮堪悯者，迄今焕然维新焉。所有输财姓名，胪垂碑阴，不敢没人好善乐施之心也。是为记。

修文中子祠记（明邑令 耿儒）
昔予为庠士时，读隋书历考文中子行谊，知其为三代以后儒者，心窃慕之。及受职任河津，乃有文中子设教遗址，其地有号为通化者，集贤者，皆当时授教之地也。及复任太平，又为文中子故里。噫！是非偶然也。凡人缅怀其人，必欲亲炙其形，又欲亲履其地。予读先生之文，盖亦有年，不意两任处所，皆与先生有值，虽非亲见其人，而目睹旧墟，身接遗人，宛乎先生之在席也。诚非偶然也。又尝病议者不恕，有以僭经议之者，有以僭圣议之者。盖自孔子之后，历春秋至秦汉，术数功利，士习靡靡，鲜克以斯道自任。先生隐居不仕，设教河汾之间，当时从游之众，仿佛乎孔门，其讲授一以孔子为法。夫孔子之道，不明于后世，有志之士，能以斯道自任，当为君子之所与。若反议之，是欲孔子之道不传。孟子曰："乃所愿，则学孔子也。"夫孟子尝不以圣自居，至于学必欲学孔子。先生之志，在于学孔子也，以此议之可乎？朱子曰："文中子本是一隐君子，其说多格言。"是为知先生者。予初至太平，即欲寻其遗庐而祠祀之。然前次邑士夫守贞马先生，曾有此志而未遂。至其嗣今邓州守讳聪，宁海簿讳明，绎承先志，乃举疏于当道秦公，命平阳判黄公，择在城西老子观左隙地以建祠。环筑墙垣，竖立楹宇，前后二室共八楹，位聊成而未就。邓州先生谓余曰："文中子为斯地人，不可无祠。惜先君曾举行而未就。今不无致望于吾侯。"余应之曰："诺。"去岁乙未，即欲举工，予以修城急，未暇。今岁，春初泥融，遂命工缮理，缺者补之，陋者饰之，彷其像而肖塑之，于是瞻依有归。守贞先生之志遂矣，而余之志亦成矣。于是乎记。

复学额记（王奂曾）
圣天子文明之化，光被海宇六十余年，涵濡沦浃，虽穷乡僻壤，能挟书册，知求师友者，莫不翕然奋其向学之思，欲与天下相见于诗书之林，文章之府。呜呼，盛哉！太平在胜国时隶大学，至我朝定鼎之初如故也。自报查减额之后，士之入于学者，既削色却步于邻封，而未入于学者，视泮官之游若涉溟渤而历霄汉也。邑侯张公作而曰："吾为令斯土，其可使士气不伸若是乎？"召绅士父老究其故，察其始末，将具牍力白当事。请于朝而商之太守冯公，冯公曰："可"。上之学使者嵇公，参之方伯苏公，质之抚军苏公，皆曰："请以闻之天子。"天子下其议，宗伯之属，皆以为是古圣虞孕灵之地，文中子设教之乡，而我圣朝培养之有素者也，不可以不从。议上，果得俞旨，部牒递颁，俨临斯邑。人士欣欣，走向告语。佥曰："非两院之为国兴贤，诚足获上，何以有此？非司府之雅意作人，申复详确，何以得此？然非我太令之锐志旧典。嘉与邑人，广文教以辅天子文明之化，何以致此？"呜呼！事之兴废成毁，岂不以人哉？误之七十载之前，复之七十载之后，此七十载之中，邑之人顾何以忽忽耶？冀之田中中，而赋上上，亦惟人之故耳。今而后学者，极其力于诗书之林，文章之府，以示标于天下。使天下谓诸公之乐为此举，天子之所以乐成此举者，诸士果能无负也。庶几哉！文学科第之盛，超然三十六庠之冠冕，而与冀之田赋争上上焉。

肇兴水利记（明布政使 孔天允）

宪使东阳赵公分巡河东之明年，是嘉靖乙卯。纲纪既秩，百度允修，乃为民行水溉田，而教以水车之法如江南。于是河东诸郡邑、奉法咸谨，悉平地亩，作渠塘，造水车以援水也。由是水之行可以升高亢、回泻卤，而灌注沾濡焉。昔之绝无者，今则始有也。而后民知水之利，而后民知兴其利以利民也，由我东阳公。太平县令邹学书走状告余曰："太平地墝而农惰，吏不能劝久矣。今奉东阳公创制建法，置水车才七具，已灌田二千余亩矣。继自是而广之，民不可胜泽也。然是良法也，美意也，为斯民垂万世利也，实时弗记，后其湮或遐哉，而莫之考也。是故愿有以文之而托之石乎。"余于是作记以贻邹令曰："昔者禹抑洪水，通道陂泽，惠流四海，功施万世，岂直疏浚而已邪？诚令四海万世，得于舟楫之余，旁引而田之，蒙其浸溉，民用弗阻于饥。以其神通则为智，以其心着则为仁，故称智仁之大者，禹其巍巍乎矣！然其实不越以利民，故有牧民之责者，亦因民所利而利之，斯禹之徒也。河东，汾所经历，而出山之泉，行潦之水，又无地无之。然率弃而不用，以故晋地少沃野而多凶年。况属大禹行水之旧乡，推禹之德，必不以润泽饶江之南，以干燥病冀之北也，第民不知用耳。昔者九川既疏，九泽既洒，其决岩险，享阻修，犹有待于人者。故蜀穿二江有李冰，魏引漳水有西门豹，秦凿两渠有郑白，此皆引水灌田以亿万计，要其功惠，皆有利于民，故四子者，至今存也。夫智者不外物宜而处，仁者不倍天地而施。故不知而不处，是不智也，知处而不施，是不仁也。故裁成天地之道者，仁之所以施，辅相万物之宜者，智之所以处。东阳公高明沉毅，宣慈惠和，视河东之民饥，若吾之赤子之不哜，视其旱干，若吾之田渠之不治，视其水之弃，若吾之荣卫离也。乃汲焉详处而顺施，令沦漪之流，布而为化雨，墝确之区，转而为膏腴。其仁智可并观矣，其裁成辅相之业，可概例矣！公今且峻陟，后有心公之心者，亦以是而稽，治植民生，斯厥休永永勿替矣。"邹令亦宜以告后之令曰："亦幸毋贰尔心，以永保厥休。"公名祖元，字宗仁，别号南庵，由进士任山西按察司佥事，浙之东阳人也，故称东阳公。云学书关中人。

新建清储镇记（明参议 梁纲 稷山）

太平南十里许，有阜隆起名汾阴山。厥田下土弃不治者迄今。且道杂经其上，道旁类多溪壑，一二不逞子弟，往往肆为奸盗，而出途者，父子兄弟相戒也。万历己丑，侯公至即问民疾苦，诸不便民者，辄次第兴除。已，行县抵阜上，曰："此非所谓汾阳山乎？夫养民而弃地利，非计也。防民而暴之中野，出途谓何？是阜也，镇之便。"为白于郡守众诸监司，咸报"可"。公捐俸首事，而诸以资应者若干人。乃即其巅为镇。先南北门，门有楼。次垣。次屋，屋东西向。又东偏为官亭三楹，亭凡再进。前后翼室十楹。即其前为义仓，颜曰"常平"、"分惠"。而亭之最前曰"乡甲"，令岁时讲约。又堪舆家言曰："镇西北当干地，正北当坎地，地宜高峻。"于是即干地为真武庙，即坎地为龙王庙。又因泉为井，因凿为池，又因而掩地表亩，又给牛种器具。已，又与之约曰："不三年，不收贳。"诸愿寄帑者，举是响附。已，欣然相告曰："我无屋，兹有居，我无田，兹有土，我无知，兹有教。伊谁之力哉？昔人开渠，郑以郑名，白以白名，而处大事者，谓之成事长。兹拟曰'渭侯庄'，庶千百世而下，知所始也。"公曰："不然。古之无变，常之不易，政是以弊。惟兹山广从不倻，而芜秽不治者，非一日矣。岁时征会，第取盈于诸父老，干溢不常，重为诸父老忧。过在司牧。今诚有室，当其无，有室之用，而举趾，而灌输，举由是出。岂直诸父老欢然如释重负，乃若国储实。赖以别白，盍曰'清储'。庶民瘦国计，有两裨云。"且就中欢习者五家为伍，伍有长。出入扦蔽，行者如出宇下，而无复御人于郭外。固亦司牧者之一适也。邑之诸父老重是德公，属余为记。余于太平比壤，具知太平治理效，而又知是镇始末，为付小史书之，俾谈者有述焉。噫！是役也，谋之非一日，经之非一人，而卒未底绩者，非其谋之不臧也。然亦曰当事者过自好，恐恣烦费，来不匙名，即以身远。不者，即力不自任，深以动众虑始之不易也，而惴惴焉有不敢轻用之心。又不者，偷懦惮事，或复以时诎自解。三者递至，即千百年不理也。乃者虑事量功，各有攸属，而又惠恤其民而善用之，以故不期而集，不怨于素，非大过之才，将能之乎？《易》曰："大过之时"，大矣哉！

清储镇开荒田记（王体复）

出太平县城南十里许，有汾阴山，东西绵亘高阜，当古晋城上游。在昔多草木，蓊如也，后芟夷殆尽，濯然成广坡云。且其地瘠薄，分入南毛、南贾坊、定兴诸里，居民播种鲜利，久之委成荒区。里人赔赋，力累不堪，率逃移去。迨后归并其里，犹逋负岁为常也。迩时牧民者念之，许令概县人户，承佃入租，第相去村落颇远，不便盖藏。矧富避征税，贫者乏镪基，缘是芜弃如故，竟未有为之所者，岂治法固待于治人欤？万历己丑夏，我邑尹渭上侯公，初入境过此即四顾叹曰："兹非地利乎，若之何遗之？"立询父老得其状，乃恻然曰："此吾令责也，盍图诸？"因甫下车，恐民未信，弗遑也。居数月，政平讼理，惠洽教章，间里翕然颂焉。佥以汾阴之事请曰："畴昔之言，公实命之，吾侪小人，敢不尽力。"公遂毅然以为己任。谓辟地必治庐，不可无栖也；作庐必树堡，不可无卫也；实堡必建仓，不可无积也。集谋于大众，卜地于适中，计费于经始。厥有石画，乃请于当道，咸报曰："如议"。爰肇工于万历十七年九月二十七日，迄十八年十月十五日就绪。堡既成，名之曰"清储镇"，人则称为"渭侯庄"。盖材用取之赎锾之人，及士庶愿输者，帑无滋捐也；夫役取之在官之暇，及亭傅力闲者，民不滋劳也。委任得人，费出有稽。堡占地，凡六十八亩。其缘以垣也，凡长五百三十步，高一丈三尺。垣之南北为门二，各甃以砖石，上复以屋凡三楹。垣以内，两相向为舍，凡一百四十二间，其后各有余址，可为场圃。中置义仓一所，堂宇爽垲，门墙深固，可憩可藏。垣以外，挑壕广九尺，深七尺，下植榆杨诸木。又于干方作真武庙。坎方作龙王庙，可壮观瞻。为井五，可充汲引；为池二，可备溢潦。环堡荒田，凡垦过四千四百三十六亩八分。已招过贫民九十四家，计口授屋，量力给田。散之牛、种，以为资本。与之贴券，以杜争端；联之保甲，以防寇盗，盖靡不周悉云。于是，合邑人庶，睹成效也，举欣欣然相告曰："若公者，有大造于我，真我父母哉！"诸台司闻之嘉丕绩也，咸相谓曰："若尹者，能尽心于民，真民父母哉！"维时复以转官过里中，获睹斯镇，不觉其鼓舞之至也。乡者人等，皆欲予为记，以示不朽。予惟国以民为本，民以食为天。故《周孔》一书，设官分职，其为农事者，不一而足。或巡稽地，或简稼器，趋其耕耨，辨其种类，合耦以相助，移用以相救，悬法至详。子产之听郑，植田畴，分庐井，其使民也称义焉。其后世则守令之任，若龚遂于渤海，劝课田亩，召信臣于南阳，出入阡陌，此其选矣。方今主上锐精化理，申谕长吏，务崇爱养实政，以嘉惠元元，意甚笃也。而有司者，犹多饰文具以应之，苟可以延誉博名，高其视民瘼，则秦越之矣。又或远嫌逊事，任情鳌繁率奚赖焉？公以纯诚正大之心，运精明果断之猷，孜孜民隐，其善政未易枚数，乃此则其大者也。《诗》曰："不解于位，民之攸暨。"其公之谓乎。公名于鲁，字子建，号建安，陕西庚午魁，渭南县人也。

重修草坡碑记

邑南关，草坡旧铺石街，荡荡平平，咸称如砥矣。奈历年久远崎岖渐□摧车□马，不一而足。甲午岁颜等忝司街，事观此陂，恻不胜心伤，欲兴重修之。举而工费浩繁，且自揣才力不暇，因恳老成练达之白刘曹三公，总理此事。协力募化四方及本街之慷慨好施者，幸其解囊相助，于是纠工凿石，复其旧而更加阔焉。共费一百二十余金。从此往来行人复乐履荡平之道，亦人心一大快也。是为记。

大清乾隆三十九年岁次甲午孟冬吉旦立

重修祚德三侯庙记（王体复）

余读《赵世家》，至婴、杵、韩厥存孤事，未尝不击节而称曰："是何晋之多贤也！"夫竭力而报主，谓之忠。致命而遂志，谓之义。持危而定倾，谓之仁。好谋而能成，谓之智。约始而践终，谓之信。雪愤而除凶，谓之勇。义以尽忠，智以行仁，信以维义，勇以全智，此一事也，众美兼之矣。是故死者非徒死，有托于其生，生者非虚生，不愧于其死。非白先死，则婴事难图；非婴后死，则白志莫慰，非厥委曲揆策，则赵后不复立。三人者，阙一不可也。兴赵得晋，岂不烈烈大丈夫哉！宜其播令名于千秋，垂血食于百世也。宋神宗皇帝，念及于胄裔之所自出，追维下宫之难，婴、杵白存赵之功，访其墓址，得之于绛太平县南二十五里之间，遂建祠其傍，疏封二侯号曰忠智，曰成信。追徽宗朝，以厥之立武，其绩均榰，亦疏封侯号曰义成。总曰祚德三侯。有元丰、崇宁二碑记在焉。明兴，褒奖曩哲，此三侯者，亦名载乡贤，春秋两祀之。顾兹旧庙，越在旷郊，历岁既久，日即倾圮，则居者怆目，行道侧心矣。北柴里信士许尚官等，夙怀好善，秉志敬神，睹瓦砾而致慨，遇伏腊而兴嗟。爰倡义举，募化四方，一时废者起之，旧者新之，功竣，属余记之贞珉。余惟三侯庙，盖在古晋城北也，当年文、襄振霸，烜赫一时，至于今，祇余空阵，盛业安在哉？乃三侯荣名显祀，独垂不朽，固知忠义大于威权，道德高于富爵，所从来者远也。是为记。

重修临汾桥碑记（明举人 郭俊卿 邑人）

西沟下涧水为害，昔人计袪之。正德五年，创造临汾桥一孔，嘉靖三年，增而为三。力集于众，功成于渐，讵曰不难？嗣嘉靖四十四年，敝坏殊甚，居民某等重修之，利赖至今。时异而势殊矣，潦水泛滥于上，芦苇壅于下，不急为之计，后将何极。社长某等愀然有悯于中，遂谋之于众，而首倡厥事。为之下石竖椿，奠其基也；砥柱筑堤，峻其防也；开渠芟秽，导其流也。事半而功倍，劳暂而逸永，人所难者，而诸君子易之，无他，其识早耳。否则，势必至于大坏极敝而莫救，即其时有善计者，费且不赀，视创始之难何异焉？因记之以彰诸君子能易其难，并以告夫后之守成者，慎毋难其易可也！

虞官伯益庙碑记（明邑令 魏公韩）

有虞臣伯益之墓，土人不知，而犁锄将及焉，县官之过也。今查邱陇峻绝，上有无粮地百四十余亩。就其近墓与祠者，筑墙数百堵为卫。重葺正宇，新增享殿一，乐亭一、门二，旁植以松桧。墙外闲地，听守祠人□麦以为岁献之资，亦以永兹绪焉耳。呜呼！圣人之泽，功在天下万世，一抔之土，若灭若没，诚痛乎有余悲也！况生若地，居若里，族党世系，犹可彷而佛之者乎？后之君子，应有同心兴起者。

重修永庆院记（进士 李宏敏 邑人）

余庄之有永庆院，初不知其创于何代也。有钟焉甚古，其声宏以越，名铸元人姓氏。故老相传，以为建自金明昌三年，而元其继之者也。然院之西多柏，奇崛作虬龙状，识者以为唐开元间物，院之建实自此始，理或然也。历年既久，重修者一二次。求其厂宇廊基，而功德为最盛者，则明弘治年间之住持僧曰惠鸾其人也。嗣是风风雨雨，阅百余载，而乡之人始有修举之议，鸠其工盖自明崇祯十年起也。若夫，因其旧而扩更之者，则南北二殿也，钟楼也。从其新而肇兴之者，则护法、迦兰二殿也，东西两廊各三间也，窑二孔也，门楼一座也。至于金妆宝饰而庄严俱具者，则诸佛菩萨，前后两堂也，罗汉、护法二十尊也。其间功用浩繁，或作或休而落成之日是为皇清顺治之十六年也。董其役者谁？院之僧会司明慈为余言，事之遂实诸檀越之力，是不可无以记之也。嘻！记之者志实也。志其时，志其人，志其事，足矣。至于佛说之有无，则置之存而不论之列。此余之所以书也。

重修云寿寺记（进士 王锡韩 邑人）

上御极之六载，余邑云寿告成。是役也，始于顺治之十八年。先是寺倾圮有日矣，家大人悯焉，爰董修之，而共襄厥事者，则余族等若干人及南北院等若干人。计工自宝相庄严而外，重葺正殿三、南殿三、东西庑各五，环墙以砖甃之。又新增北廊五、南左房一、右门楼一。凡土木工匠之费，约四百金有奇。阅七载，工乃竣。遂属余为文以记之。予惟释氏之教，奚自来乎？天下道一而已矣。其人，则士农工商也，其习，则礼、乐、射、御、书、数也，其伦则君臣、父子、夫妇、昆弟、朋友之交也。然则，释氏之教又奚自来乎？盖尝论之，赏罚者帝王之权也，权正而道以行。经传者圣贤之教也，教立而道以明。然以天下人之众，匹夫匹妇之愚，每有权所不及施，教所不及劝，而洗心涤虑，反怵然于释氏因果之说，此何以故？盖教有以正及者，比之布、帛、菽、粟之不可无也。教有以旁出者，比之柑、栗、橘、柚其味相反，而皆适于口也。今家大人及诸执事年且髦，其与人为善之心，无地不存，而特寄其概于是此物，此志也夫！不然，佛之身且不有矣，而何有于身后之相。相既不有矣，而又何有于崇身后之相之功乎哉？人亦有言，大千世界之中，何者是佛，又何者非佛？乡之人得此意而存之，将履其地而善兴，不履其地而善亦兴。有无待入庙而思敬者，是则家大人与人为善之心也。其于圣天子及良有司化民成俗之意，或少有裨乎？于是乎书。

重修观音像龛记（中书 郑健 梅溪邑人）

梵书言菩萨，犹华言普济也。佛法以慈悲为本，故证佛果者，通谓之菩萨。若观世音者，由闻思修入三摩地，闻思修为三观，惟观世音三观俱备。无量众生，罹诸苦恼，观其声音，自然解脱。是观世音者，苦海之慈航，不第为人世荫护云仍已也。而无子者，虔诚祈祷，往往辄应，故又名子孙菩萨焉。道东观音堂历年久远，居人凤藉福佑。自康熙年间重修，后中间间有增葺，越至于今，龛宇凋残，神像剥落，殊失琉璃宝界之意。爰鸠社人，量出资财，重加丹垩，妙相庄严，宛然祇洹精舍。虽不敢妄希功德，而舍金布施，首列六度，庶几优婆塞夷俱入甘露之门乎。是为记。

晋太高庙义田记（知府 贾履中 栎园邑人）

盖闻巨海明珠，曾潜还于合浦，丰城宝剑，终妙合于延津。物犹反本，人岂无情。而况谋升斗而身辞故国，遇死亡而骨滞他乡，尤为有心者所怦怦动念者哉！都中横街以南一带，疏林旷野之区也。其地有晋太高庙，为吾邑人所公建，已历有年所矣。庙外隙地一方，凡家乡之贸易都门而病故者，权瘗于此。嗟乎！蔓草靡芜，荒烟落寞？声声杜宇，莫招飘泊之魂，点点青磷，不照乡关之路。谁无父母，谁无妻子，亦复谁能遣此？其或囊有余资，固不难借舟车以返梓故里。否则，子弟能自植立者，亦可携带而归。最可伤者，家无锱铢之积，身鲜骨肉之亲，岁月淹流，依然孤寄，久之而碣断碑残，姓氏湮灭，竟有渺焉莫识其所在者。呜呼，可慨也夫！余自入都来尝因事而涉其地，见夫荒冢累累，即慨然有感于白骨之无依，而思为之所。奈一官羁系，旅囊羞涩，有志焉，而未之逮也。壬申秋，余与师杏山、张朴园，及西同兴永盛，万兴成，裕集雅各布铺诸君子，以乡谊会集，论及此事，均慨然有同志焉。爰各量力解囊，计共施银一百而藏于司事处，营运生息，以其赢余，为无依无资者归骨之费。从此循环不已，可以垂久远而施惠无穷矣。噫！掩骸骼于故里，岂徒兴古冢之悲，施涓滴于重泉，庶几获首邱之正。死者有知，其不至泣露而啼风也乎？是为记。时嘉庆十八年壬申。季秋中浣也。

大禹庙补修魁楼大门茶亭并扩月台记（邑举人 赵力检）

汾阴岑迤而之东，伏且起，结为崇冈，方广百余步，四出皆下，望之若屋顶然。大禹祠踞其巅。王殿三楹。其前为享殿，为墀，又前为歌楼。后为寝宫，祀涂山圣后。宫之西，以周后妃配其左，南

下当王殿之东,累阁三层:初层象元天,夏德之所以王也;进而上为文昌,最上为五魁。又庙外西北隅,冈脉所由来,垒土为墠,命之曰"笔管峰"以振文教。闲尝登奎楼凭而眺焉,村落周围,势如星拱。西望笔峰,隆隆锐起,光芒激射,下临无极,穆然想见文命之四敷也。环冈而居者,五里许得八社,轮年供祀,岁以季春。廿有二日,异其社之神,迎请王驾驻跸,周岁届辰送归。余社亦各以神陪飨,俟驾行乃返。而庙之外有余地自给,庙祝瞻田外僦以筑居,及垦种者若干户,于是日服奔走。自始有庙,至于今凡五百岁,循而不易。兹庙也创于元至正年,更重葺者七八。其缮修则明万历十四年地震之后,功独大。薛君登科,实首其事,存象于王庙之奥,示不忘也。其改作,则两庑化而为享殿,其增设,则累阁筑塔踵事而兴,其扩旧,则甃笔峰以砖,广享殿五而为九。凡皆见于其碑,始末毕具,盖前人之规制备矣。顾奎楼独处极高,上雨旁风,多婴其害,三数年来,渐致倾圮,毁及神像。而门阙、茶亭,苦盖穿漏,事不容缓。于是社众协谋输资动众,以方夏开工,坚茨妆修,相因迭举。又察视涂山官后妃祠,得其缺敝者完之,黝恶者饰之,麦秋蒇事。核计所入,糜其三分之二。一二达者乃建议曰:"自享殿扩而社神之配飨者,各有定区。独前墠则强半阙如,揆之观瞻,似有未慊。然不敢隘前人之规模也,视享殿所直、尽东西,因墠之故,增筑而与之平,独与前逊五尺许,以示不没其旧,庶有豸乎?"佥曰:"然。"遂续为之。弥月而竣,廓然改观矣。予惟事有历久而乃备者,前之人,非必有靳于后人也。然而率议纷更,识者病之。故古人云:"利不百,不变法;害不什,不易制。"夫子谓:"以约失之者鲜。"今诸君子,不少惜其力之所能,踊跃趋赴,以绍旧业。而慎乃兴作,未敢以所为抗迹于往哲。若是之谨而不放,殆有得于兹意者乎!于其丐言为书以质之。

重修元帝庙记(邑举人 窦汉杰)

北贾冈东门外,旧有元帝庙。栋宇巍峨,塑像金碧。庙西高楼矗峙,岁时管弦,为神听和平之具。煌煌称观止矣。庄人嫌规制未备,虑无以妥侑神灵,因于寝殿前,重建享殿三间,西北偏建马房三间。庙中残缺葺之,剥落饰之。共费金三百两奇,有得自神社者,有得自募化者,有得自乐输者。工起二月上浣,告竣五月中旬。丹漆黝垩,焕然一新焉。时余馆南贾冈马王庙,首事诸君子,因属为文以记之。余谓此地近姑射山麓,富饶比也,除服田力穑,别阛阓子母生息,稍有赢余,辄汲汲于敬恭明神,庄之人可谓知所务矣。虽然,诸君子谓匠石勤劳,遂足临上质旁,仰祈神□云尔哉!元帝者何?天是也。天者何?理是也。理者何?孝友、睦□、任恤是也。人苟尊尊天理,即无力营建,神犹将保佑呵护,况庙貌已致虔诚者乎!庄之人能敦本务农,秉礼度义,化争为忍,化忍为让,千祥云集,百福骈臻,谓即于兹役卜之也可。抑又思之,数年来,余偶北归,道经庙侧,读书声琅琅,响彻林臬。盖训蒙者,栖息于此久矣。余闻南贾冈王云岩先生以进士起家,崇祀乡贤,允堪为幼学楷式。嗣后庄之人,即于庙中敦延名师,督课子弟。上备国家栋梁之材,下增里党桑梓之色,使与云岩先生,后先辉映。神之来格来歆者,当不知又何如也?是又余之所厚望也夫!

赎还射圃地基志(阎士骧)

射地约二亩许,在学署大门外西。考之碑记,旧有亭,颓废已久。自胜国末年,变卖天下官地,当事者以此归西中黄张氏,两次捐银一百二十两。道光壬午,燕山石圊李明府来宰是邑,访查旧迹,爰嘱孝廉张公鹏南,贡生贾公葆纯,张公习作中以原价赎回。以几二百年之弃壤,一旦复旧,当不异合浦珠连城壁也,岂不幸哉!夫射本男子之事,非徒角力,亦以观德,此先全礼射所由设也。我朝训迪旗人,满汉文字而外,必使兼习弓矢。天下学校,设文武两途,俾各以时,肄业其中。亦欲内志正,外体直,习揖让进退之容,范其身于礼法之场,庶文事武备兼全。克成为国家有用之才,岂必传六钧之弓,逞七札之技哉!乃今按月课士,又文生间有来者,武生则概托故不至。试以弓矢之事语文士，鲜不笑为迂。虽有射圃，亦奚以为？然李侯之美意不可没，且羊存则礼可复。予故叙其颠末，以俟夫后之莅是学者。

创建射圃碑记（邑令 陈维屏）
燕山李君，作宰太平，阅旧志有射圃地二亩奇，在学署之西，毗连察院，询其地为邑人张姓业，给值而归诸公，拟建射圃以校武，有志未逮。余下车后，集绅耆商榷，因察院旧基改建考棚，越岁而落成。文试既得所矣，复就射圃地为射圃，筑堂三楹，题其额曰"观德"，校武于此，志李君志也。窃惟取士之道，三代而上，文武同贯，汉唐以降，乃歧其途。勇猛知兵之举，翘关负重之科，韬略军谋之辟，凡此诸选，皆无关于庠序之教。我朝法制修明，文教与武略并重。育于学校，董以师儒，荣以科目。每届大比之年，继鹿萍而开虎榜，要先以试于邑，试于郡者，为进身之阶，是即乡举里选之遗意也。县属以武科获隽者，代不乏人。兹幸是圃之成，俾多士以时娴习，吾知一邑之中，其有桑弧寄志，决拾成材者。庶几循声按节，揖让化其争，周旋中乎礼，角力之场，勿忘观德之化。是今日之劲士，即异日之儒将，干城腹心之寄，将于此卜之。故因射圃之成，而属望焉。时道光丁酉秋八月也。

附录3 人物传记

一、历史人物

《旧唐书·列传第十八·尉迟敬德传》

　　尉迟敬德，朔州善阳人。大业末，从军于高阳，讨捕群贼，以武勇称，累授朝散大夫。刘武周起，以为偏将，与宋金刚南侵，陷晋、浍二州。敬德深入，至夏县，应接吕崇茂，袭破永安王孝基，执独孤怀恩、唐俭等。武德三年，太宗讨武周于柏壁，武周令敬德与宋金刚来拒王师于介休。金刚战败，奔于突厥，敬德收其余众，城守介休。太宗遣任城王道宗、宇文士及往谕之。敬德与寻相举城来降。太宗大悦，赐以曲宴，引为右一府统军，从击王世充于东都。既而寻相与武周下降将皆叛，诸将疑敬德必叛，囚于军中。行台左仆射屈突通、尚书殷开山咸言："敬德初归国家，情志未附。此人勇健非常，縶之又久，既被猜贰，怨望必生。留之恐贻后悔，请即杀之。"太宗曰："寡人所见，有异于此。敬德若怀翻背之计，岂在寻相之后耶？"遽命释之，引入卧内，赐以金宝，谓曰："丈夫以意气相期，勿以小疑介意。寡人终不听谗言以害忠良，公宜体之。必应欲去，今以此物相资，表一时共事之情也。"是日，因从猎于榆窠，遇王世充领步骑数万来战。世充骁将单雄信领骑直趋太宗，敬德跃马大呼，横刺雄信坠马。贼徒稍却，敬德翼太宗以出贼围。更率骑兵与世充交战，数合，其众大溃，擒伪将陈智略，获排矟兵六千人。太宗谓敬德曰："比众人证公必叛，天诱我意，独保明之，福善有征，何相报之速也！"特赐金银一箧，此后恩眄日隆。敬德善解避矟，每单骑入贼阵，贼矟攒刺，终不能伤，又能夺取贼矟，还以刺之。是日，出入重围，往返无碍。齐王元吉亦善马矟，闻而轻之，欲亲自试，命去矟刃，以竿相刺。敬德曰："纵使加刃，终不能伤。请勿除之，敬德矟谨当却刃。"元吉竟不能中。太宗问曰："夺矟、避矟，何者难易？"对曰："夺矟难。"乃命敬德夺元吉矟。元吉执矟跃马，志在刺之，敬德俄顷三夺其矟。元吉素骁勇，虽相叹异，甚以为耻。及窦建德营于板渚，太宗将挑战，先伏李勣、程知节、秦叔宝等兵。太宗持弓矢，敬德执矟，造建德垒下大呼致师。贼众大惊扰，出兵数千骑，太宗逡巡渐却，前后射杀数人，敬德所杀亦十数人，遂引贼以入伏内。于是与勣等奋击，大破之。王世充兄子伪代王琬，使于建德军中，乘隋炀帝所御骢马，铠甲甚鲜，迥出军前以夸众。太宗曰："彼之所乘，真良马也。"敬德请往取之，乃与高甑生、梁建方三骑直入贼军，擒琬，引其马以归，贼众无敢当者。又从讨刘黑闼于临洺，黑闼军来袭李世勣，太宗勒兵掩贼，复以救之。既而黑闼众至，其军四合，敬德率壮士犯围而入，大破贼阵，太宗与江夏王道宗乘之以出。又从破徐圆朗。累有战功，授秦王府左二副护军。

　　隐太子巢刺王元吉将谋害太宗，密致书以招敬德曰："愿迂长者之眷，敦布衣之交，幸副所望也。"仍赠以金银器物一车。敬德辞曰："敬德起自幽贱，逢遇隋亡，天下土崩，窜身无所，久沦逆地，罪不容诛。实荷秦王惠以生命，今又隶名藩邸，唯当以身报恩。于殿下无功，不敢谬当重赐。若私许殿下，便是二心，徇利忘忠，殿下亦何所用？"建成怒，是后遂绝。敬德寻以启闻，太宗曰："公之素心，郁如山岳，积金至斗，知公情不可移。送来但取，宁须虑也。若不然，恐公身不安。且知彼阴计,足为良策。"元吉等深忌敬德,令壮士往刺之。敬德知其计,乃重门洞开,安卧不动,贼频至其庭,终不敢入。元吉乃谮敬德于高祖,下诏狱讯验,将杀之,太宗固谏得释。会突厥侵扰乌城,建成举元吉为将,密谋请太宗同送于昆明池,将加屠害。敬德闻其谋,与长孙无忌遽启太宗曰:"大王若不速正之,则恐被其所害,社稷危矣。"太宗叹曰:"今二宫离阻骨肉,灭弃君亲,危亡之机,共所知委。寡人虽深被猜忌,祸在须臾,然同气之情,终所未忍。欲待其先起,然后以义讨之,公意以为何如?"敬德曰:"人情畏死,众人以死奉王,此天授也。若天与不取,反受其咎。虽存仁爱之小情,忘社稷之大计,祸至而不恐,将亡而自安,失人臣临难不避之节,乏先贤大义灭亲之事,非所闻也。以臣愚诚,请先诛之。王若不从,敬德请奔逃亡命,不能交手受戮。且因败成功,明贤之高见,转祸为福,智士之先机。敬德今若逃亡,无忌亦欲同去。"太宗犹豫未决,无忌曰:"王今不从敬德之言,必知敬德等非王所有。事今败矣,其若之何?"太宗曰:"寡人所言,未可全弃,公更图之。"敬德曰:"王今处事有疑,非智,临难不决,非勇。王纵不从敬德言,请自决计,其如家国何?其如身命何?且在外勇士八百余人,今悉入宫,控弦被甲,事势已就,王何得辞!"敬德又与侯君集日夜进劝,然后计定。时房玄龄、杜如晦皆被高祖斥出秦府,不得复入。太宗令长孙无忌密召之,玄龄等报曰:"有敕不许更事王,今若私谒,必至诛灭,不敢奉命。"太宗大怒,谓敬德曰:"玄龄、如晦岂背我耶?"取所佩刀授敬德曰:"公且往,观其无来心,可并斩其首持来也。"敬德又与无忌喻曰:"王已决计克日平贼,公宜即入筹之。我等四人不宜群行在道。"于是玄龄、如晦著道士服随无忌入,敬德别道亦至。

六月四日,建成既死,敬德领七十骑蹑踵继至,元吉走马东奔,左右射之坠马。太宗所乘马又逸于林下,横被所缏,坠不能兴。元吉遽来夺弓,垂欲相扼,敬德跃马叱之,于是步走,欲归武德殿,敬德奔逐射杀之。其官府诸将薛万彻、谢叔方、冯立等率兵大至,屯于玄武门,杀屯营将军。敬德持建成、元吉首以示之,官府兵遂散。是时,高祖泛舟于海池。太宗命敬德侍卫高祖。敬德擐甲持矛,直至高祖所。高祖大惊,问曰:"今日作乱是谁?卿来此何也?"对曰:"秦王以太子、齐王作乱,举兵诛之,恐陛下惊动,遣臣来宿卫。"高祖意乃安。南衙、北门兵马及二宫左右犹相拒战,敬德奏请降手敕,令诸军兵并受秦王处分,于是内外遂定。高祖劳敬德曰:"卿于国有安社稷之功。"赐珍物甚众。太宗升春宫,授太子左卫。率时议者以建成等左右百余人,并合从坐籍没,唯敬德执之不听,曰:"为罪者二凶,今已诛讫,若更及支党,非取安之策。"由是获免。及论功,敬德与长孙无忌为第一,各赐绢万匹,齐王府财币器物,封其全邸,尽赐敬德。

贞观元年,拜右武侯大将军,赐爵吴国公,与长孙无忌、房玄龄、杜如晦四人并食实封千三百户。会突厥来入寇,授泾州道行军总管以击之。贼至泾阳,敬德轻骑与之挑战,杀其名将,贼遂败。敬德好讦直,负其功,每见无忌、玄龄、如晦等短长,必面折廷辩,由是与执政不平。三年,出为襄州都督。八年,累迁同州刺史。尝侍宴庆善宫,时有班在其上者,敬德怒曰:"汝有何功,合坐我上?"任城王道宗次其下,因解喻之。敬德勃然,拳殴道宗目,几至眇。太宗不怿而罢,谓敬德曰:"朕览汉史,见高祖功臣获全者少,意常尤之。及居大位以来,常欲保全功臣,令子孙无绝。然卿居官辄犯宪法,方知韩、彭夷戮,非汉祖之愆。国家大事,唯赏与罚,非分之恩,不可数行,勉自修饬,无贻后悔也。"十一年,封建功臣为代袭刺史,册拜敬德宣州刺史,改封鄂国公。后历鄜、夏二州都督。十七年,抗表乞骸骨,授开府仪同三司,令朝朔望。寻与长孙无忌等二十四人图形于凌烟阁。及太宗将征高丽,敬德奏言:"车驾若自往辽左,皇太子又在定州,东西二京,府库所在,虽有镇守,终是空虚。辽东路遥,恐有玄感之变。且边隅小国,不足亲劳万乘,伏请委之良将,自可应时摧灭。"太宗不纳,令以本官行太常卿,为左一马军总管,从破高丽于驻跸山。军还,依旧致仕。敬德末年笃信仙方,飞炼金石,服食云母粉,穿筑池台,崇饰罗绮,尝奏清商乐以自奉养,不与外人交

通,凡十六年。显庆三年,高宗以敬德功,追赠其父为幽州都督。其年薨,年七十四。高宗为之举哀,废朝三日,令京官五品以上及朝集使赴宅哭,册赠司徒、并州都督,谥曰忠武,赐东园秘器,陪葬于昭陵。子宝琳嗣,官至卫尉卿。

《文中子传》 唐 杜淹

文中子王氏,讳通,字仲淹。其先汉征君霸,洁身不仕,高尚镇天下。十八代祖殷,仕汉至云中太守,以贤良称,肇家于祁,以《春秋》、《周易》训授乡里,为子孙资。十四代祖述,克播前烈,著《春秋义统》,公府辟不就。九代祖,仕晋遭潜怀之难,遂东迁焉。生罕,罕生秀,皆以文学显。秀生二子,长曰元谟,次曰元则。元谟以武略升,元则以儒术进。元则字彦法,即文中子六代祖也,仕宋历太仆国子博士,以兄用武进,常叹曰:"先君所宝者礼乐,先师不学者军旅,兄何为哉?"遂究心道德,博考经籍。以为功业不可以小成也,故卒为洪儒,卿相不可以苟处也,故终为博士。曰先师之职也不可坠,故江左号为王先生,受其道者曰王先生业,于是始称儒门,世济厥美矣。先生生江州府君焕,焕生虬。虬始北仕魏,太和中至并州刺史,创家临河汾,惟曰晋阳穆公。穆公生同州刺史彦,惟曰同州府君。彦生济州刺史杰,惟曰安康献公。安康献公生铜川府君,讳隆,字伯高,文中子之父也。幽识远悟,非礼不动,传先生之业,所在教授,门徒常千余人。隋开皇初,以国子博士待诏云龙门,时国家新有揖让之事,方以恭俭定天下,天子常从容谓府君曰:"朕何如主也?"府君曰:"陛下聪明神武,得之于天,发号施令,不尽稽古,虽负尧舜之姿,终以不学为累。"帝默然,曰:"先生朕之陆贾也,何以教朕?"府君承诏,著《兴衰要论》七篇,每奏,帝辄称善,然未甚达也。府君始求出,补乐昌令,寻转猗氏,后迁铜川,所在著行,吏人敬爱,秩满退归,遂不仕。开皇四年,文中子始生,铜川府君筮之,遇坤之师,献兆于安康献公,公愀然作色曰:"素王之卦也。何为而来?地二化为天一,上德而居下位,能以众正,可以王矣。虽有君德,非其时也。是孙也,必能通天下之志,而道不行,天所命也。"遂名之曰通。开皇九年,江东始平,铜川府君叹曰:"吾视王道,未有叙也,天下何为而一乎?"文中子侍于侧,始十岁矣,有忧色。铜川府君曰:"小子,汝知之乎?"文中子曰:"通尝闻之。夫子曰:古之为邦,有长久之策,故夏殷以下数百年,四海常一统也。后之为邦,行苟且之政,故魏晋以下数百年,九州无定主也。夫上失其道,民散久矣,一彼一此,何常之有?夫子之叹,盖忧皇纲之不振,生人劳于聚敛,而天下将乱乎?"铜川府君异之曰:"其然乎!"遂告以《元经》之事,文中子再拜受之。十八年春正月,铜川府君晏居,歌伐木而召文中子,子蹶然再拜:"敢问夫子之志何谓也?"铜川府君曰:"尔来。自天子至庶人,未有不资友而成者也。在三之义,师居一焉。道丧已来,斯废久矣,然亦何常之有?小子勉旃,翔而后集。"文中子曰:"请从此行。"于是始有四方之志矣。盖受《书》、《春秋》于东海李育,学《诗》于会稽夏典,问《礼》于河东关子明,正《乐》于北平霍汲,考三易之义于族父仲华,不解衣者六岁,其精志如此。仁寿三年,文中子盖冠矣,慨然有济苍生之心,遂西游长安,见隋文帝。帝坐太极殿,召而见之,因奏太平之策十有二焉。推帝皇之道,杂王霸之略,稽之于今,验之于古,恢恢乎若运天下于掌上矣。帝大悦曰:"得生几晚矣,天以生赐朕也。"下其议于公卿,公卿不悦。时文帝方有萧墙之衅,文中子知谋之不用也,作《东征之歌》而归。歌曰:"我思国家兮,远游京畿。忽逢帝王兮,降礼布衣。遂怀古人之心兮,将兴太平之基。时异事变兮,志乖愿违。迁嗟,道之不行兮,垂翅东归。皇之不断兮,劳身西飞。"文帝闻而伤之,再征之,不至。四年文帝崩。大业元年一征,又不至,辞以疾。谓所亲曰:"我周人也,家本于祁,永嘉之乱,盖东迁焉。高祖穆公,始仕于魏,魏周之际,有大功于生人,天子锡之地,始家于河汾,故有坟陇,于兹四代矣。兹土也,其人忧深思远,乃有陶唐氏之遗风焉,先君之所怀也,且有先人之敝庐在焉。家本俭约,茅檐土阶,蕞如也,以避风雨。道之不行，则知之矣。舍此欲安之乎，不如退而志其道。"定居万春乡之甘泽里，乃续诗书，正礼乐，修元经，赞易道，盖有事于述者九年，而六经大就。门人自远而至，河南董恒、太山姚义、京兆杜淹、赵郡李靖、南阳程元、扶风窦威、河东薛收、中山贾琼、清河房元龄、钜鹿魏征、太原温大雅、颍川陈叔达等咸称师，北面受王佐之道焉，其往来受业者不可胜数，盖将千余人。故隋道衰，而文中子之教兴于河汾之间，雍雍如也。大业十年，尚书召署蜀郡司户，不就。十一年，以著作佐郎国子博士征，并不至。下三年，江都难作，而文中子有疾，召薛收而谓之曰："吾梦颜子称孔子之命而登吾阶，坐于牖下，北面援琴而歌曰：'礼乐既正，诗书既成，赞明易道，聿修元经，归休乎何必永厌龄。'此殆夫子使回召我也，吾必不起矣。"盖寝疾七日而终。门人薛收、姚义等数百人共会议曰："吾师其至人乎，自仲尼以来，未之有也。《礼》云：'男生有字，以昭德也，死有谥，以易名也。'夫子生当天下乱，昭王不兴，莫能宗之，故退而删诗书，正礼乐，修元经，赞易道，圣人之大旨明矣。天下之能事毕矣。仲尼既没，文不在兹乎？《易》曰：'黄裳元吉，文在中也。'请谥曰文中子。"丝麻设位，哀以送之。礼毕，悉以文中子之书还于王氏。盖《礼论》二十五篇，列为十卷；《乐论》二十篇，列为十卷；《续书》一百五十篇，列为二十五卷；《续诗》三百六十篇，列为十卷；《元经》五十篇，列为十五卷；《赞易》七十篇，列为十卷。并未及行于时，遭代丧乱，盗贼奔突，先夫人用藏其书于竹笥，扶老携幼，东西南北，未尝离身焉。大唐武德四年，天下大定，先夫人得返于故居，复以书授于其弟凝。文中子二子，长曰福郊，少曰福时。

《明史·列传第一百二十一·杨天民》
　　杨天民，字正甫，山西太平人，万历十七年进士。除朝城知县，调任诸城，有异政。擢礼科给事中。时方纂修国史，与御史牛应元请复建文年号，从之。二十七年，狄道山崩下城池，山南涌大小山五。天民言："平地成山，惟唐垂拱间有之，而唐遂易为周。今虎狼之使，吞噬无穷，狗鼠之徒，攘夺难厌。不市而征税，无矿而输银，甚且毁庐坏冢，籍人资产。非法行刑，自大吏至守令每被遣逐。郡邑不肖者反助虐交欢，藉润私囊。嗷嗷之众，益无所归命。怀乐祸心，有图崩之势。天心仁爱，亟示谴告。陛下尚不觉悟，翻然与天下更始哉？"不报。文选郎中梅守峻贪黩，将擢太常少卿，天民劾罢之。延绥总兵官赵梦麟潜师袭寇，以大捷闻。督抚李汶、王见宾等，咸进秩序荫。寇乃大入，杀军民万计，汶等又妄奏捷。天民再疏论之，夺见宾职，梦麟戍边，汶亦被谴。天民寻进右给事中。册立久稽，再疏请，不报。无何，贵妃弟郑国泰，疏请皇长子先冠婚，后册立，天民斥其非。国泰惧，委罪都指挥李承恩，夺其俸。顺天湖广乡试，文多用二氏语，天民请罪考官杨道宾、顾天埈等，疏留中。二十九年五月，天民复偕同官上言，请早定国本。帝大怒，谪天民及王士昌杂职，余夺俸一年，以士昌亦给事礼科也。时御史周盘等公疏请，亦夺俸。天民得贵州永从典吏。至九月，帝迫廷议，始立东宫。而天民等卒不召，天民忧愤卒。天启中，赠光禄少卿。初，天民去诸城，民为立祠。其后长吏不职，父老率众哭祠下。

二、王氏家族

《王氏族谱说》（明广文　王应时　邑人）
　　王氏之谱，谱王氏之族也。族而谱之者何？示不忘也。示不忘何？兴孝弟之心也。古者尊祖贵宗，诸侯、大夫、士之家，皆有谱牒，以序世次，故死者有祠，生者有宗，其昭穆不可紊，其子孙至于百世而不能忘一。后世礼衰谱废，士大夫不讲，且世之由贱而贵者，耻言其先，由贫而富者，不录其祖。故世之能知其所自出者，盖寡矣。夫人之一身，数世之后，支流蔓衍，则其生齿必繁。繁则

涣,涣则疏,疏则忘。居处不识,问讯不通,喜不庆,忧不恤,如路人矣。此无他,谱籍之不立故也。谱一立焉,按而考之,则知某之祖某也,某之考者也,某之祖与某之祖兄弟也,某某皆出于某之后也,某与某其相去亲疏远近几何也。自今观之,虽若路人,然溯而求之,则其初一人之身也。知其初为一人之身,则一本之义,自不容忘。而亲亲之情著,孝弟之道彰。由是而居者相聚,离者相问,喜相庆,忧相恤,岂复如路人也哉?吾之先人,不知始居太平者为谁,意者其来远矣,故不可考。自吾高祖而下至于吾,凡五世。仅得其次,乃序之为谱。其诸子孙以次著其下,俾后之生者得以续增而不穷焉。呜呼?贫富命也,贵贱分也,孝弟之心则性也。命不同,分不齐,而人之性岂以富贵贫贱为加损耶?苏氏曰:观吾之谱者,孝弟之心可以油然而生矣。吾于是亦云。谱既成,并且说以示族人。

《太平县志·仕籍·王体复》

王体复,字阳父,号述斋。由进士授工部都水司主事,督通惠河,复浅夫刻闸图,遂为永利。历转陕西兵备副使,开渠引泾水灌田,可亿万亩,民赖之。值边警,单骑诣敌营宣威德,有汾阳烈。擢河南按察使,执法如山,一时强宗豪宦敛迹,无敢犯。升陕西左布政使,崇俭苏民,陋规一清。寻入为顺天府尹。勋戚中有冒占河田及强求茔地者,痛抑之。即中贵欲浼一寿官札,亦不可得。擢都察院右副都御史,巡抚贵州,兼都湖北川东。戡苗乱,首发杨应龙逆谋,士官安国亨、土妇奢世统等,皆遵檄受制。时有总兵侯之胄不法,辄劾之抵罪。致仕归,开丽泽社,课诸子侄暨邑中士子。数十年等科第者,多出其门。乡居二十载,雅淡冲和。里人谣曰"王实佛"。后推户部右侍郎,未逾月卒。赠如职,谕祭葬,荫子椿官生。祀乡贤。

《隆平令王公传》(明布政 翟时雍 襄陵人)

太平王先生讳体恒,号绍斋,少司徒述斋公季弟也。颖敏嗜学,经目不忘。万历乙卯荐贤书屡赴南官不遇。谒选授直隶隆平尹。莅任后佩服家训,一以洁己爱民为念。即税羡赎锾,毫无濡染;更实心实政,治绩丕著,地方获享安静之福。偶以忌者含沙遂致政。旋之日,隆民涕泗不忍舍,虽行李萧条周恤也。抵里,不问家计。惟于祖西园公所创蔬圃中,植异卉奇花,借二三知己,宴饮对弈,继晷不倦。复留心经史,加意文义,为诸子侄训。寿跻八十而卒。里人咸曰:"若王公者,能谓生顺殁宁矣。"

《石泉令王公传》(明佥事 郑寅 稷山人)

心劬王公者,平之望族也,讳体豫。生而嶷秀,美如冠玉,迥异凡儿,家兄少司徒公最爱之。弱冠,补弟子员,万历乙卯膺鹗荐。春榜不获登,厄于数也。署寿阳谕,为学约以戒诸生。尚行谊,严课试,拔其隽者,肄业黉舍,时吴公玉负其才,攻苦无资,分俸以赡之。后得成进士,任乌台,实公造也。升陕西石泉令,邑称瘠,民又疲,素号难治。公至加以约束,示以诚信,催科不扰,抚字得宜,环邑无不家尸而户祝之。以其性孤介,不习婣娴,致有改训议。士民含泪叫嚣,欲朋辞保留。公曰:"毋,姑射山麓有榻可卧,有甑可炊,吾何事恋恋以此!"遂拂袖归。家徒四壁,自视欣然。惜年仅五十而卒。然奕叶遐昌,苍苍者殆有以报公也。

《明经王公父子合传》(明知府 成伯英 乡宁人)

公讳体益,号肖斋,一聪慧过人。少补博士弟子员、食廪饩。天启辛酉,以明经贡于国。年高不仕,一以澹泊自甘,与少司徒公、隆平公、石泉公为兄弟,人称一胞四凤。门弟焜赫城邑,竟居于孝子村中,努力下帷,课诸子以诗书。至于一切非分之事、盖未尝过而问也。子讳楫,号说舟,绰有父风，贡士，任泽州司训，继迁平遥教谕。后遇闯变。遂绝意仕进，遁迹山林，潜心著述，刊《友山房集》。年八十而卒。若公之乔梓，胥贵介也，而不以贵介矜，其立心制行如寒士，究得成其高尚之志。倘所称"谡谡松下风"者非耶？余盖于公想见其概矣。

《太平县志·仕籍·王椿》

王椿，字大年，号念严，以父司徒公荫，授银台幕历南太仆丞，协助马政。升户部陕西司主事，监督粮储。制补刑部广东司。流寇至太平，疏请兵援。兼揭报司农，冀减赋。会正案，对平台，榱上怒，竟执奏不移，尤为阁部台谏诸公所推。迁郎中，河南巡方曾倜值冠犯清化逮问，奏以直指不与兵事，得减死。寻出为柳州守，柳猺獞杂处，夙难治。加意抚绥，民译帖如。更留心狱讼，如正指挥赵奋即之荫，雪成狱吴寅宾之冤，皆前守之不敢为者。致政归。柳人肖像以祀。泣送者数百里不绝。林居淡泊自如，耽吟咏。甲申遭闯索饷，廉知历官甚贫，释之。年七十六卒。刻有《真知录》《悟心摘语》藏于家。

《太守传》（王锡韩）

王太守椿者，字大年。中丞赠司徒公体复冢子也。司徒公尝抚贵州，甚有声。卒之日，天子录前勋，敕祭葬有加，仍荫太守官生。初官生早仡于庠，然数奇，积学晏不第。以哭司徒公，几胃立。除服，复积学如故。天启壬戌以母卫大淑人命，始就选。初，除通政司知事。已，转前军都督府都事。已，又擢南太仆寺寺丞。自如事至丞，率冷局然、韭能举职效才。一时堂翁若何匪莪、吴本如、吴清平伯，咸器重之，名由此显。丁卯升南户部主事。寻，以母艰归，营葬哀毁，一如丧司徒时无憾。制起，补刑部广东清吏司主事。故事刑司号西翰林，言无事也。而是时端皇帝责治颇急，以法绳臣下，刑曹大狱元虚日。稍不称旨，辄罹重谴，部郎值公出，卒迁延不复职。廷主事独摄广东司，率平反无难色。时刘大金，吾侨也，忠谨人也。素不附东厂，缉事会坐，奉密谕不报，下刑部狱，诏拟大辟无赦。部难之，以属广东司，为力白其素茋。且言无可坐之律，乃改拟杖，奏之，上不许，仍手批切责。既乃因部议改拟徒，又再拟戍。上批责之倍切。或云："上怒甚，权如拟可耳。"主事曰："大辟乃权拟云乎？国法国足虞，而公道何可枉？不见附魏党罗织者之究竟耶？圣怒倘不测，独引罪而已，无予诸君事。"奏凡四上，上怒益甚。次旦，诏主事诣平台，厉色诘之，仍执奏如初。上拂袖归。久之，上悟其言，刘得减死，狱乃解。初，刘之罹狱也。阁部暨台谏诸臣，皆心知其冤，然无敢言者，卒赖主事言得释，由是天下愈益贤之。已，移主事河南司员外，迁江西司郎中。寻，出为柳州太守。柳，猺獞杂处，颇难治。太守善抚绥安之。居一年而政成。会，揭报两贿吏，两贿吏故有司道援，反先于巡按诽太守，太守遂致政归。太守始四载，历刑曹土政凡三岁，为郎数阅月耳。时厂卫缉事严罪，多有诬服者。遇主事辄全活，具详《西曹语录》中，在柳政甚伙，尤留心狱讼。如正赵奋即之荫，白吴寅宾之冤，最脍炙人口。归之日，柳人泣送者，千里外不绝，后巡按按部至柳，廉得状，殊自悔，然已无及矣。太守初号念严，晚自号醒梦子。耽吟咏。有子一，曰宏茂，以恩拔贡。家事一听之。日与郭民部鹿侠，及诸叔昆季相唱和，年七十六卒。论曰：太守公盖廉明允君子也。世多称之，然亦有故哉。方甲申之变，闯李以索饷为词，考掠邑缙绅，多有死者。已，闻太守虽历官久，然贫甚，遂释之去。昔人有言："廉生公，公生明"，余于太守亦云。

《孝廉王公传》（王锡韩）

公讳而毅，字吉士，号道远，与余同谱，少司徒公裔孙也。苦心力学，博闻疆记。年十九游于庠。袁临侯学究技以廪。寻，以恩选，得贡壬午。受知于刘兼世先生，荐贤书。甲申值闯变，投以伪

职,不受。遁迹姑射山中,以词赋自娱。后遂长谢公车。僦居李果村、往来城市、不事仆乘。不问人间事,不干谒当道交游。恒坐卧一小室。搜读古书,虽溽暑冱寒,不出。尝与万泉理学贾允一,参订《经史大义遵法》一书,尤世所罕见。年六十余卒。生平尚朴诚,敦伦理。父为茂吾先生,豪侠倜傥。事之惟谨。历续萱皆得欢心。昆弟八人,暨诸子侄,抚且教俱成名。失偶二十年,泣炫下续。凡此非笃于天性者,其孰能之?噫!公之立身行己,不减黄宪当年,而学问渊源,实为少司徒公及郭司农公嫡派。平之治举业者宗之,多获科第。即名不雁塔乎?其高风淑泽,兴起末俗,召进后人,盖甚远已。

三、郑氏家族

《太平县志·仕籍·郑明良》

字赓飏,又字亮工。性敦笃,貌魁梧,读书目数行下。壬辰第进士。时邑中兵火之后,科目乏人,而公无矜容,无诎语。与之话,如饮醇醪,坐春风。今华亭,仁心为政,华邑中允许缵曾有编审德政碑,称其:"宏才卓识,精心敏手,未调欲变之琴,先悬不疲之镜。其平也武侯之秤无私;其勤也陶公之阴必惜。果达持南山之判,自百而千,和恺敷黍谷之吹,若咫与尺。尤足伟者,甫下车即有编佥徭役之举,不动声色,迎刃而解。自兹而逞,华邑元元其庆更生乎。"参议陆振芬有平役惠政碑,谓:"卓循之政,洗冤滞若清河。多乎反若张廷尉,凛四知若杨关西。崇教化若文翁,劝稼穑若龚渤海,省烦刑若路温舒。利兴蠹剔,数大政外,其感服吏民心者,事不胜书。窃意古者渡虎驯雉,麦穗两歧,蝗不为灾,皆彤史文言。今公入境,风雨和,年谷登,鲜水旱灾异之告,则天人感应之理匪诬矣。"观此,则公之文学政事可见矣。子铨瞎,俱岁贡永监生。

《太平县志·文苑·郑明翊》

宁清甫,县城人,廪膳生。性孝友,品行端方。幼念家世书香,日以坠绪为虑。与堂兄明良同笔砚,声噪士林。兄报捷南官,翊益琢磨自励,屡荐未售。赍志以殁,(抱恨而死也)年九十。

四、其他人物

《同知张公传》(明太仆 潘云翼 太原人)

张尔恕字绍鲁,号忠宇,世为太平之西黄庄人。少聪慧,刚慎,识事机。弱冠,补弟子员,喜涉猎,工文辞,声噪黉序间。寻仡,万历壬午举于乡。一时人士艳称之。十试春官不第。谒选授湖广新宁知县。宁,古夫彝地也,俗杂峒苗,称难治。时司铨为孙公鼎相,雅善尔恕。召谓之曰:"以公才何往不宜?此邑民疲且顽,幸勿多事。"尔恕深然之。任六年而政成,升四川成都府判,职兵马粮饷,镇宁越。值蔺贼奢崇明倡乱,全蜀震动,乘势逼成都。指挥冉世洪等御之,多陷没贼党。千总黄光辉,谋据越杀长官以应,作银刀自佩,迹已露。属吏在越者皆惧,议欲弃城去。尔恕厉声曰:"有我在若何能为?俟数日当为诸君擒之。"遂设计发兵,斩其首,驰示贼,贼气沮。围成都凡百有二日而解,越卒无虞。事闻经略张公我续、巡抚朱公燮元、御史薛公敷政,咸称尔恕功。因会疏改判署为同知署宁越有同知实自此始。继又会疏擢遵义监军。遵义时屡复屡陷,守不得人,闻贼至,辄先期遁。尔恕长于方异,善抚驭,故欲擢之,卒以忤权珰罢归。初尔恕早孤,父九岩殁时,才四岁,母李夫人鞠之卒业。居家孝弟,笃宗党谊。宗中有立后,及异姓子嗣宗人者,多赖其力以就。及贵,益加笃旧。有憾者,人自危。以为且报之,竟弗与较。县车后,绝迹城市,潇洒林麓,日惟经史自娱。著

《周易集解》，刻《女孝经》诸书。年七十七卒。子瑞翔，翰翔。呜呼公之功其可泯也哉：方会城被围时，朱公燮元以逸待劳，可以称胜矣。然吕公车一攻，城中且为力惫。向使若光辉者逞厥志焉，贼必不即遁。不即遁则效尤作乱者且将蜂起。蜀其尚为国家有乎？余既与公称世好。而又官外史，宜有以纪。故直书其事，俟后之君子采览云。

《长怀谷张公传》（侍郎 李瑾 襄陵人）
　　公讳光宇，字叔乎，怀谷其别号也。世为太平巨族。公祖讳学举，弘治乙卯任青州昌乐县博士。公父讳鹏程，举嘉靖辛卯，尹巩昌，成县，封文林郎。俱以公贵，赠中大夫。广文独冷之官，富吴兴之道德，豫章一钱之郡，比刘宠之清廉。式谷之贻，兹其概也。公生而幼颖，十岁早孤，家徒四壁，篝灯绝韦，少列子衿。年三十三而举于乡。然数对公车不偶，以需次选入，授汉中郡丞。职司清军水利。时军多逃亡，公独悉心清勾戎政以饬。其他如靖兴安之巨盗，则朝歌之缚宁季也。寝洏县之采金，则良夫之斥荣懿也。以城固漂木佐公帑，则南海守之不敢越装也。说者谓治状如公，宜得玺书赠，重优以内使，不然亦不失神皋奥壤以去。乃竟迁广南郡守。会武定兵变，将吏功罪未明，公承核一以至公，以故刑赏始定，人人悦服。未几，调广西郭东，见有流泉，捐俸鸠工，凿山引水，灌胰田数千顷，滇民利之。复兴学教士，创立会文馆，择民间俊秀而课之。垦田给谷，载入郡志、永作学田，以裕馆会之需。寻升山东运使，盐政久敝，厘额请奏，至今视解平徵者，例由公创也。及谢政归，敦崇礼教，化乡善俗，足迹不履公庭。即有他适，敝车羸马，遇之者不识为缙上人。且度量宽宏，广为施予，生平与物无忤。卒之日里人哀之。其感素也。余系邻邑，敬慕公之为人，姑据其耳而目者，为之传云。

《大城令毛公传》（明侍郎 刘令誉 洪洞人）
　　大城令毛公者，太平人，讳云翰，字图南，念西其号也。生而颖敏，富于学，从游者甚众。天启辛酉领乡荐，屡上春官试不偶。谒选大城令。清吏弊，除土豪，训俗以俭，民戴之，有召杜遗风。丁内艰归，泣血庐墓，人以大孝称。嗣补武强令，会值多故，邻邑震甚，独谭笑御之，境内卒无虞。凡所施为，一如莅大城时。著有训士八议，劝民十款。寻致仕，居乡仁厚，族党无不怀其德者。年六十三而卒。

《容城令张公传》（郭卫宸）
　　公讳承业，字富衷，号修吾。以明经授山东宁阳司训。敦礼崇信，多士式型。民间利害，每慨然言于令，合境德之。按台王、谢二公，相继荐擢保定容城令。革火耗，平讼狱，实仓廪，修城池，与邻邑以去就争送鞘之扰。疏泥滥水，使不病稼。廉洁持已，恺悌作人。年犹强仕，即动念口鲈容人树碑肖像。归里后，惟与知己坐隐，号桔谭先生。年八十七卒。夫东山栗里，伊何人斯。而门外屐声，孰与篱边菊兴。公以强年终隐，可谓心逸日休矣。

《颐斋曹先生传》（王体复）
　　曹先生廷宣，字汝贤，号颐斋。少与先方伯同廪于庠，以学问文章深相契。门下士数十人，望甲第者二：为郭参政万里，杨给谏天民，皆大有建树。及贡期，病不能试。学宪遥授冠服。廷乡宾者历七邑令。年七十九卒。于戏！士君子抱道不逢，有藏一卷于名山，以期后世之或传者矣。先生及门得人，不可谓其福未苍生，勋未社稷，矧其泽固未艾耶。

《别驾韩公传》（邑供生 王体益）

公讳惟叙，号绍泉，明万历甲午科举人，济南司马公智之曾孙。自少颖悟，博极群书，静默寡言，庄庄乎君子。早为弟子员，笃志前修，一切利欲之私，澹如也。万历甲午领乡荐。遂讲学河汾，要以正谊明道为先，大得龙门遗意。授直隶海门令，视事五载，以廉明仁厚著声。故直指使者有才猷妥练，品格端方之誉。逮督抚漕盐，无不交章剡公。嗣邀罩恩，例庸封诰，荣其尊。天下皆想望公之丰采，计必卓异入台垣。讵公正直性成，不屑以道自贬，阿谀承顺，非其所尚。乃事与理违，仅擢太平府去邑日，士民如失慈母，诣军门求借寇，而不可得。时攀辕卧辙者，闻遍满江皋云。至平未及二年，泽深牛渚，星落慈湖，竟以劳瘁卒于官。宦橐萧索，扶榇无资，则公之清操洁行，概可见矣。后上台诸公，争俸以助。迄今孙谋不替，人皆曰：公贞廉之报。

《近山杨公小传》（王椿）

公讳联芳，号近山，南膏腴人。性刚方端介，遇人有过愆，直言规劝，众胥敬畏。以贡选陕西蒲城训，不责贫士束修，章缝颂德。著《祀礼通考》，有功圣贤。凡蒲令行事，稍拂民情，敢纠以正语，劳怨勿避。民间讼狱，多不之令而之学，转山阳谕，以无子具文乞休。蒲士子不忍其去，图形制册者甚伙，秦中侈为美谈。归里，结土谷社，与乡人互相娱乐。所余清俸，自修坟墓。日优游松菊间，以终其天年。邑议请祀乡贤，竟以无后未成。仁人君子，终为深憾。虽然，其风致自为今昔所艳羡焉。

《别驾乾宇曹公传》（王椿）

公讳光启，字惟贤，号乾宇，邑之德化坊人。嘉靖戊午膺乡荐，署太原庠教授，委订史记，评断曲当。升河南永宁令，裁里甲之供，苏疲镇之苦，誉津津起，偶以失谒忤上司意，左迁德安广文。寻丁艰，再补西安庠。课士有法，握篆邻耀两州，民胥颂之。升巩昌通判，督理红郑粮饷，首谪口吏王良河，蠹商张大秋戍于边，政令一肃。转饷不匮，大为经略郑公赏识。至郜盐商万金之利，免军伍庚癸之呼，绝庄浪乡贾之托，其清介人所难及。致政归，萧然宦橐。里居，葛巾野服，脱粟茹蔬耽读书如少年时。与人处春风和气，无不乐与之就者。举乡宾一赴辄辞。卒午七十有九。诸子若孙，世守耕读，称良善家焉。

《太平县志·文苑·臧尔心》

宁子端，号西峰，康熙辛卯解元，癸巳进士，官翰林检讨。旋以终养归，承欢堂上恰如也。辛丑岁歉，饿殍相望，罋产籴粟赈之，所活无算。太平本大邑，限学额才多屈抑，谋之邑令张，详请扩充，自十五名增至二十名，士气奋扬，皆先生力也。邑侯延为山长，讲贯经史，寒暑不辍。课制举业，以清真雅正为宗。弟子日进，登乡会榜者多出其门。性耿介，里居数十年，足不履公庭，其品与学为邑人所推重。子茂朴、茂猷，侄茂生、茂裕，相继登贤书。

附录4 口述历史

采访1
采访人：罗腾杰、雷雪璨
采访对象：赵村民

村民：郑明良。
罗：房梁的梁？
村民：不知道是哪个梁。原来在北京，后来分配到太平县，汾城县原来就叫太平县。
雷：这片全是（郑家老宅）？
村民：北边挨着鼓楼，这整片都是，后来都分给个人了。我家是贫下中农，就分到这里了。后来都被火烧了，整个都成为一片废墟了。从明朝算起到现在都几百年了。坟地连墓，我家老坟在初中那片地里。你们两个没去过吧！汾城一共有三大家族：齐、吉、郑。
雷：现在齐家和吉家的房子都没留下吧！
村民：都没了，北关有人都没拆，老人都不在了，都是小字辈的了。哪家都没有郑家大。郑家是最大的姓氏。
雷：城隍庙那边不是有王家的几栋房子吗？
村民：王家在西面，也没有老房子，房子都拆了，王家也没有多少人，这条街上外来户比较多，山东、河南那边逃难的比较多，像我家本地人的房子没有了，就剩下我家这房子了，我家的祖上原来就是河南郑州的。郑州有个人在北京做官的，分配人员到太平县做县官，就好比现在的县委书记。
雷：郑明良是郑氏家族的第一人对吗？
村民：好像就是，我家老头要是在，就能跟你说清楚，我家老头去年不在了。可能就是第一人。我是听人家说的。没有家谱。要是有，能识字就能看了。我也是一知半解。
雷：郑家有多少个院子？
村民：这个不知道。

采访2
采访人：罗腾杰、雷雪璨
采访对象：村民

罗：日本人[1]是哪年来这里的？
村民：不知道是哪一年来的，已经记不得了。这房子是最不好的房子了，现在汾城好房子多了。

---

1 此部分"日本人"指抗日战争时期的日本侵略者。后文同。

现在拆舍不得，不拆住不上新房子。心里产生了很大的矛盾。姑娘和儿子都在外面。盖新房子也没用，他们都在城里买房子。

雷：那个院子你保存得挺好的。要是不管，早就破烂不堪了。那是什么时间建造的？

村民：新中国成立以后，1954年建造的。这地方大部分破坏了，要是不破坏比现在雄伟得多。原来龙门书院占地90亩。现在什么都没有了，就剩下烂砖头一堆，书院遗址。1957年的时候属于侯马市管辖。后来才归汾城县管。

雷：书院是在碑的东边是吗？

村民：不是，是在北边。护城河外。我们小的时候护城河还在，还有水。进城的时候还有吊桥。现在没有了。不通过吊桥就过不来。

采访3
采访人：罗腾杰、雷雪璨
采访对象：村民

罗：我想问一下魁星楼的情况。

村民：魁星楼原来这个地方是一条小路，后面是文昌苑。

罗：文昌苑后面的建筑都毁了吧？

村民：文昌苑都毁掉了，那个地方是进入文昌苑的入口（门）。

罗：原来城墙有几个门？

村民：五个门，东门是两个门。

罗：这条路政府是什么时候修的？

村民：2005年修的。当时的小路不宽，原来是个S形路。原来这个地方也是个大院子。

雷：魁星楼南边有座老房子。我们想修复一下。听说你在放车马的小院子住过是吗？这个院子是什么样子的？您还记得吗？

村民：这个院子的北边有个窑洞，我在那里住了十几年。窑洞边上有三间房子，我就在那三间房子里住着。

雷：这三间房子挡住了窑洞的一部分是吗？

村民：挡住了窑洞的一部分。不是整体，是斜着盖的。过去的街道不是齐的。进了门楼有个小院，那个圆门是我住的时候掏出来的。原来就没有这个门。从大院子南门进来的。这个院子整个是窑洞，这是两层。整个小院就是三间房子一个窑洞。西房和南房都没有。

雷：那这个窑洞就是一个洞，是吗？

村民：是的，上面是土层，中间是一个门，能进去。宽度就是3.5米左右。

雷：我听说那三间房子有的门是朝街开的，是吗？

村民：没有。

罗：商场的旁边是不是有一个牌坊？

村民：没有。就是一块空地。土特产收购站。南北方向建。东西方向走。

采访4
采访人：罗腾杰、雷雪璨
采访对象：郑氏古风院宅主

村民：这个城墙的这个地方有一条路，从我门前到这里都是一条老路，原来我这里是个大北房。

雷：您家这个院子原来是干什么？

村民：这不是正院子，是偏院，那个是正院，那个院子比这个院子大。记不清以前什么情况了。

雷：您小的时候就住在这个院子里吗？

村民：是的。这有一条，可以通到后边的院子，那个时候没吃的没喝的，把它拆了卖钱了。

雷：您能回忆回忆小时候的生活吗？

村民：城隍庙在我小的时候就成粮库了，我是1960年生人。城隍庙有很多个细节你们应该照一照。有很多现在的人不知道的东西，那里的东西坏了修不了。恢复不了原样，城隍庙房门上的字谁也复制不了。到现在北面还少一个字。里面有很多细节的东西，像我这个年龄的人解释清楚的还不多。

雷：您还记得你小的时候这片院子是什么样的吗？

村民：日本人来以前是个整体，日本人来了以后把大部分的院子全烧了。我们这块叫郑家大院。原来郑家的房子好得多咧。

雷：现在只留下您这三处。

村民：对了，我记得以前日本人把整个大院都给烧了，我这几个院子为什么留下来了？是因为日本人在这几个院子里喂马。要不然也保存不下来。那片的房子比这片的还好，都毁坏了。这个原来是大北房。我这个房子原来比现在城隍庙复修的还好，那年家里没吃的、喝的，把房子在结婚前一年拆了。距现在已经三十多年了（1979年拆的）。南房1965年就拆了。原来是四合院，好东西多了，"文化大革命"的时候大队都拿走了。我小的时候就太细活了（细活，就是穷，不好的意思）。我不是这里的人。我出生在岳村，这是我外祖母家的房子，我四岁的时候就来了。岳村离这里15里路。我们当地有个习俗，女孩子只能嫁出去，不能招亲。在旧社会全是这样。只能女儿给，不能招。我的外祖父、外祖母只生了我母亲一个女儿，1960年以后才可以继承祖母家的遗产。我的儿子在天津某部当兵，现在是个连长。

采访5
采访人：罗腾杰、雷雪璨
采访对象：王氏后人王东海

村民王东海：你看我们北房上面的字。那个房子的年头不短了，我父亲的爷爷重修建的，不是新建的。上面都写着呢。

雷：大伯，你从小就生在这个院子吗？

村民王东海：我从小就生在这个院子，我父亲也生在这个院子。你看我父亲的名字在这里写着呢，我父亲的名字叫王树德，母亲今年90岁了，你看，这是六品。爷爷的爷爷是七品。王树德的妻子姓姜。

罗：你爷爷的名字叫什么？

村民王东海：我都不知道叫什么，我爷爷那个时候是在临汾师范学院毕业的，23岁就死了，古时候医学不发达，得病几天出不来气就死了。

雷：你爷爷就你爸爸一个儿子是吗？

村民王东海：是的，父亲3岁的时候爷爷就死了，奶奶后来就改嫁了。

罗：你父亲叫什么？

村民王东海：王荣春。母亲的名字叫刘桂英。

罗：你叫什么名字？

村民王东海：王东海（老大）、二弟（王跟海）、三弟（王随海）。

雷：那您知道这房子最开始是什么时候建的吗？

村民王东海：那个不知道，我父亲的爷爷重新修建了一下，这个年头可不短了。

罗：您多大了？

村民王东海：70岁。

雷：那你长得很年轻，看不出来，不像70岁的。这个院子后来就是个三进院，前后各一个院，原来就是花花草草什么的。

村民王东海：可能是。

雷：原来也是从这个口过去吗？

村民王东海：对，对，原来是从那个口过。以前有一棵皂角树，还有养花的。

雷：那棵树砍了是吗？

村民王东海：是的，砍了多少年了，二十九年了。

雷：原来这个院子有没有什么古井之类的？

村民王东海：我们这个院子原来有个顶子，顶子拉的都是铁丝，可能是为了防止盗贼下来。可能有点这个意思。是粗铁丝，那个细的不是（八号铁丝）。小时候看见过，后来就没有了，你看我们这个院子，要是有个红白喜事什么的都要搭板，摆桌子。

雷：为什么呀？直接在地上不行吗？

村民王东海：听父亲说搭上板子上下就方便多了。

雷：这个房子从你小时候到现在没什么大变化吧？

村民王东海：基本上没有什么变化。

雷：前面那个院子原来就一个房子是吗？

村民王东海：前面那个院子是后来他盖的，这个房子是土木结构的。以前是。

雷：原来的老房子没拆时是什么样子的？

村民王东海：没拆的时候门不在这，偏西一点，偏一点点，不是那么多。原来的门比现在窄，又加宽了一点。我们这里讲究，这个门不能对着这个门，门口对门口不好，不吉利，这个房子原来也是土木结构的，这个门前原来有石狮子。

雷：那个门前也有？

村民王东海：有，我们这个石狮子有这么高。

雷：这么高，有人这么高？

村民王东海：不是，它不是那个大狮子，上面是个狮子头，它身子有这么高，在门那站着，那个意思是拴个牲口（作用）。

雷：两边各一个是吗？

村民王东海：只有西边有，东边没有，东边是一个台阶，我们这个文物是"鬼扫门"，反正人结婚前就要从这里过，从这个窄缝里爬，原来这个路没有这么宽，这里人死了都要赶庙去，就是在庙里写上你的名字，是一种迷信。比方说人没了以后，要埋了，埋之前得到庙里去，叫告庙（告别的意思）。

雷：原来这个门前也有一对狮子是吗？

村民王东海：这么高，我父亲全卖了。

雷：原来这个房子也是靠那个边是吗？南北方向，在最南边？

村民王东海：是的，最南边，原来是个圆形的。

雷：这个房子没拆的时候老房子是几间的？

村民王东海：也就是三五间房。

雷：和这个房子一样宽？

村民王东海：以前的房子进去最多也就是七八尺。以前设计的房子都是那样的。不像现在砖砌起来打顶就行了。这个房子防震比那个房子还结实。以前盖房都是那样的。

村民王东海：咱这么说，如果再晚几年修，他们那个房子就塌了，上面漏水了，一漏水就保持不了现在这个样子了，反正一会半会来不了，修房子需要钱。

雷：大伯，原来院子应该有院墙吧！

村民王东海：有。

雷：现在都没了，这个院墙是新的吧！

村民王东海：我记得不是，可能是原来坏了又补了补。这都有二三百年了。

雷：你看都风化成这个样子了。

村民王东海：你看院子里的墙也是这样。

雷：估计下面比较潮。

村民王东海：这是"文化大革命"时刻下的字。以前的老字全盖住了。

雷：是拿什么抹的，还能揭开吗？

村民王东海：能，是用石灰盖的，里面的字还在。"文化大革命"的时候是破四旧，立四新。那里原来还有个庙，庙里有个菩萨。"文化大革命"的时候全拆了。

雷：那个写匾的房子也是老房子吧！

村民王东海：那里是盐店（卖盐的地方）。一般的人办不起，路北路南都是一家的。

雷：那一片都是盐店对吗？

村民王东海：可能是，那个意思是以前卖盐的和现在卖盐的不是一样的。以前是垄断的，没本事根本不行。得有点小权力的人才行。

罗：城隍庙的照壁是被人撬的还是怎么搞的。

村民王东海：我跟你说，因为多年不修，成了三条腿了，刮大风就给刮跑了，当时挺壮观、挺好的，现在的砖是新的，墙上刻着"小鲤鱼跳龙门"。

罗：城隍庙对面的照壁是什么？

村民王东海：那好说，西边那个大的写的是"生了死，死了生，生死不息"，这边是"人化物，物化人，变化无穷"。

罗：那个小的被人挖了还是掉了？

村民王东海：自己损坏了，大的是"文革"时用凿子凿掉了，用泥盖住了。自然损坏的少，人为破坏的多。现在还有好多盗贼在盗。现在的人对古建筑不珍惜。现在的土房子老鼠多。

后　记

最近参加了部分省市中国传统村落保护发展规划和历史文化名镇名村保护规划（以下简称保护规划）的评审，发现有不少共性问题。其中有些问题如果得不到及时纠正的话，会造成"规划性破坏"。有必要借此版面，唠叨几句。这些问题主要表现在下面几个方面：

首先，大范围的过度整治，过度追求传统风貌。譬如有个村，传统建筑占的比例并不高，绝大部分是贴瓷砖的现代建筑。但在保护规划中，提出了一个措施，就是将这些现代建筑穿靴戴帽，改造成传统风貌的建筑。我个人认为，这是完全错误的。首先，除非有非常特殊的原因，就没必要把"现代建筑"整治成"传统风貌建筑"。这是因为任何建筑都是时代的记录，是时代信息的载体，有其时代特征，没必要改变其时代风貌。对于这样的村落，传统和现代完全可以并存，不一定非要追求视觉上的所谓统一。更重要的是，必须认识到，这样的整治，是以巨大的财力、人力、物力消耗为代价的。如果没有充分的理由，这样巨大投入的整治，就可能是劳民伤财，得不偿失，有钱要用到刀刃上。当然，也有些村，是有必要做这样的整治的。譬如有的村，95%以上是传统建筑，只有那么极少的几幢是现代建筑，非常扎眼，这时，有必要进行整治，使其具有传统风貌。

其次，过于强调重建。有很多的保护规划，从其预算表就可以看出，本来经费就很有限，但将其很大部分（或绝大部分）用于重建中，这是不恰当的，也是不科学的。历史就是历史，已经消失的建筑，不可能真正复原。关于重建问题，笔者在拙著《建筑遗产保护概论》第四章"建筑遗产保护的原则"之"不提倡原址重建"中，有详细的论述，此处就不再赘述了。另外，还是那句话，有钱要用到刀刃上，即用到建筑遗产的保护、濒危建筑遗产的抢救上，而不是用于生产一些假古董。

其三，没有涉及或没有解决好一些核心问题。如当下的传统村落，有很多面临这样的问题，即历史建筑被大量空置下来，出现空心村现象。这是一个非常棘手的问题，也是非常核心的问题。但很多规划，对于这样的问题，缺乏调查，回避问题，自然也就不能提出合理可行的措施。我们知道，这些问题，解决起来很难，甚至在当下一定程度上是无法解决的，但在编制规划时，一定要提出这些问题，不能回避。要围绕这些问题，进行深入调查、缜密思考和大胆探索。要尽可能探索解决这些老建筑如何利用，如何再生。利用是最好的保护！

其四，规划内容不够具体，针对性不够，操作性不强，多是泛泛而谈。如有的规划，保护内容的条目倒是挺全面的，包括历史街巷、历史建筑、历史环境要素等，也列出了保护措施（当然，这些措施多是从条例或编制要求里抄的），但没有具体说明保护哪几条街巷，保护哪几幢历史建筑，保护哪些历史环境要素。如果村长或村民拿到这样的规划，我想他一定是一头雾水，一脸茫然。这样的规划，是所谓的"万能规划"，对所有的村都是适用的，但又都是无用的。

其五，文本不够简洁，说明书不够翔实。在编制规划时，首先要清楚这二者的功用和要求。文本应该简洁、明确、严谨，直截了当，高度精练，类似法律条文。说明书是对文本的解释和论证，则要尽量详尽。如果要将二者做个对比的话，文本是"不讲道理"、不做解释的；说明书则要讲清楚道理，解释清楚其中的依据；文本是规定做什么，不做什么，说明书是解释为何要做这些，为何不做那些；文本一般不讲过程和缘由，不做解释性说明，只讲结果和要求，简明扼要；而说明书则要详细阐述和说明文本中的相关条文。顺便在此处赘述一下文本和说明的其他两点区别：文本具有法律效力，说明书不具有法律效力；文本一般以条文的表现形式，说明书以章节的表现形式。而有的规划，文本拖泥带水，啰哩啰唆，从字数而言，文本和说明书的基本相当；从内容而言，二者基本完全相同，行文方式也非常类似。在编制规划时，一定要避免出现这样的问题，要区分文本和说明书的不同功能。

其六，规划思路不够清晰，文本图纸比较凌乱，重点不突出。我想，保护规划主要解决三个问题，即：为何保护、保护什么和怎样保护。第一问题，为何保护？就是价值特色的提炼，简单地说，就是要说明这个村好在什么地方。第二个问题，保护什么？就是要明确保护的内容，就是要明确保护哪座山、哪条街、哪个院、哪口井、哪片铺地、哪个石磨、哪里的围墙、哪个习俗？等等。第三个问题，怎样保护？就是要提出切实可行的保护措施，要让村长和村民们拿到保护规划后，一目了然，知道该做什么，不该做什么，也知道怎样做。当然，实际上还应该加上最后一个问题，就是要争取解决这个村落发展动力的问题，即这个村落的出路。

其七，缺乏深入的调查研究。在20世纪30年代，毛泽东发表了《反对本本主义》一

文,文中提出了"没有调查,就没有发言权"这一观点,要求以调查作为做出正确决定的前提。对于保护规划而言,这一观点是非常适用的。和其他规划相比,保护规划更强调调查研究。一是调查,二是研究,这是两个问题,但密不可分。要在调查的基础上研究,要在研究的指导下调查。有的规划人员,没有在村落里待几天,没有搞清村落的历史沿革、空间格局、建筑遗产等问题,这样,自然就很难凝练村落的价值特色,很难提炼村落的保护内容,也很难提出针对性强的保护措施。

其八,有些规划较为晦涩,村民很难看懂。我经常开玩笑说,一个规划如果读起来很累,就是糟糕的规划;如果读起来很轻松,就是好的规划。这句话不一定严谨,但有一定的道理。因为一个规划假使专业人士看起来都很累的话,那么村民能看下去吗?他们能看懂吗?所以,保护规划的用词用语及其图纸表达,尽可能浅显易懂。有些规划,还存在一个问题,就是图纸过多过杂,而每张图纸的内容不够丰富,不够丰满。

最后一点,规划人员的专业知识有待拓展。在参加规划评审时,我经常会向汇报的规划人员问一个问题:你读过规划依据中列出来的法律法规、规章制度吗?回答往往是否定的。这就有个问题,很难想象,负责编制规划的主要人员,如果没有读《威尼斯宪章》(1964)、《关于乡土建筑遗产的宪章》(1999)、《历史文化名城名镇名村保护条例》(2008)、《历史文化名城名镇名村保护规划编制要求》(2013)等一系列文件,能有正确的理念,能编好保护规划吗?

最后,还是回到本书。汾城古镇的调查工作得以顺利开展,我们应该感谢很多同志。山西省住房与城乡建设厅厅长李栋梁、副厅长李锦生、总规划师翟顺河等领导对这套丛书给予了高度重视和积极支持;副巡视员张海同志(原村镇处处长)对本套丛书的定位、框架提出了许多宝贵意见和具体指导;村镇处处长于丽萍、副处长郭创为了保证调查研究工作的顺利开展做了大量的组织和协调工作;在我们现场调查中,汾城镇书记张国强、镇长马瑞刚以及人大主任高治国亦做了很多协调工作;我院罗奇老师通阅全书,提了很多很好的修改建议。在此,一并表示真诚的谢意!另外,想必书中还会有这样那样的错误,敬请读者不吝垂教,提出宝贵意见。

薛林平

北京交通大学建筑与艺术学院

2014年5月2日